人的一生就是不断地找寻向前迈进的动力，终其一生，不离不弃。

——叶锦添

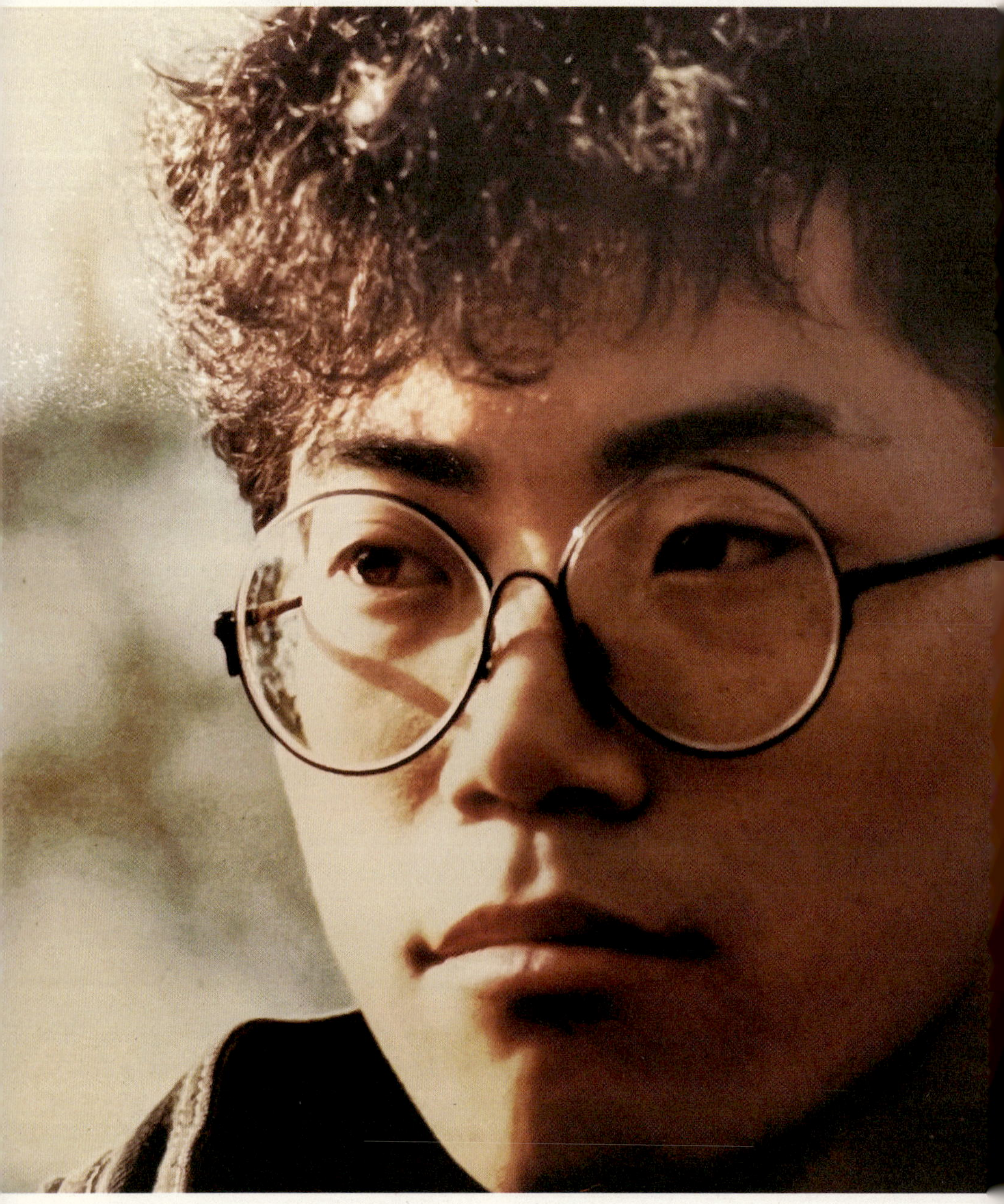

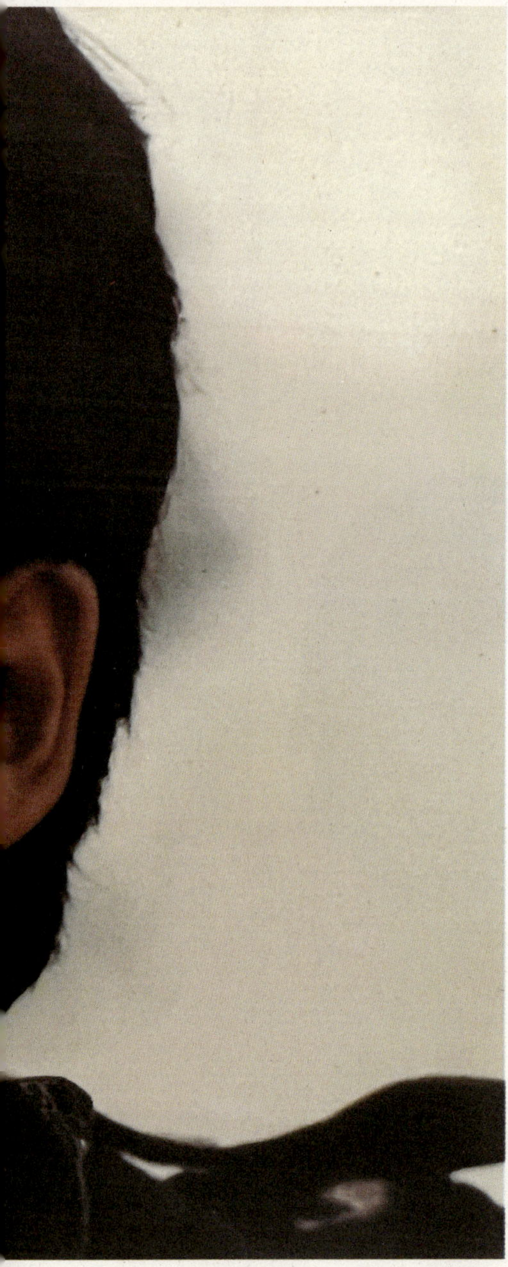

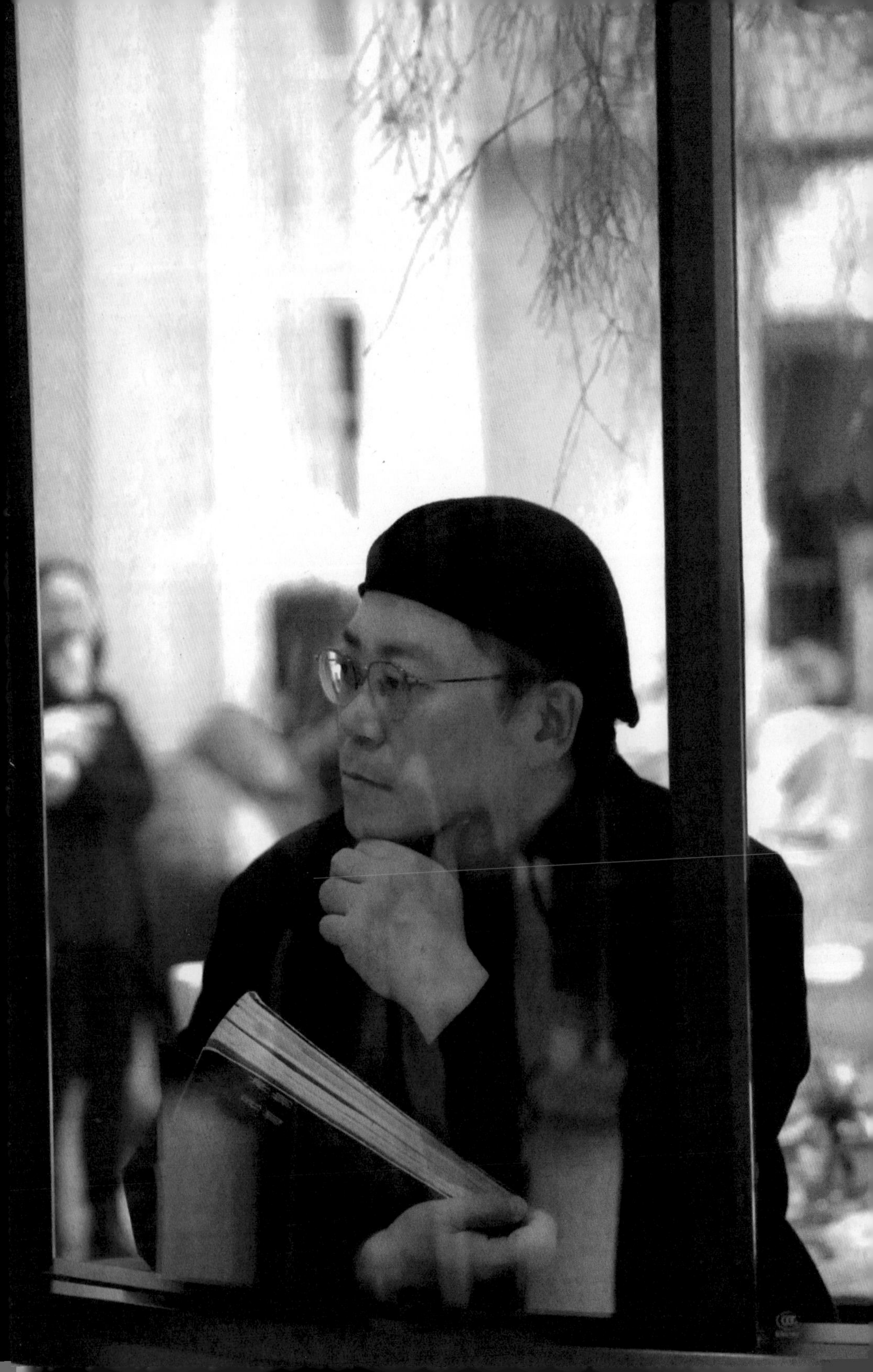

书·美好生活
Book & Life

书，当然要每日读。

叶锦添自传

向前迈进的日子

叶锦添 著

Autobiography by
Tim Yip

北京时代华文书局

叶锦添童年记忆中的香港街景

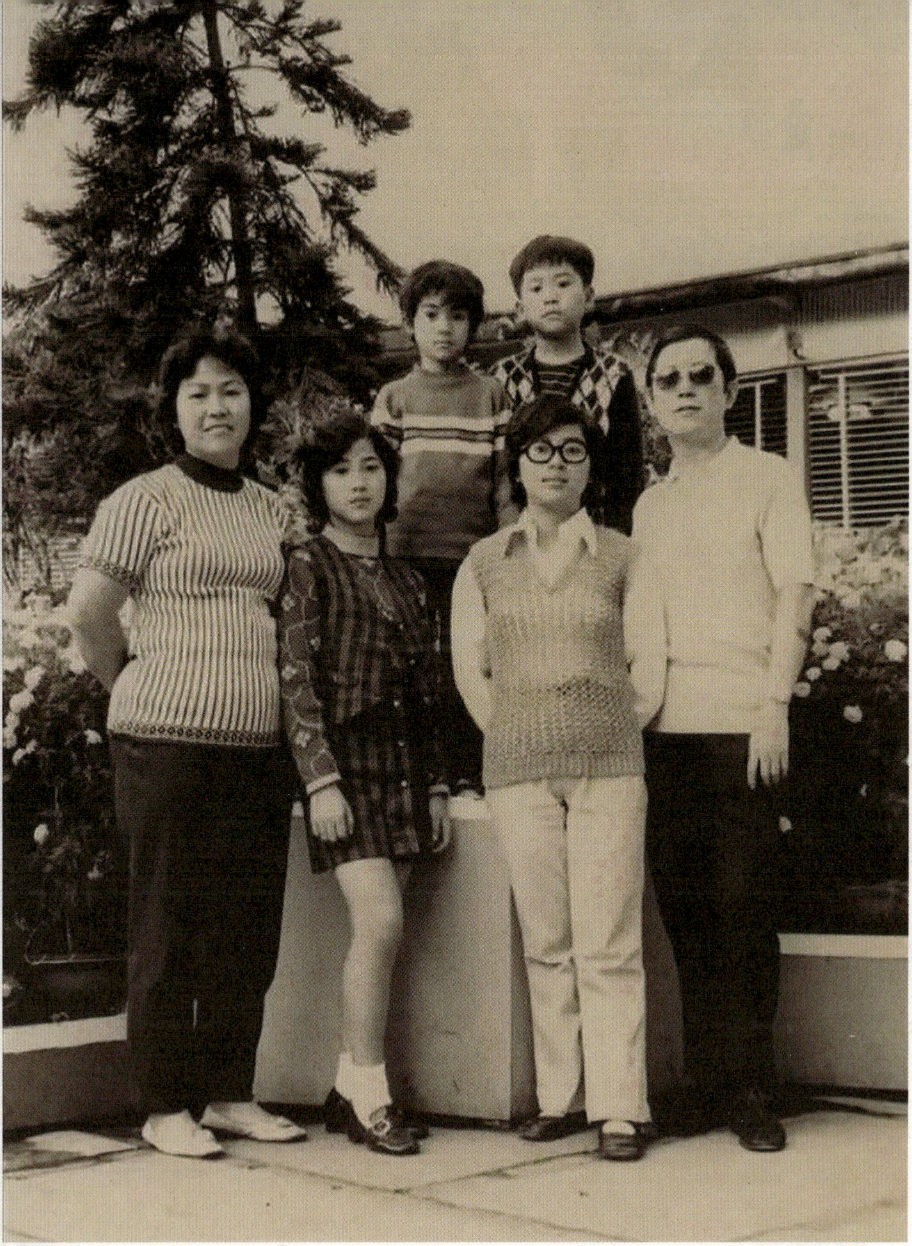

叶锦添祖母的手

叶锦添的祖母与母亲

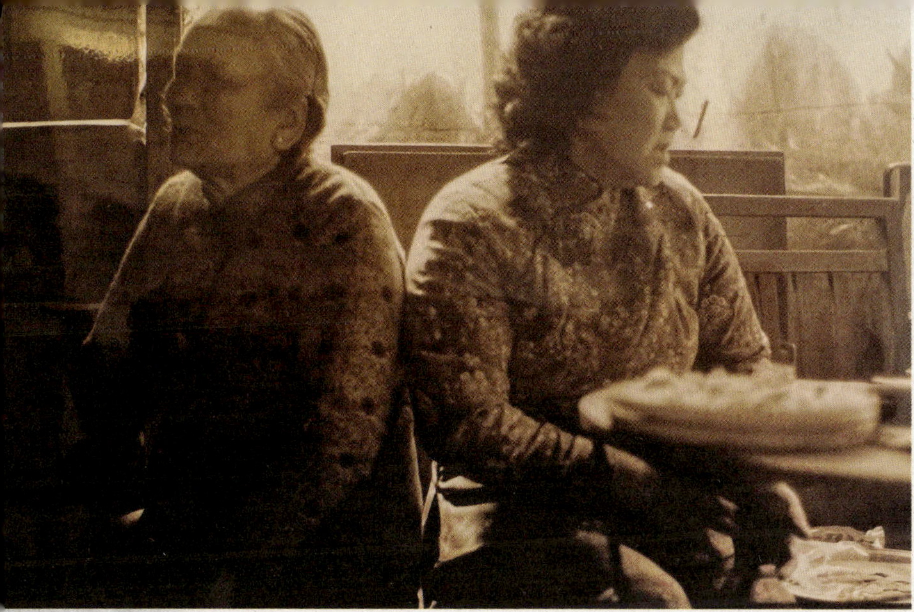

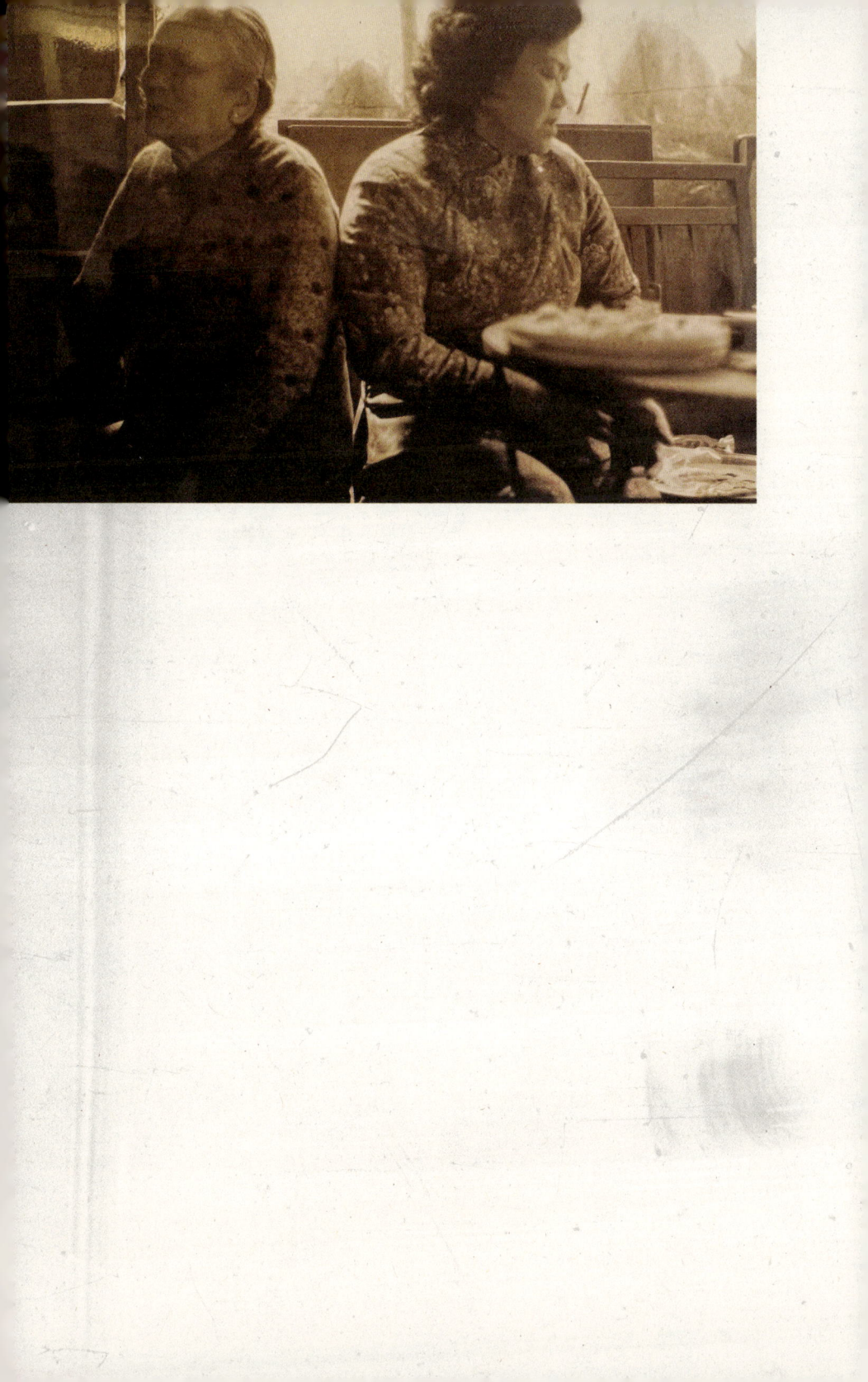

告設計公司
& ADVERTISING CO.
APPROVED CONTRACTOR)
755040
752592
蔡李佛

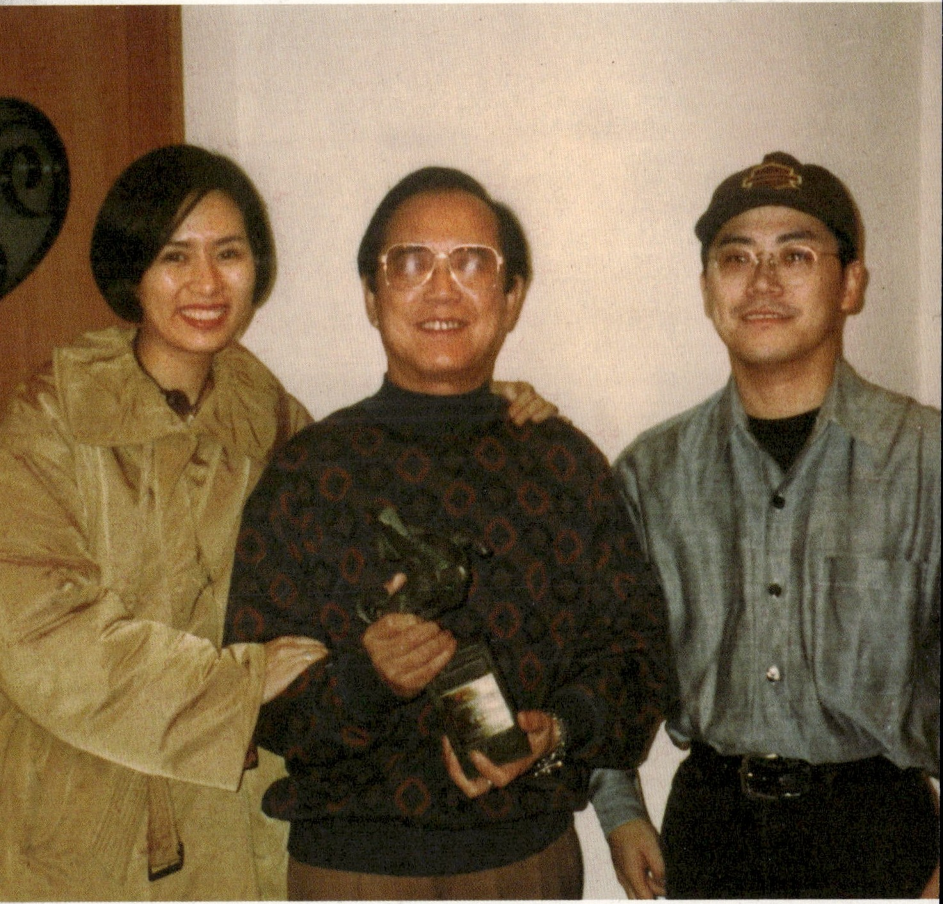

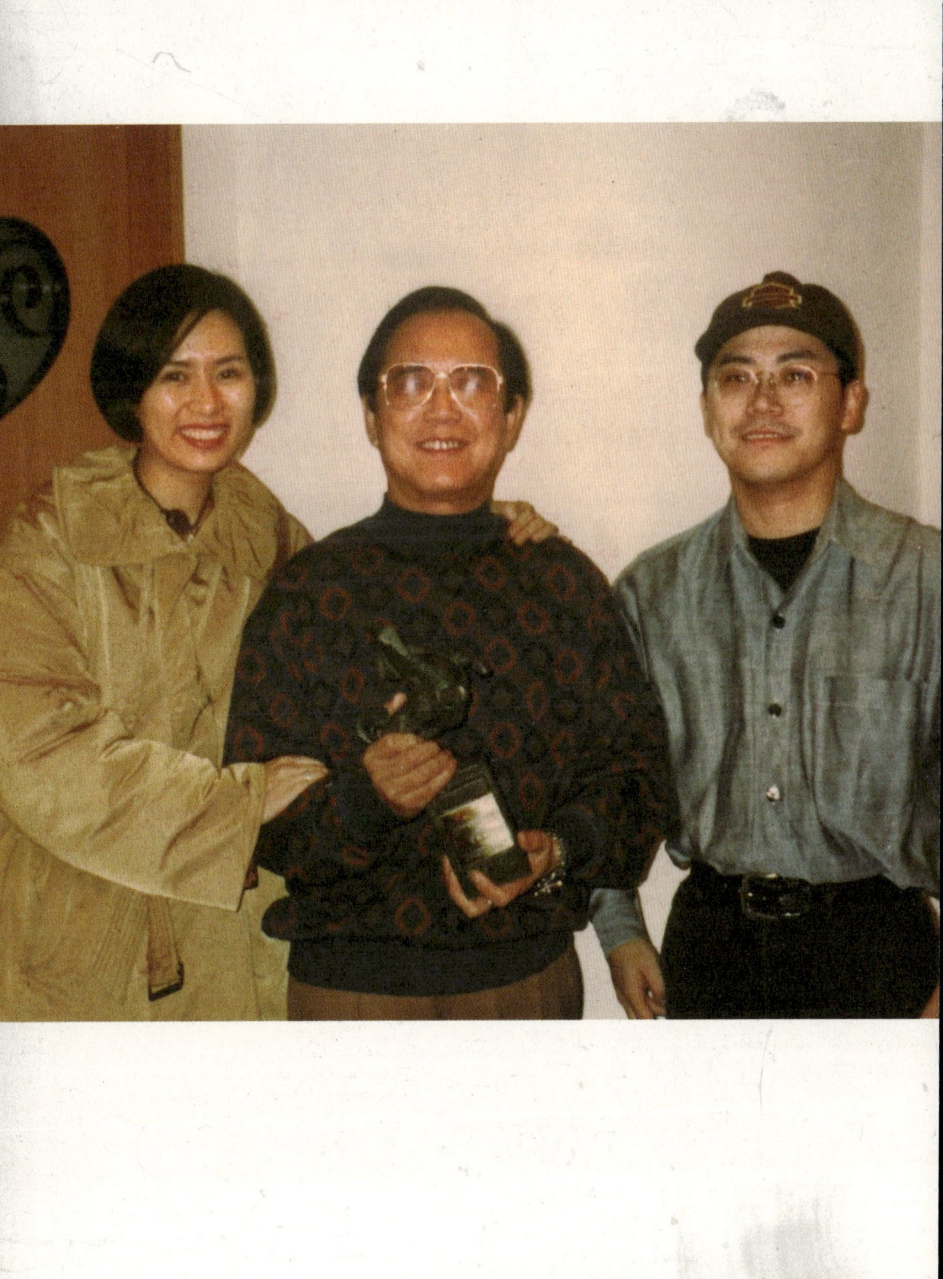

叶锦添与母亲

叶锦添的父亲与母亲

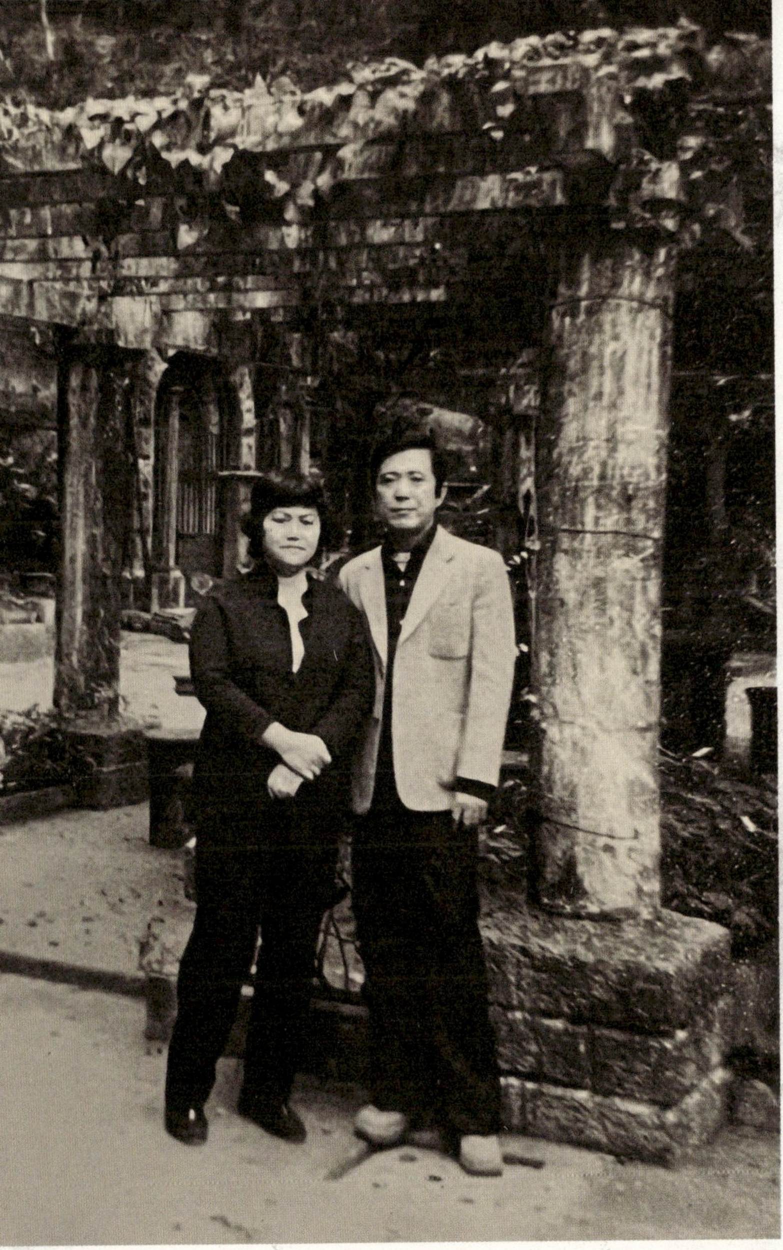

叶锦添与家人

叶锦添与父亲（中）、罗慧娟（左）

哥哥陪叶锦添领奖(2001年)美国奥斯卡颁奖典礼现场

叶锦添与哥哥

叶锦添的哥哥

叶锦添与妹妹

叶锦添与三姐

中学时代的叶锦添

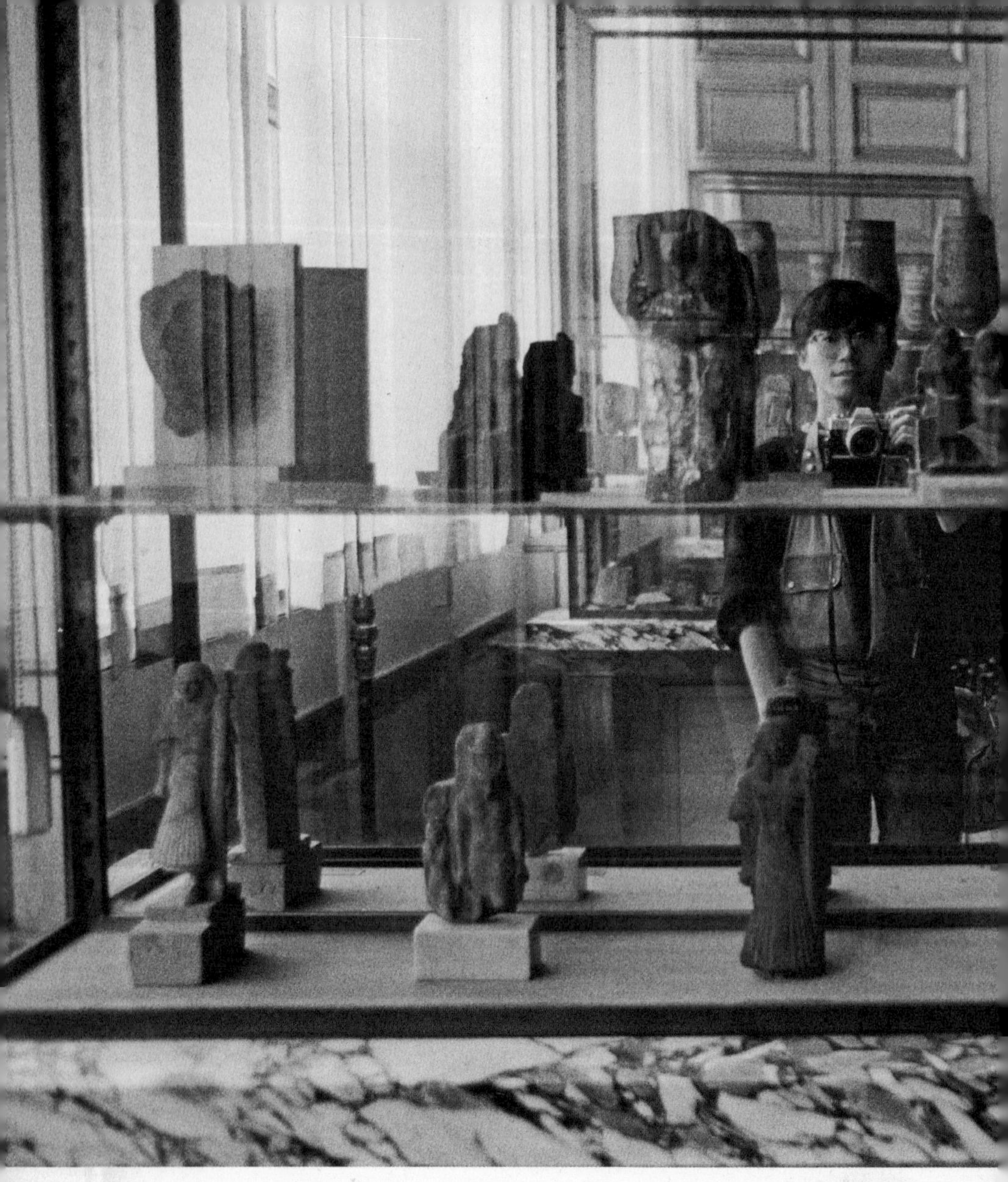

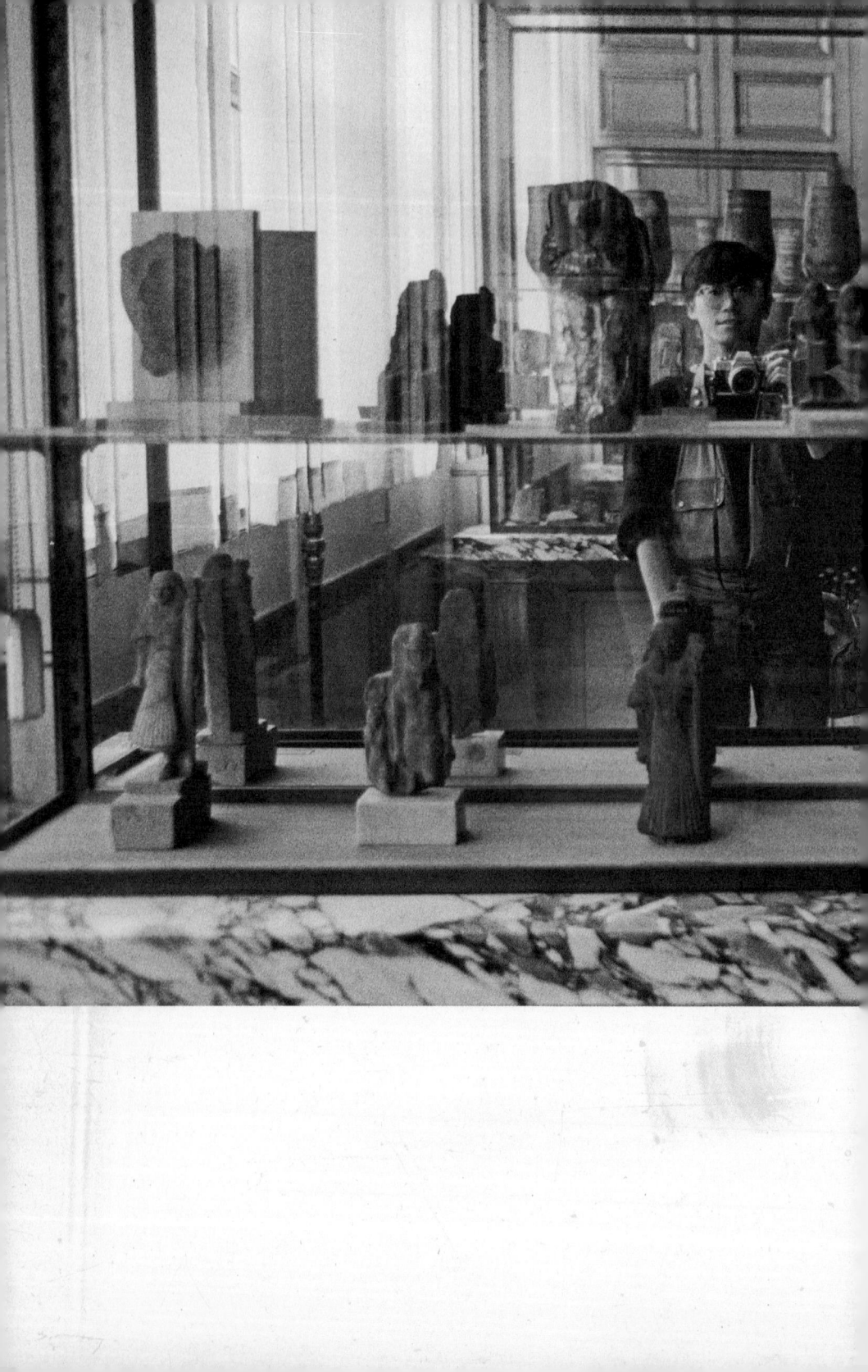

1987年叶锦添在欧洲

2001年叶锦添因电影《卧虎藏龙》获得奥斯卡金像奖·「最佳艺术指导」奖

自序

PREFACE

童年的时候总是有两种回忆。一种是来自别人的，因为年纪太小的关系，那时候发生的事情我们不是很理解。当别人再次描述的时候，我们才发觉自己知道得那么少，就觉得特别陌生。我也只能记得一种感觉，只能集中在一个小小的注意点上，存在自我的一个范围，深深地埋藏在我们的潜意识里，一直陪伴着我们，慢慢地形成了今天的个性。童年就犹如一瞬之间划过记忆的深处，在别人没有办法分享的地方，我们遗留下来的情思。有人说童年总是有一个别人看不见的朋友会分享你的秘密，使你有时候会在人面前独自傻笑，又好像迎来了一次沟通的胜利。

另一种是来自自己的，我从很小就开始习惯与自己沟通，用绘画、幻想，满足我的不自在，我总是希望跳过某一个围栏，碰触到一个海阔天空的世界。我习惯在梦中飞翔，感觉到空中的空气流动，很冷，天空的高度使我有点儿陌生感，有如那是一个只属于我的唯一的重叠世界。

迷糊在黑暗的大厅，是我童年的记忆，古老的木家具，缓慢爬行的时间，令我可以仔细地看到地上的砖块边上的蚂蚁在行动，去思考它们的计划，不管它们的数量多少，都是井然有序地使用着它们的时间。大钟在嘀嗒嘀嗒地作响，但我心中的时间早已飞离万丈外。

学校的天花板挂着一个摇摇欲坠的风扇，造成心灵上一道一道的光影，在那炎热的天气下，我总是会昏昏欲睡，罪恶感使我一直挣扎于梦境与现实之间，总是有一种庞大的想象力与我同在。追问那想象的源流，在一个闭塞的通道中慢慢地爬行，度过了童年的岁月。少年一直在限制中成长，自己完全不能迎合那种俗世的趣味和标准，自我的存在感仍然模糊不清，因此想厘清一个清晰的自我，于是开启了自己的学习过程。

在伦敦火车站的前面有一个用大钟堆成的雕塑，滂沱大雨的重击之下视野不清，第一次踏出欧洲，我寻找的是那个别人看不见的朋友，他可能在某个街道的角落，或是在某个教堂的聚会上，甚至正在乡村的街道上放着羊群，我找寻那伟大阴影下的反照物，希望为自己期待的感受落脚，在不断前进的步伐中，引燃心中求知求觉的火焰。

夕阳底下，我的步伐疲累，天色渐暗，我游离在陌生的土地上，好像得到某种疏解。但迎面而来的，是一个逐渐黑暗的空间，我必须在天黑以前找到落脚之地，可我的放任，使我没有目的地不停行走，终于忘记了时间，突然间身体虚脱，背着重大的行李，神情游离，在这空荡的土地上，我不懂他们的言语，不知道这里的历史，甚至不知道自己身在何处。只有面对着持续远离的夕阳。

母亲曾经仔细地描述了一个坐在我旁边的形象，她轻轻地怪笑，使我们重新回到从前在家中客厅的一种慵懒的状态。身体不好的她患病在床、不常走动，我以各种的笑话，娱乐着她，倒也自得其乐，轻易地答应了她的桂林之行，却至今没有实现。

在台湾的一个平常的夜，我从摩托车的顶上慢慢地爬到自己的楼房边。那时候我经常会忘记带钥匙，必须从地上爬到二楼，进入自己的空间。在那无数的晚上，我听到木板隔墙旁边的楼梯上走过不同的人以及嬉闹的人声，那窗外滑进的光斑，好像一个迷茫的丛林，在雾夜间赶路。

在奥地利的一个记者会上，林怀民面对数十位欧洲记者，回答他们提出的问题，我在一个听不清楚的语言状态下静坐在演讲台上。那时候我才第一次面对国际媒体，也是第一个参与他们歌剧院服装创作的亚洲艺术家，他们对我一无所知。当涉及我们提问的时候，满堂大笑，他们说的都是德语。我自我怀疑的心顿起，那笑声延续到那个问题，令我心中忐忑不安……一个大方和巧妙的幽默感使提问中的挑衅被轻轻带过，林怀民轻易地把话题转移到自己想要表达的主题上，从而引起了满堂大笑，但这种欢快的反应，是属于我们的。

在洛杉矶的一个晚上，我们跟着庞大的队伍，一直游走在中国剧院的边缘，迎接那个神秘的惊喜。那时候我就听到女人的喊叫声，周围的影像犹如梦境，内在的喜悦开始连接到所有同种同流的人，不需要互打招呼，就已经心照不宣。我们第一次从电影人的角度冲破国界，证明自己也可以是世界一流的电影艺术家，同时享受到一份集体的光荣。

奥斯卡的颁奖台下，哥哥一直在我身侧。后来他立志成佛，我的生活层层变化，曾经有一段很长的时间孤岛相隔，只有他作为我与家的联系。那时候我远离家庭独居，如飞跃在无根的地上，找寻梦中的故乡，又像一只没有脚的飞鸟，直至疲乏而倒下。当时我心中一片虚无，究竟空虚中可有一个空间容得下我？这种感觉持续如静止的飞鸟、无间的远航。

2004 年，我长途跋涉到希腊参加那一年奥运会的交旗仪式，见证了大师迪米特里斯·帕帕约安努（Dimitris Papaioannou）的奥运会开幕仪式。表演者穿着我做的衣服，在广场上穿梭，揭开了奥运会雅典与中国交旗的序幕。

生命中总是有很多重要时刻，随时可以回味，一一细数，不可尽录，新的故事仍在源源不断地发生，种种人事，得得失失，就是这样轻快地度过。人的一生就是不断地找寻向前迈进的动力，终其一生，不离不弃。

《叶锦添自传：向前迈进的日子》是我第一部真确地记录自己的童年与人生经历的各种创造轨迹的作品，全书分为五个部分。第一部分是"你好，我是叶锦添"，这是我的童年时代，人物包括几个对我产生重要影响的家庭成员，直到我意识到自己存在的开始。第二部分是"我是一个倾听者"，记录了初期我用文字描述自己人生所见的各篇短文，以时间的旅人与各种地域的观察珍贵地记录了一个旧时代的剪影。第三部分是"眼界、初心与试炼"，开启了一个漫长的自觉探索，我从"时间、地点、人物"这一坐标开始自己对世界的注意点的收集，然后把它们组织成一幅心灵地图，不断地增加养分，使我对陌生的世界产生了一个关系的自觉。那时候我正经历从东方到西方的种种经验的累积，有各种神奇的发现，最后在迷离的背景中找到一个统一一切的方法。第四部分是"向前迈进的日子"，记录了我各种创造性的过程，包括不同的艺术媒介，深入每一种艺术媒介的探索，最后产生了"创意十二流"的整体概念，其中伴随着自己成长、成熟的轨迹。在这里，我把分别与各方面优秀的艺术家合作的经验，建立成一个多元复杂体系的全观艺术的根源。第五部分是"创造同行者"，这一阶段我更注重对生命的思考，思考人生必然遇到的各种困境，怎么可以像庖丁解牛一样让自己心无挂碍，进而对自己的世界全面开发，使每个独立的灵魂都可以释放自己的能量，创造自己的世界。

"自传"也是人生，每一程都有不同的用心和努力。此次巧逢与北京时代华文书局合作的契机，感谢访问和编辑团队成就了一直在期待中的"缘分"，那些共同讨论、整理的日子本身也丰富了"自传"的意义，变得不再是自顾自地讲述，变得更能反思自己。

"向前迈进的日子"，我们依然后会有期。

是为序。

第二部分
PART TWO

我是一个倾听者

读书与思考 —— 059

写作与文学 —— 069

我喜欢的作家与作品 —— 074

破军衣 —— 080

广东话 —— 083

咖啡馆 —— 086

树影下 —— 093

旋涡 —— 101

老酒店 —— 105

逐花而居者 —— 108

遗缺 —— 114

第一部分 PART ONE

你好，我是叶锦添

- 家的记忆 —— 005
- 我的父亲 —— 012
- 我的母亲 —— 018
- 我的哥哥 —— 026
- 饮食故事 —— 033
- 我的中小学时代 —— 036
- 少年时的启蒙 —— 039
- 峰回路转，各有千秋 —— 045
- 家的空间 —— 048
- 叶锦添这个名字 —— 052

第四部分
PART FOUR

向前迈进的日子

李小龙 —— 175
梅兰芳 —— 177
黑泽明 —— 180
徐克 —— 182
吴宇森 —— 185
林岭东 —— 189
李碧华 —— 191
关锦鹏 —— 197
维姆·文德斯 —— 199
邱刚健 —— 201
罗卓瑶 —— 205
吴兴国 —— 208
莎士比亚 —— 212
林怀民 —— 214
蔡明亮 —— 217
陈国富 —— 220
李少红 —— 225

第三部分 PART THREE

眼界、初心与试炼

浪迹巴黎 —— 121

在欧洲的夜车上失眠 —— 123

初试啼声，英雄本色 —— 126

颠覆传统的反常色彩学 —— 128

台湾的挚友，启示我创作的未来 —— 131

生活困顿，不改其乐 —— 134

发现『程式化美学』 —— 136

东西合璧新剪裁 —— 138

不断超越的快感 —— 140

从木板隔间的破公寓，走向世界 —— 142

海阔天空 —— 144

一通清晨的电话：云门舞集 —— 146

让欧洲人开眼界 —— 148

用衣服，让演员入戏 —— 151

一个光头朋克族的邀约 —— 153

第五部分
PART FIVE

创造同行者

无我自在的未来世界 —— 309

附录
APPENDIX

问答 & 作品年表

共同走过 —— 319
作品年表 —— 330

我的心中酝酿着一个跟现实截然不同的审美世界,我要走自己的路。

第一部分
PART ONE

你好,我是叶锦添

李安	229
张艺谋	237
弗兰克·莱西	240
山本耀司	243
冯小刚	245
田壮壮	249
和田惠美与石冈瑛子	252
杨丽萍	255
马克·霍本	259
罗伯特·威尔逊	261
阿库·汉姆	264
黛安·佩尔内特	277
弗兰克·德贡	280
弗朗索瓦	283
于军	291
麦克法兰	294
维维安·韦斯特伍德	297
乌尔善	300

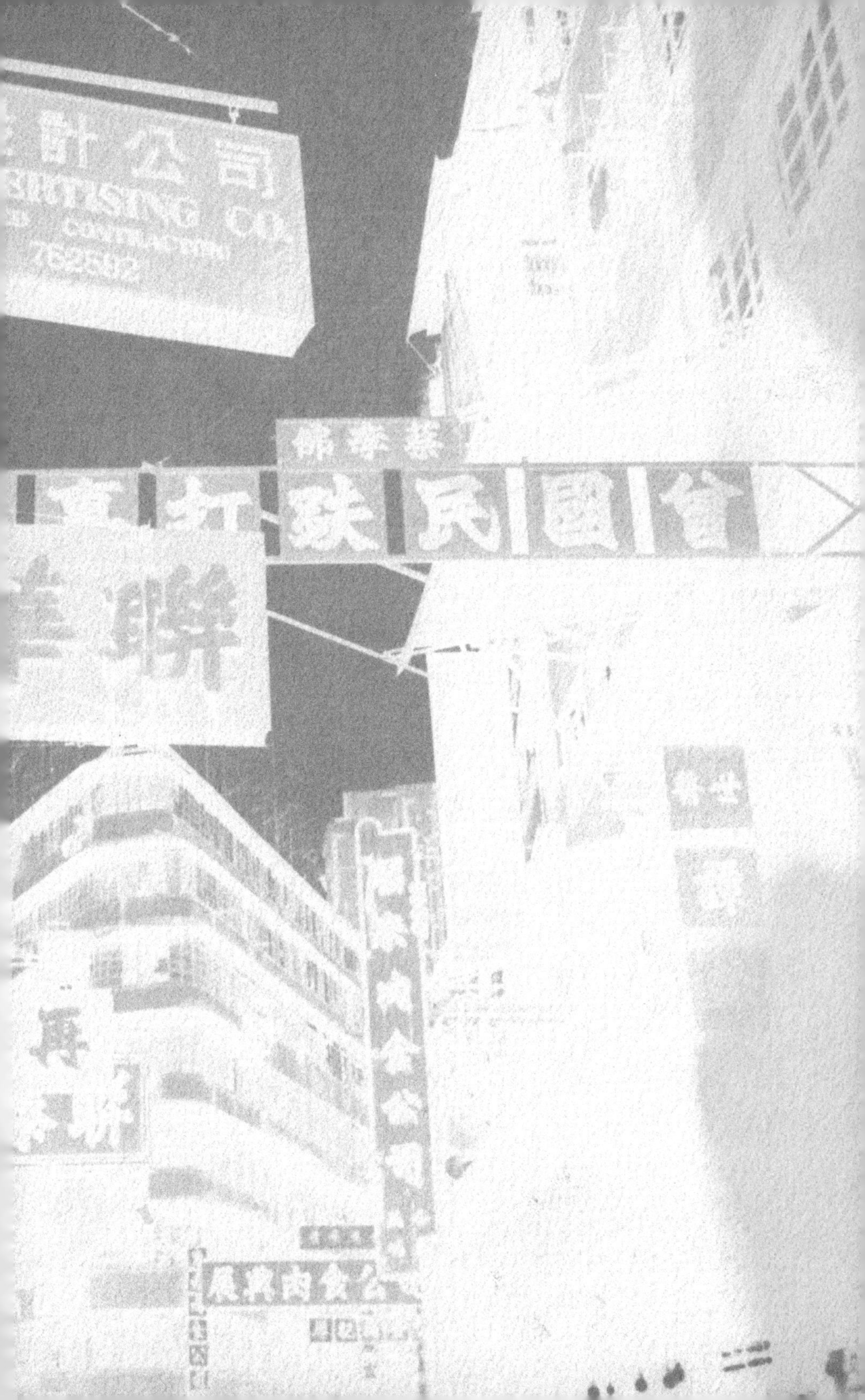
計公司
ERTISING CO.

从始至终,我都一直游离在自己的幻想与现实世界之中,得到无限的孤独与快乐,世界是一个由一些数不清楚的记忆断片所组建成的奇异乐园。我困惑于一个不清晰的自我,与历久弥新的迷阵,及至我辨认出一个名字。

家的记忆

> 我的童年，大都在自我的世界中度过。

一

童年在模糊的记忆中度过，我没有发表意见的习惯，只是微倚着一把偌大的雕花木椅，因为裤子过大，掉在脚踝上。我的眼神看似呆滞，心灵则躲藏在某个角落，观看家人的行踪。

房子总是黑而大，世界总在我的范围以外，不可轻碰、嘲笑与戏弄，我习惯躲在自我的空间内陶醉，建构一个模糊的世界。

在香港，有一种居住模式是七八户人家挤在一个大房间之中，没有隔墙，只用帷帐划清住户之间的界限。我、两位姐姐和一位妹妹，还有父母，就这样挤在夹层木板间上下而居。因成长在非常穷苦的家庭中，我的童年可以说是"一无所有"。但贫穷的日子里也保留着有趣的回忆。有一回睡梦中听到门铃响了，睡眼惺忪的我起来开门后又倒头回去睡。等到大梦醒来时，我看到全家人都围在旁边，父亲问我怎么不起来开门，我明明记得开了，结果他说："你开的是冰箱的门！"

小时候，我记得自己是在香港西营盘一个基督教小学的附属幼儿园上学，好像叫利玛窦或什么的，真正的名字我已记不清楚。当时，纵使十分好奇，我也一直不敢抬头看四周的人。当母亲走后，我一个人被带到玄关去，恰好这时我的鞋带又开了。

有一个年约十岁的"姐姐"，被老师叫来替我绑上鞋带，我低着头，刚好看到她左摇右晃的脑袋。她的样子我已经记不起来，但天真亲善的笑容令我印象深刻。她绑鞋带的时候有份特别的执着，我注视了很久绑好的鞋带，但当时的我并不了解，这就是我的"潜在形象"。

这个情景，如今回想起来，仍历历在目。那些活泼、个性执着与善良的女性，一直是我极为亲近的朋友。我喜欢被关怀的感觉，但总不愿意抬起头来；我喜欢在其身后向往，却不要求什么。

不知是什么原因，我不喜欢与同伴玩耍，唯一能使自己开心的就是"涂鸦"。只要有几张纸或是一块空地，我就可以在那些空间中无穷无尽地勾勒出自己的天空，十分开怀、十分有趣。我的童年，大都在自我的世界中度过。

二

我记得父亲总有很多人追随，这可能是因为他处在很复杂的工作环境中，其实他很老实。他在一个品流复杂的地方管着很多人，解决各种各样纷纷扰扰的问题。他必须一直保持好心态，集中精神，才能管理好手下众多的"马仔"，让"马仔"再去帮他做事。

父亲很严厉，我对他又敬又畏，但更多的是一种对雄性的早期观察。

我小时候被父亲用皮鞭打过好多次，母亲也好，哥哥姐姐也好，都不敢替我求情。

关于母亲，她留给我最深刻的感觉是"保守感"，从她身上能看出中国传统妇女朴实、沉默、忍耐的品格，直到现在，我都对这种感觉念念不忘。

母亲去过很多地方，她有三十几个兄弟姐妹，有几个人特别喜欢去旅行，所以他们经常约着一起全中国到处旅游。母亲很想去桂林，她觉得桂林很漂亮，我答应了她，但最终没有去。

我陪她去过广州，还去了我们的祖屋，祖屋已经很难辨认，没有什么祖先生活的痕迹了。

三

兄弟姐妹中，妹妹跟我很亲，她小时候很可爱，是全家关注的焦点。我是最丑的，头发很丑，永远都不会被当成焦点，很长一段时间内，我都觉得自己不够好。所以后来我会出去练功夫，到处看看，转移一些注意力。

我有两个姐姐，一个亲和力很强，比较理智，比较有学问，先是好好念书，毕业后也是按部就班地往上升；另外一个比较疯狂，晚上会跟那些暴走族去玩、去飙车。

我们五个性格多元，但关系很好，他们都很纵容我画画，都很欣赏我，觉得我很厉害。

当然，兄弟姐妹之间也有冲突，因为很多东西都要争。比如，关于空间的争夺常常发生。有一次，我因为参加一个绘画比赛，好几个星期都占着家里的空间。那段时间做喷漆画，要喷画很多东西，我没有地方做，就在家里的大厅里做，于是家里就变成了我自己的绘画空间。

我花了一个星期，画了幅很大的画，但家里很小，那幅画有墙壁那么大，于是大家根本就没办法坐在屋里。我必须喷三四十层的颜色。画很占空间，又很呛，那段时间他们不得不很晚才回来。

当时大家没有对空气质量的认识，虽然觉得不舒服，但没有觉得很严重。我整天这样做，是很对不住他们的，但他们还纵容我这样做，所以，家人之间会互相包容，即使偶尔有矛盾，也都是小事。

四

我记忆中的打架,都是很小时候的事。

受李小龙的影响,我很业余地练过空手道,但都是随便练练,没法参加比赛,我哥哥练的是蔡李佛拳,他是大开大合的路子。这些功夫,正经打起来很厉害。厉害的人出招很突然,几招就把人打倒在地,不像武侠片那样"哼哼哈嘿"要过很多招,都是很快分胜负。

我跟哥哥也会打架,但打得不像电影里那么激烈、精彩,一开始动手就是我输,因为他很有劲儿,一下打到我胸口我就呼吸不畅了。哥哥跟我打架不会手下留情,因为我跟他抢电视看,他绝不留手。那时候,打架都是真打,抓着头发打,或者拿一个东西打,没有招式的。

虽然我后来参与了很多动作电影,但并非受学武的影响。我会把对功夫的着迷转化为功夫元素用在其他东西上,而非用在打架上。换句话说,我更喜欢把功夫理论变成我做事的方法、创作的想法,因为很多东西都是相通的。

还有一些事,能体现兄弟姐妹之间的关爱。

我家在五楼,窗户是铁框窗,我小时候经常坐在窗框上俯看整个大街,常常把家人吓一跳。家人担心我坐在外面很危险,会一不小心掉下去。

虽然我有点儿畏高,但是我喜欢坐在窗外,享受高空的恐怖感,这种情绪会让我一直想冒险。我做梦也经常在飞,我还可以控制自己飞多高,飞的时候还能看到我的腿踩在云上,忽上忽下,注意力一分散了就会掉下去,所以也会有恐惧,但恐惧带给我很多乐趣。

另一件事,是二姐救了我一次。

我小时候很灵活,很喜欢冒险,喜欢翻跟头,到处爬来爬去,但是我体育又很差。总之,我是一个贪玩又大意的小孩儿。有一次,我在很长的楼梯上玩,结果整个人顺着台阶滚下去了,滚到快终点的时候,我的二姐用双手把我接住了。回过神来,她也不知道自己是怎么顶住巨大的冲击力接住我,她只是本能地接。二姐让我避免了一次大伤,但她其实有可能被我撞伤,这件事我记得很深。

最后讲一下我的祖母。

祖母是一个奇怪的人,她一直外穿粗布长袍,最喜欢穿一件深灰色的有两个口袋的唐装,内衣是一个肚兜,整套下来,类似古代人穿的衣服。很多人对祖母的穿着议论纷纷,我也一直都很好奇她为什么要这么穿。

祖母经常去爬山,但因为眼睛看不清东西,所以要我们陪她去。她还会带我和妹妹在山上吃早餐,我记得半山上的"山水豆腐花"很美味。她很孤僻,只有跟我妈妈相处的时间比较多。她看不清东西，不愿意跟人在一起，每天就是一个人生活，很多年如此。

后来她到一个铁皮屋里生活。我不知道她是怎么居住的，那个房子很小，床占满了房间，周围都摆得满满的，还有一个很小的观音像。于是，那铁皮屋像是一间杂货铺。

祖母睡觉时间很少，多年来一贯如此。我们这些孩子星期六、星期天都会去陪她。屋子外面有一个公共区域，像个临时搭建的屋顶，在一些粤语片里能看到这种居住环境，她的屋子旁边住着我们的亲戚，他们都是独立而居，但是平常还是会互相照应，他们都对她很好。

我的父亲

> 我会不可思议地欣赏家中两个男性的能力，把自己看成次要的，但我生活中的骄傲亦来自他们。

我对父亲印象最深的是，他经常不在家，但每次不管他多晚回来，我们都会有大餐吃。他做的工作比较特殊，手下带着一些"马仔"，他很介意我们小孩子乱说话，怕"意头"（彩头）不好，所以我们说话都很小心。

他十分英俊，很有威严。他把一切都扛在自己的肩膀上，他的困难我们却一无所知。我总希望得到父亲的偏爱，每逢佳节都希望得到比较重要的礼物。但在父亲心中，我向来都不是个重要的角色，他的重点一直放在大儿子——我哥哥身上。哥哥努力且听话，小妹又比较可爱，相比之下，我的整个童年在父亲威严的阴影下，总感到不太自在，什么也不敢做。

我会不可思议地欣赏家中两个男性的能力，把自己看成次要的，但我生活中的骄傲亦来自他们。我模仿哥哥画漫画，画不同的故事；但他很快就收了手，对画画的兴趣只残留在我的身上。

我不断画画，父亲注意到我的成绩每况愈下，曾多次下令严禁我画画，把我精心收藏的连环画一次又一次地没收。我停了一段时间，很快又开始画画。我的兴趣中藏着极大的罪恶感，因此绘画总是偷偷地进行。

每逢周末，父亲会在家中工作，我与妹妹便被送到祖母家中，祖母当时住在西营盘的一个增建的铁皮屋内。铁皮屋大概七八平方米，我很爱吃祖母煮的猪肉碎和咸鱼肉饼。同一个顶楼的天棚住着我们契婆一家及其他相熟的老人。那是一个极斜的坡道，一栋又一栋六层楼高的建筑排列着，依斜坡而筑，看起来好像阶梯一般。我不明白祖母为何可以长年住在铁皮屋内，尤其是夏天，铁皮屋内热得透不过气来，外面强光映照，里面却像个黑洞。

契婆有个智障女儿叫阿珠，只能懂一些粗浅的话。每逢周末，我们就在撑起的塑胶帆布底下玩游戏，阿珠比我们大，眼神散漫，我永远记得她歪着头吃手指，看着我们傻笑的样子。她穿一些格子旧衣，不称身地露出脚踝。

我念初中时，父亲移居澳门工作，我们更少见面了，但他仍是一家的重心。从那时起，我开始了与母亲一起住的日子，当时哥哥早就自立门户，在外开设自己的影楼了。

家中只剩下我一个男孩，我想向父亲和哥哥看齐，希望成为他们那样的人。父亲是一个严肃的存在，不好相处，但他是一个磁场很强的人，只要他在，一切都会跟着他走。

叶锦添的父亲与母亲

叶锦添的父亲上妆

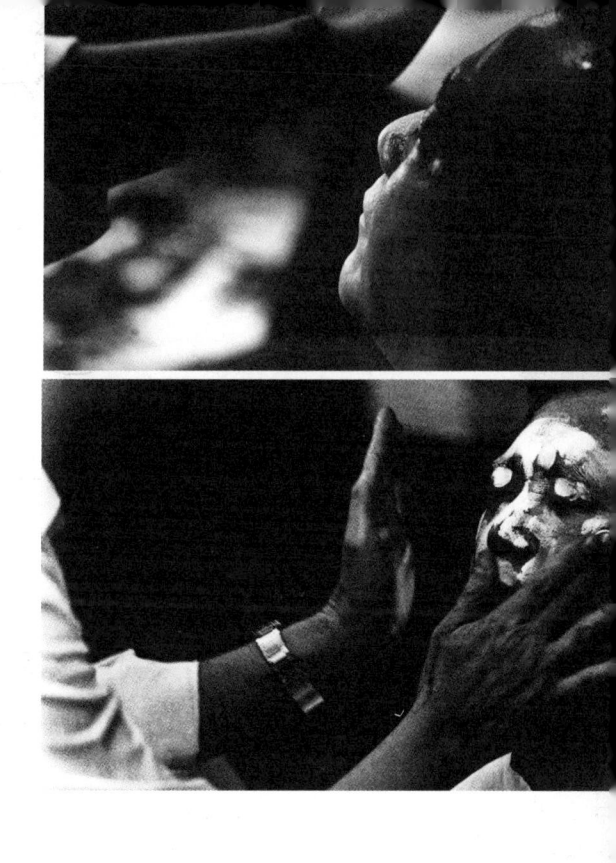

父亲在澳门的日子里,想见他是很难的,我们只能在香港等待他的消息。父亲像是有超凡的能力,没几年就在澳门站稳了脚跟。小时候的我对澳门充满好奇,跟着妈妈去澳门是很新奇的体验,那也是难得能与父亲见面的机会。父亲没太多时间陪我们,于是带我们到船上看粤剧。在响亮的锣鼓声中,我们一边饮茶,一边看舞台上俏丽唱戏的小花旦。当时,我只有陪着母亲与其他阿姨的份儿,父亲身旁则是围绕着很多不同年龄的助手。

在澳门的时候，我很爱偷偷地看睡眠中的父亲，他中年发福，像个小孩般熟睡，我也只有这个时候能多看他一会儿。那时，哥哥的成绩一天比一天耀眼，我却在学校里得过且过。我没有得到父亲的注意，渐渐成为哥哥的一个影子，但越是如此，我越渴望得到父亲的关注。

我毕业后的工作并不顺利，父亲看到我在家中忙东忙西，不务正业，颇不以为然，但他也没责怪我。我最后一次在房间画画的时候被他发现了，我想赶快收起来，他只是看着我，轻轻一笑。从此，我可以在家公然画画了。

父亲在澳门建立了自己的社交圈，工作之外的时间，身边总围绕着一大群粤剧发烧友，他自己也爱唱，而且亦尝试粉墨登场。在他的圈子里，他很有统帅风范，又幽默，爱耍酷，出手阔绰，支持粤剧活动，所以受到很多人的喜爱。

母亲去世的时候，我第一次看到父亲无助地哭泣。我还记得他穿了一件横条的 Polo 衫，露出圆圆的肚子，当时的场景依然历历在目。母亲的后事主要是由哥哥打理的。母亲的后事办完，父亲就变成了另一个人，明显苍老、孤独了许多。对我来说，母亲不在了，父亲的形象好像清晰了。父亲到了五十多岁，身体看起来很健康，当发现问题时，只剩下不到一年的寿命。

对于生命的无常，父亲亦展现了一次能力的示范。他放开心情到澳大利亚去看我的哥哥，去日本旅游散心，尽量忘记一切。那时候我已身在台湾，接到电话后，停下手边的工作，即刻赶回香港。游子归来，一家人又重聚了。

父亲仍表现得幽默自信，但人明显消瘦了。过了一会儿，父亲突然疼痛起来，我们把他安置在床上，他极力地交代一切，把剩下的金银首饰分给我们。这夜，家人一一离去，只剩下我与哥哥睡在客厅守候。

房中响着佛教的念经声，半梦半醒间，我看见有人走向厕所。我把灯打开后，看到父亲的背影慢慢地没入洗手间的灯光里。

我再次醒来时，哥哥已穿好衣服，坐在父亲的床前，家人亦相继到达。父亲躺在急救的病床上，皮肤变成鲜黄色，目无神采。我脑海里一片空白，亲戚朋友一个又一个地到达，我们亦逐一聆听他们的小语。

在他离世前，我仍然是他最不放心的孩子，身处异乡，他请哥哥多关照我。我仿佛置身事外，好像说的不是我。我忽然间有种强烈的感觉，想说些什么，但欲言又止；父亲亦埋入自己的沉默中。在那瞬息之间，我无法表达自己，我空无一语，好像有一只无形的手按着我的嘴唇，把内心的话语压抑地收藏在房间内一个黑暗的角落。

通过《卧虎藏龙》获得奥斯卡金像奖"最佳艺术指导"奖之时，我一开口就被主持人打断了，因为台下为李安打气的掌声不断，用掉了我四十五秒的发言时间。我感到内疚的此刻，父母已经不在，我永远是他们担心的孩子。

我的母亲

对于我，她可以说是既放任又保守，一直唠叨却从不干涉，因此我在父亲威严的监视下，仍然可以偷偷地留住一片天。

一

在一个洞穴中，在粗糙的野兽毛皮与温暖的充满鲜嫩奶汁的怀抱中，幼狮的身体被母亲的舌头不断地舔着，那种湿润的摩擦，渐渐地深入幼狮幼小灵魂的记忆。它感觉这里很温暖、安全，没有是非对错，可以放任地自然安睡。

在某一些重叠的印象中，我翻开了童年的情境：阳光灿烂的午后，味道浓烈的烟火弥漫着视野，人影在烟雾的背后显得朦胧。他们都非常高大，我只能用无穷放任的哭闹把内心的恐惧赶出，引人注意，等待机会，得到她的关注，使我可以扑向那仿如永不消失的依靠。那温暖的气息，使我相信自己即使跳进无底的深渊，也不会粉身碎骨。

她在我心里有一种平凡的力量与一种不可磨灭的血缘温度，这些会在我无助的时候伸出手来，不管她明不明白。

她身上其实有着普通香港人的生活态度——自保、贪小便宜、学识不足、凡事息事宁人……却有着一种"家"的凝聚力量，既使我感到温暖，也是我当时急于挣脱的枷锁。在香港一般家庭的观念里，一切都要保守行事，儿童总是被搁在家中一个角落，被忽略，这造成了孩子成长上的限制。这种疏忽普遍存在于那个时代，成为我们这代人一种共同的记忆。

当时，理念的行进遥不可及。在香港，几乎无法实现什么改变。家中弥漫着一种放任的态度。以母亲的人生经历形成的价值观自然与我不同，但她总会容忍我做的一切。对于我，她可以说是既放任又保守，一直唠叨却从不干涉，因此我在父亲威严的监视下，仍然可以偷偷地留住一片天。

很多年后，一个奇妙的夜，我在漫长的工作后独自跑到她的加护病房。我们已经很久没有见面，我又重新面对那冰冷的空间。她看着我说："它是你的。"她指着身边发亮的心跳仪，闹着说这是我的，并仔细地形容一个她从来没有见过的人，分不出是她的想象，还是一种梦的呓语。那个形象在我心中慢慢地浮现，有一种无形的温暖，使我充满生命力。即使当她病危，加护病房漆黑如墨，她说起这些时，那气氛亦变得有一点儿调皮与轻松，我仿佛能看到她自然地微笑着，好像在翻开一个准备已久的礼物，像在某个午后，我们在家里闲聊的情景。她把这一切送到我的内在，她并不知道，一时轻松的解放使我对世界产生了有意义的切入点。

她在我心中，一直与一种沉重的责任与道德感相关——儿女应当孝顺父母，使我产生充满压力的愧疚。那时我的状态异样，精神虚无，漫长等待所产生的慵懒，每天在混乱中浮游的不真实感，对未来一无所知等，充斥着我。我对她的承诺都是虚言，不切实际。自己的执迷却被周围的人群抽离，我好像被流放在人间边缘，等待有一天终将放弃理念，重新无奈地要求这个庸俗的社会接纳自己。

家里的日常事，我逃避了大部分责任，全是父亲与哥哥全力处理，我却在空白一片的无知觉中度过了每一个情节，好像另一种被孤立的苍狼。母亲走了，我更加孤立无援，在她的葬礼上，我犹如一个无声的参与者，守在灵堂边缘，看着有些变形的脸，亲切却冰冷，心里想着一切都结束了。

母亲过世，我对留在香港的兴趣索然，只要有机会就想远走高飞，在陌生的世界中重新开始。当时，我手上一无所有，也没有具体方向，只能盲目奋进。就像精神放逐一样，我一个人渡海到台湾，从此与香港隔绝。我在这里没有半个认识的朋友，每天考验着自己的思考与实力，找寻机会去实现奇思怪想，在困苦中自得其乐。在香港的生活并不富裕，来到台湾更是穷困。但乐观的性格，是我动力的来源，朋友在一个一个地增加，幸运的是，都是一些至今不变的朋友。

在台湾逐渐稳定下来，朋友们也接受了我的性格与想法。那时，我的梦境中间续会出现母亲的身影，十分真实，有她生活中的一切情节，亲密的感受延续着，梦中形成了独一无二的、一种只有我俩或只有我的世界。这是只有我与她继续发展的记忆，其他家人无缘分享。在梦中，她有时健步如飞，有时卧病在床，有时回归到医院黑暗的房间里与我对看。那些记忆支离破碎，但令我印象深刻。

在母亲过世后的十几年，我对那份温暖的渴望仍通过某种形式联系着。我可以看到她的身影，活生生地在梦境中存在，就好像有另一个世界，时光反转，我们共同逃过了上帝的眼睛，暂离现实，而他放下了那彰显现实的利爪，使我们的生活在片段残缺的章节中重生。每次梦醒，我总泪流满面，难以完成的志向与失落的亲情折磨着我，不断在梦境中重复惊醒，好像一个抹不掉的印记。

目睹死亡发生，我靠近了她孱弱的身体，虚浮的气息使我体味到死亡的慢慢逼近、生命的渐渐远去。在医院走廊上，一种无可抵抗的力量，在那尽头牵引着，有如一条通往阴间的通道，弥漫着超越现实结构的能量，可窥见那无尽的黑暗与冷冷白光下的暗影，成了我们分离的十字路口。

黑暗带着疑惑与恐惧，潜藏于现实的背后，使我在这种疑惑中迷茫，找不到方向，只能感受那种黑色的残酷与无常带着恐怖的火焰在黑暗的荒原中起舞，那里将会是一个什么样的世界？母亲的影子，是否将会湮没其间，还是她将一直留在我心中，与我同在？

二

湖水深深，天空寂寂，万物裹藏在幽暗的怀抱里，有一份安详的肃穆。湖水在天空的映照下，划出了一道浪花，黑暗的湖底，泛起了一阵烟雾，渐渐地，一张偌大苍白的脸慢慢地浮现。在厚云覆盖的天际，闪烁着一阵亮光。

那张脸，安详、自然，就如昔日的平凡与自在，眉梢间一道平和。

美国奥斯卡颁奖典礼的晚上，当我在台上看见上千的来宾时，忽然间，我没有宣读早已准备好的台词，却脱口说出感谢已逝双亲的话语。回想起来，自己也吃了一惊。

曾经有一段时间，当我最穷困的时候，正值母亲临终的岁月。我与她有一种特殊的情感，现实中，我需要她那种无私的支持，而她需要我带给她未来的希望，我俩经常讨论家中琐碎的小事，并分担严父给予她的压力。

她总有一种解不开的性情，使她经常在困惑中无法找到答案。父亲对她的感情并没有使她更轻松地面对生活，我只好充当军师的角色，给她提供意见，并希望带给她轻松应对的方法。可惜在时间的漫长流动中，我的生活并没有遇到更大的转折，沉重的生活压力，挑战我内在的坚持，然而死亡的意识伴随在侧，随时介入我俩之间，我陷入无可抗拒的时间竞逐之中。

在某一段时间内，暗夜里，疲累的一家子睡在客厅的地上等待，身处这熟悉的家庭，某种声音在响着，随时击破沉默无助的黑暗，折磨着每颗脆弱的心灵。

纽约的夜晚，汗滴与泪珠洗涤着时间的虚无。陌生的窗户，每夜传来不明的声音，这些夜里，木质地板隔开了下一层的房客，每夜的一举一动，填充着黑夜的空白。我梦到你，来自梦世界的消息："快回来！"无法看清的彼岸，时间行进着。

又一夜，记忆中热闹的家园，只剩下一个疲累躺卧的身躯，看着书横架在客厅中央的折床上，我觉得全身很冰凉。

这里区隔了世间的一切，封闭的气氛，无一遗留地存在于这里的孤寂，一次又一次地接近魂归极乐，一次又一次梦回虚妄。死亡是如此轻狂，跳跃飞舞于这个空间之内，渐渐加深了那份厚度，区隔了我俩的距离，一片又一片的。

又一夜，我穿过默然无声的深切治疗病房，没有人再阻拦我，这里有一种令人熟悉的感觉。一切都很安静，似乎没有人接受死亡的威胁、尊严的毁损。这一切有如一首诗，凝聚了时间——片刻短暂的安静，温暖祥和的呼吸声。

我慢慢地移动身影，到母亲的床前，面对着偌大不明来历的机器，守护在侧，她圆睁睁地瞪着眼看我，我微细的步伐亦显得粗莽。

这片刻的宁静，显得无比尊贵。母亲张开了眼睛，看到了我；

母亲的脸有点儿陌生,在黑暗的光影下显得不真实。为何这时没有其他人可使我有借口逃避这种逼视——这种发自内心的逼视。

轻轻的鼻鼾声响彻四周,一些肺功能失调者,声音显得断断续续……她闭上了眼睛,好让我躲藏在这份美好之中,与现实暂离。

在这段时间内,我仍陷入一种创作的坚持,了无日夜地工作。惶恐不安的日子,不觉已面临母亲最后的岁月,我们通由黄大仙、仙姑灵媒,走过一个又一个如迷宫的神秘地带,穿过道袍,洒过圣水,诚心上香祷告。

母亲去世的那一天,我没有哭泣,静坐在她身边,陪伴她气息起落,一切会不会有一个了结?我活生生的手,轻轻擦拭灰白渐冷的身躯,反白的双目,蓬乱的头发,没有牙齿的口,深陷而没有言语的嘴唇。这时候,死亡的恐惧如巨石般敲打我的内心,那种想撕开现实的咆哮,产生对命运的无力感。

在刹那间,她双目圆睁,整个身体充满能量,那突如其来的精力,笼罩了我的周围,我听她描述,她所看见的一切,精灵在室内乱飞,闪亮而华丽,最后三个发光的人体闪耀于眼前,我相信一切痛苦与绝望都要来一个终结。这以后,每当回想起这一刻的情景,只有轻轻品味,那无边无际的荒芜。

叶锦添与母亲

我的哥哥

在我所有的家人中,哥哥是对我影响最大的那个人。

一

小时候,哥哥对我影响很大。喜欢画漫画的哥哥,常在笔墨之中去追寻那些卡通造型的乐趣。从进了幼儿园开始,我就以他为榜样,热爱起画连环画来;其余的时间,我就把身边的一些玩偶,赋予人性,给予生命,给予职责,编成系列故事,它们不但有各自的独白,还有不同性格的动态和反应。我当时十分投入,因为在这个幻象的世界之中,最能表达自己的感情,既可以主控自己的世界,又可发挥自己的想象力。虽然家境的贫穷让我一无所有,但那些有形的玩偶丰富了无形的美妙世界,我在孤单的背后却不寂寞。

我很喜欢想象,个性比较自闭,和别的小朋友不太一样。除了喜欢在课本里画蝙蝠侠,我还喜欢画各种怪兽,电视播什么就画什么。那时有许多日本电影及电视剧都对我有很大的影响。当时,涂鸦也时常表达出人物的"心态",渐渐地,我对事物的看法有了一种敏锐感，对"物"与"物"之间的感觉，也产生了不同的体会。

上了小学，我依然如独行侠般封闭自己，把同学当成"玩偶"，把他们一个个都"拟物化"，使其出现在思考空间之中；中学时，我以同班同学各异其趣的相貌和个性，为他们素描。我开始"人物""动物"交替着思想，变幻着形体；把"物"拟人化，或是把"人"拟物化；把世界中的真、善和美，在自己的灵动之间酝酿出极为美好的人生境地，酣享着"虚""实"之间真假不分的感觉，自得其乐。那时，我的绘画已经很不错了，每次参赛都会得奖。摄影对我而言是对自我世界的一种外在反映，而绘画就是在找自己内在镜像的感觉。

那时，我跟着哥哥学摄影，于是开始拍许多人像。摄影让我学会"看"，我将眼睛所接触到的事物捕捉下来，在没有任何目的的状态下，吸收了许多直接的感受；绘画刚好相反，它是一种重新完成，不论看到或感觉到什么，都必须经过"重新"的过程。这两种不同形式的思考，对我后来的创作产生了很大的影响。

记得哥哥当时是很优秀的，在绘画和摄影方面都很出众。我时常觉得自己只能够当个第二名。记得一次有人送两盒象棋给我们，一盒是很漂亮的黑色雕字棋子；另一盒则是普通的白色，还欠了一只棋子。虽然那个人叫我将白色那盒送给哥哥，但我想了又想，还是把那盒较漂亮的黑色象棋交给哥哥，因为我觉得他比我更"配"。许多时候，我都不觉得所得到的荣耀是自己的，总觉得那是别人的。

二

在我所有的家人中，哥哥是对我影响最大的那个人。他是一个专业摄影师，很早就开了一家影楼，父亲没有帮他，他一个人做起来，他有很多朋友，认识很多模特、很多漂亮的人，他在我眼里特别酷。

我的摄影爱好是在哥哥的影响下产生的，他的拍摄对象是明星、模特，而我则拍身边的男同学、女同学，当时有好多人追着我让我拍照。我的相机是哥哥送的，而那个相机，是外公给成绩优异的哥哥的奖励。开影楼的他有了更专业的相机，于是，那个相机就转送给了我，但我很快就弄丢了。

哥哥是我的领路人，我像追逐偶像一样一直跟着他走。哥哥不仅画画、摄影，他还练功夫，所以习惯模仿他的我，也就自然而然地练起了功夫。但我并不认真，没有什么实力。有一次跟哥哥打起来，他一拳打到我胸口，我直接坐到地上，有点儿喘不过气。我在什么方面都无法超越哥哥，无论是画画、摄影，还是其他。

我们俩都很有人缘，但又有点儿不一样。哥哥喜欢主动结交朋友，而我是被动地吸引人。上学的时候我经常转校，每转到一个很大、很有名的学校，不到两个月，同学们就会把我选为班长，我有这种魅力。

我也不知道同学们为什么喜欢我——我是双面性格，要么不讲话，要么很会讲话；要么行，要么不行。我不喜欢某个人或某件事，就会把情绪放大，所以我很难有长期的朋友，因为我没耐心跟很多人维持关系。久而久之，虽然我很受欢迎，但是跟谁都不熟。我有点儿表演能力，不是演员那种表演，而是吸引人注意力的能力。我很孤僻，但又是唯一可以跟班里每个不同性格的同学都能坐下来聊天的人。这就是我性格的双面性，很矛盾，但又能自洽。

现在回想，可能是因为我很会听别人说话，是一个好的倾听者。学生时代，男生也好，女生也好，一有问题就打电话给我，我也不知道为什么，像一个老年人一样安慰他们，给他们意见，结果他们很喜欢听。我当时所扮演的角色，现在被称作"人生导师"，其实，听他们倾诉也是因为我想听各种各样的故事。当然，我也喜欢帮大家解决问题。

哥哥有一个摄影工作室，还办过展览。他的拍摄手法很高明，有一些方法我不懂，只觉得他做出来很自然。他给很多明星拍过照，比如张曼玉、叶童等，都拍得很出彩。他的那套拍摄手法越来越完善，他有时候故意跟模特、演员喝酒，喝得醉醺醺的，然后就拍那种放松的神态。他长得很帅，年轻时就开着保时捷，烫着卷发，很多人说他有点儿明星的感觉。他给很多明星拍照，还和女明星结婚，我印象中的他一直是走在时代潮流前列的人。他的很多拍摄方法都玩得很自然，他的师父是一个法国的有名的摄影师，拍摄的手法比较像巴黎流行杂志的沙龙，在当时也是非常新奇，但渐渐地我喜欢拍一些比较真实、看似丑陋的东西，因此我开始走上一条自我探索的路。那时候我产生了怀疑，我的心中酝酿着一个跟现实截然不同的审美世界，我要走自己的路。

哥哥的一个助理一直说我一定会超过他，因为我的步伐一直没有停，一直在前进，在寻找新的东西。

回想当年，有一段时间我觉得他变得没那么酷了，他的业务发展起来，开了一些婚纱影楼，很贴近大众市场，所以那个时候他也觉得自己有变化。我觉得他的一些锐气——艺术家的锐气，被磨掉了。他长时间地搞生意，虽然也尽量保持艺术性，一直在试图兼顾两者，但他无法集中精神在摄影艺术上钻研，最后慢慢地转移了人生目标。

后来，母亲和父亲相继过世，葬礼前后的一切，都是哥哥操办的。他除了要解决所有的问题，还要照顾整个家庭，可能更深刻地体会到了人生无常，于是便有了出家的念头。父亲肝癌晚期时，哥哥曾在病床前为父亲读佛经，开始接触佛教，之后曾短期出家。等父亲去世，一切都尘埃落定，哥哥跟他妻子和两个女儿说明心意，并且给她们做好了人生安排，就这样出家了。

三

这一年（2008年），哥哥决定投身向佛，终于踏上了清净之路。

佛教的念诵声在一个陌生的国度响起，声音由远及近。那寂静的世界，暂离世俗的帷幕，在无边无际的领域中，学习与提炼，每天享受自然的福音，追求内在的平静与喜悦。一种单纯的觉受，在身边响起。

一直与家人异地而居，甚至活在两个不同的世界，哥哥成为我和家人之间沟通的桥梁，维系着我与家庭的关系。他的离开并没有立即让我知觉到这意味着什么，一切都只是轻轻带过。

在一个冰冷的寒夜，哥哥来到我的住处，提起他的决定，带着逃避又疑惑的心情，跟他细谈我的精神世界。不断地在虚无中找寻真实的撞击、提升及挑战，已成为我人生的功课。我们超越平常深入地交谈，那一夜很寒冷，但我并没有感觉，那种寒冷早已注入我的血脉里，重叠在我无法解脱的种种记忆的困惑之中，成了永久的冰藏。说不出的巨大的寂寞感，汹涌浮现在那寒冷的夜，成了我与他、我与家延续记忆凭借的定格。

在那一段光辉灿烂的日子里，每一次兄长都会在场陪伴我，我们争取着巨大的荣耀。他即使静默地站在旁边，对我也无比重要，那种热力慢慢地填补着我童年的失落。

他要出家，我初始还是将信将疑。他说自己要去抓住人生最后一次机会精进学习，我在朦胧中感知那条线将分割两个截然不同又重叠着的世界。当他真正跨过了这条界线，我们在人生道路上就会分道扬镳，再也无法一起分享世俗的快乐。这使我感受到一种真正的割裂，在我的心里画上一道痕迹。

童年，我活在热闹又封闭的世界，周围不断发生五光十色的事件。我在心里一直与他较劲，总是从他的表现中感受到无比的压力。他是家里年纪最长的孩子,我排行老四,所以我凡事都做不了主,只会在他后面做跟屁虫。

童年时,他是我梦想的启航者,我一直通过他的步伐去探索,一次又一次进入新奇的领域。当兄长变成一个僧人,我已无法回到从前,像一叶孤舟,无方向地漂荡。

念诵声一直重复着某种频率,内心的节奏慢慢地随着微风静止,潜在的河流清洗着沉厚的杂念,人身体里的七情六欲将归化为一。我相信这种频率是宇宙最原始的声音,处于这种声音之中,就能静心于寂静的精神境界,从实像中看到虚像,精神与大气同体,领悟自然生命的奥妙。宇宙的运动自有原理,一切故事都将随之化入有无。

时间静止地留住记忆的变奏,使它不至于变形。

黑色是路的尽头,又是路的开始。一生在这路上回环不息地流动,久久地存在于内在追寻的依靠,一个把一切收藏其中的所在。那无法平静的纷乱是否终有一天止息,真实的平静是否已然存在于茫茫的路上……

哥哥虽然出家了,但直到现在,我每次做展览或者举行讲座,他都会来看我,他很有兴趣跟我谈论艺术和宗教相关的话题。哥哥在出家后,还会用摄影来跟僧人以及大众交流。

饮食故事

时至今日，
儿时宴会上吃到的好几个菜
我都还记得……

这篇文章中的事，在以前的文章中也写到过，比如《我的路》，如今再次回忆起来，只是增加了一些模糊的细节。

我家吃饭非常家常，但每逢节日都一定会聚餐。小时候，香港的新年气氛比较浓，大家一起去拜年，在不同的地方，有很多饭局，但一定有一个主家的饭局。外公有三十几个子女，外公家的聚会自然是家族最重要的活动，每次都会包下整个楼层，大家都穿上最好的衣服去参加，一去就是几天。

比较固定的仪式是一家人都会给外公行礼，晚辈们给长辈行礼，大人们会给小孩儿发红包，都是很传统的过年氛围。很多小孩儿经常临时起意表演，在外公面前蹦蹦跳跳，因为外公是一个好面子的人，小孩儿在他面前争注意力，他就会送礼物。外公有点儿教父的感觉，大家各施本领向他讨红包。他会奖励成绩好的孩子，我哥哥成绩总是很好，经常得到奖品，有一次得到了一个相机，那个相机成了我哥哥进入摄影圈的契机。后来，哥哥把那个相机又送给了我，我也喜欢上摄影并进入了艺术领域。

我有时候会刻意观察大人，印象最深的是聚会上的女人。有些中年女性一到"走席"的时候，会喷很浓烈的香水，用发胶把头发弄得很高，硬邦邦的，还烫了卷。那些香水味，不像法国香水带着优雅感，而是很有冲突感，散发出凶猛的气息。

我会从这些回忆的场景中发现周星驰电影里的那种幽默感。这种感觉很熟悉，可能让人不那么舒服，但又会在回忆中变成很好玩的东西。

有时候，我们会去酒楼参加宴会，酒楼有两条用来装饰的大龙，龙头有两个灯泡，儿时的我觉得那些东西很新鲜。我们家不是很有钱，家里总是乌漆墨黑的，一到酒楼，灯火通明，我就觉得很开心。我家亲戚很多，我外祖父家人丁兴旺，兄弟姐妹五代同堂，所以每次去喝喜酒，别人看到都说："哇，好大的场面。"因为我总是不太被关注，所以在这种热闹的场合，我都会趁机表演功夫，表现一下自己。

人们结婚、做生意时摆酒宴的场景，给我的童年留下很多热闹的画面。时至今日，儿时宴会上吃到的好几个菜我都还记得：乳猪、烧肉、发菜冬菇、白切鸡、烧鹅、鱼翅，如今我吃到这些东西还是会备感亲切。比较有趣的一件事是，香港人对鱼翅情有独钟，所以现在一些平民化的餐厅用烧肉、粉丝做了一些很像鱼翅的东西，叫碗仔翅，满足了普通人对鱼翅的向往。在以前的香港，很多人向往西方的优质生活，所以奶茶等饮料很受欢迎，也创作了很多香港特有的丝袜奶茶与鸳鸯奶茶——咖啡与奶茶的综合体。如今，整个中国都在流行这种饮料。

以前三姐经常在下班之后带我去吃街边小吃，在某个忘记名字的三岔路口，有很多大排档，我们到那儿吃海鲜——其实就是田螺、炒蚬那些东西，不是现在人们喜欢的龙虾、帝王蟹那种海鲜大餐。很长一段时间，我都特别喜欢吃那些"海鲜"，因为会让我想起以前的东西、以前的故事、以前的人。不过，我现在很少吃了。

我的中小学时代

> 我小时候废寝忘食地画连环画,以粗糙的方法,把自己心中的幻想,画成故事。

小学时我的梦想是当画家。

我很早就受到超现实主义的影响,通过画画可以把自己感知到的世界表现出来,让我很兴奋。

小学时我因为画画拿了好多奖,在学校经常上台领奖。当时,我画了很多超现实主义的作品,把很多不同的片断融入一个画面里组成超现实场景,此外,我还喜欢画肖像画。

我小学上的是基督教学校,那时我就对于成为一名画家的向往十分浓烈,想将来一定要考艺术类大学。我掌握了一种单线的写实素描法,每次在课堂上绘画,都会引来老师与同学观看。在我的绘画里,一直会出现一些珍禽异兽,它们都是由十分自由的线条组成的。可能是受到神怪故事的影响,我的画里有着各种狰狞的形象。我小时候废寝忘食地画连环画,以粗糙的方法，把自己心中的幻想，画成故事。后来，父母曾经多次禁止我继续绘画，担心我对绘画的沉迷会影响学业。当时我在衣服口袋里、书包暗格中藏着购买回来的最新的漫画。父亲曾经十分严厉地警告过我不要再看，甚至把那些漫画销毁。但是，父亲的反对并没有浇灭我对画画的热情，直到今天我还保留着当时画的漫画，里面有我当时的故事。

我没有上过兴趣班，也没有花钱学过画画，我只是画漫画，就那么自己画。我小时候很单纯，觉得自己一定会拿奖。

学校的副校长是个有名的中国画家，特别喜欢我，她是个开明的人，很支持我画画。那时候我负责画班级的黑板报，我很喜欢这份"工作"，于是把所有人都画到板报里。小学那几年，是我人生最初的黄金时代，因为我画的板报总是会拿奖。如今回头看，我当初画板报其实也是在做编剧，我对塑造人物故事充满兴趣，都是把认识的人放进故事里。

香港小学也教中国传统文化、数理化，什么都得学，中学开始分文理科。我小时候成绩不好，非常怕考试。而且，我很喜欢在考卷上画画，出成绩之后都不知道怎么拿回家给妈妈看。

中学开始有历史课。我最喜欢历史课，因为历史都是讲你打我，我打你，这个占了几个城市，那个抢了多少地盘，很有意思。而且，历史课本上有很多图片，比如古代的盔甲，看到之后，我觉得那种有距离感的世界一下子活了。后来学世界历史，学第二次世界大战的历史，虽然我很有兴趣，但又觉得很难，因为人物太多，而且课本里每个好看的故事两个段落就结束了，紧接着就讲下一个，导致我完全记不住。

那时候我觉得相比于其他学科，历史还是比较容易的，因为只要背知识点就够了。其实，历史课都是听老师讲故事，在听故事的过程中记下所有要点，就像自己融入了历史，有了感情就更容易记住。我很喜欢李白、杜甫、王维这些诗人，也喜欢听秦始皇等帝王的故事，但最喜欢的是唐太宗，因为他所涵盖的世界比较辉煌与多元。其实我喜欢的人物也很多元，比如美术领域的顾恺之、吴道子，这些历史上杰出的、关键性的人物，我也给予了很多关注。

后来当我做了电影这一行，跟各种历史打交道，当年把历史当作故事的我很难想象后来会有这样的经历。

少年时的启蒙

> 黄佩江老师对我影响比较大。他教了我色彩和素描,影响我日后感知事物的方法。

高中时我做班长,有一些特权,我最喜欢的就是可以在上课中途出去的自由。

因为班长要去查一些东西,会经常出去,所以老师不管。我经常去看很多类似相册的本子,每个本子都有很多学生的照片。那个时候我很想认识朋友,于是上课的时候就去翻本子,同学们乐意让我翻。当时学校有一个奇怪的规矩,在不同的教室上不同的课,所以有时候我们会跟一些其他班的同学见面。这是认识其他人的好机会,我想认识谁,就一直看谁坐在哪个位置。

我想认识有趣的人,翻相册的时候就靠感觉判断谁有趣。有时候我在饭堂看见某个人,觉得他好像很有趣,就会记住,然后再去翻那些本子,查他在哪个班。

有些朋友就是这么翻到的,其中一个朋友,好像低我几届,我觉得他很有趣，就去翻本子，找到她所在的班级，他下星期跟我调班，坐我现在的位置。

我知道她会坐在我的位置，于是我就写纸条留在座位上，她上课的时候看见纸条，我们就这样慢慢地认识了。光在纸条上认识是不够的，我就去找她。我是班长，上课的时候查到她在音乐班。音乐班不是普通的教室，有特定的地点，音乐课整个班一起上。我看到她在音乐班之后，就在他们上课的时候把我画过她的脸的画带上，然后塞到我所有的画里面跑到音乐班，在上课的时候给他们看。我匆匆忙忙地走进去，音乐老师知道我画画很厉害，就介绍"哎呀，这个同学很厉害的"，然后我就把作品全部散开在一张大桌子上。那个朋友看到了我的画，一直看一直看，直到看到有一张是她，每个人都认出来，她脸一下子就红了。我们就是这样真正认识并成为朋友的。我跟她有似曾相识的感觉。

我们成为朋友后，有一次我画了画，觉得画得很差，她看到后就进来跟我聊天，我们边走边聊。她发现我的袋子很大，我们分开时袋子里全是垃圾，因为她的同学把所有垃圾都趁我们不注意的时候放进去了。这不是欺负同学，就是因为好玩，好多这种好玩的事，都成了学生时代的美好回忆。

初中时我还没有明确的人生目标，那时毕竟还小，根本不懂理想是什么。高中时，哥哥开始做摄影师，我有时候会借他的相机到学校耀武扬威。在我看来，每个人都知道我是谁，每个人对我都很热情，于是我给很多人拍照，大家也很喜欢被我拍。刚接触摄影的那种炫耀的心情迅速膨胀。

高中课业压力比较大，我通常都是最后两个星期才念书，永远都是拖延症，不过我仍然考得很好。

我很晚熟，那时候对未来没什么设想，只是想做摄影师和画家，报考了很多大学，但是都考不进去，于是就上了私立大学。我们班里面有很多很厉害的人，有各种方面的高手，那个时候我们都觉得自己是空有一身本领却不得志的年轻人。

我那时很喜欢搞怪、出风头，留着奇怪的发型，穿着奇怪的衣服，不遵守校规，永远都和别人不太一样。后来我快毕业时，有一段时间只穿一件破烂的军装，睡觉都穿着。一直到我去欧洲游历，也全程穿着。自小我都有穿着同一件衣服的状态。

我一直保持着画画的爱好，后来上设计学校，也一直画。徐克认识我的时候，我已在学校练了两年，绘画水平达到了自己当时的一个高点。

设计学校的黄佩江老师，对我影响比较大。他是一个很特别的老师，相比于其他老师，他更像一个修道的人。他是一个很矮的老头，穿的衣服让他看起来像个很老的欧洲哲学家。他整体看起来是个平常的老先生，但是脸像年轻人，很有神采，鹤发童颜的感觉。他教了很多徒弟，那些徒弟没有一直跟着他，都出去自创门派，每个人都有自己的风格。他教了我色彩和素描，影响我日后感知事物的方法。

在色彩方面，他教我把所有颜色的粉彩笔放在一边，然后在纸上画许多的格子，再将色彩凭感觉填入，这是一个心理平衡的训练，因为当你看到一个色彩在你觉得不舒服的位置时，你就会想要随机性地填入另一种颜色去使它平衡，如此便引导你产生很多色彩间的相互关系，之后再将剪下格子的黑卡纸放在色格上，重新拼合，这样就产生了更多颜色的组合，千变万化。现在我挑选颜色都是用直觉，这种对颜色的直觉也就是那时候所训练出来的。

在素描方面，他要求我们在空白的图画纸上，随意地画上线条，每一个线条都是上一个线条所产生的。前景并不一定在前，后景也不一定在后，线条本身是变化万千的，也是随机性的。比如画一条线，可能是一座山，当你画另一条线可能就变成了一个女人，而上一条线就变成下一条线的女人的一部分，然后再下一条线又变成另一样东西，所以很虚的构思都可以表现出来。学习到这个方法之后，我有一段时间都不停地在练习。

他教我阴阳的画法，他视为"立体扫描"。练习立体扫描可以说影响了我后来的精神观念。他还教我"静动论"——静态跟动态，于是我们的关系就近了一点。

我在无止境地练习中一边画，一边找感觉。他是画西洋画的，但是国画、书法也很厉害。东西方的东西他都能达到很高的水平。他知道西方写实主义，也知道空间学、阴阳、静动论。他画的东西可能看起来很简单，但是我跟他聊天会越聊越深。我那个时候比较小，但很喜欢跟他像两个老人一样聊天，聊很深的东西，好像怎么聊话题都不会重复。他可能觉得我是个有思想的人，才会愿意跟我聊，这也是他吸引我的地方。

黄老师也练功夫，可以一掌把人打很远。当然这是我听说的，我没有见他跟人打过，也没跟他切磋过。他住在离岛，所以当时要想找他玩就要去离岛。

我很尊重他的教诲，他说过一句话叫"过门不入"，至今我依然印象很深刻。他叫我不要太专注在某一件事情上，不要到一个地方就走到尽头，没有必要看完一本书的话就不要看完。我后来看书只看需要看的部分，然后再拿另外一本书继续看我想看的部分，一起看很多本书，所以能同时抓住好多东西。同一个主题，我会找很多作者的书对比着看，不盲从任何一个作者。

黄老师还教我"搜尽奇峰打草稿"，他知道我一直在追求极限，知道我在玩超越形体的东西，所以他告诉我一定要"搜尽奇峰打草稿"，一定要写生。这影响了我整个学习过程，我一直在找最特别的东西，来尝试我的想法。我做了好多"奇峰"，所以后来我一出手，就可以做出不一样的东西。

所谓搜尽奇峰，就是按照传统的方法去写生，拿着写生本，出去看到什么都画，看到鸟就画鸟，看到房子就画房子。有时候画着画着，房子就变成了另外一个东西，画的时候就改变了。我更多地用摄影去实践这一点，我任何时间都要拿着摄像机，用相机"写生"。

我平时会通过摄影收集很多奇特的素材，运用的时候，下意识地去转化。

我拍照没有目的，看到有感觉的就拍，然后回去看所拍的东西，只去分析为什么好、为什么不好，甚至有时候省去主动分析，而是本能地酝酿。所以我很了解被某一个东西吸引到的时候，那种"结婚"的感觉，跟某一个瞬间"结婚"的感觉是怎样。所有跟我"结婚"的东西都一样，会融在一起。最后作品出来的时候，忽然变成一个外在具象的东西，变成我的东西。所以，创作就是与所有的东西"结婚"，然后去孕育作品。这种感觉是意在言外的，言有尽而意无穷，很深奥、玄妙，也很复杂。

后来我发觉，它是把全世界所有的东西都分解成你潜意识的印象，一样东西为什么会这样画，全是靠潜意识的印象所决定的。到最后你看到某个东西，潜意识就会告诉你对不对，极复杂的颜色结构也就是这样产生的。

慢慢地，我的少年时代养成一种观看的方式，就是无心观照。不论面对什么朝代、什么地域、什么题材……终究，我只是以一种空白作为开始，贯通了往后的整个艺术思维。

少年时活在自由自在的想象世界中，经常会梦到在天空中飞翔。我多次梦到自己尝试向上升高，通常在一个空地上，我会先屏住呼吸，然后使身体徐徐上升。很多时候，我可以轻易地离开地面，然后我会叫梦中出现的其他人来看。

升到十多米的时候，我看到远方的景致，又看到地上的朋友，我感觉到空中的冷风。一切景物，慢慢地离开了地平线，身在高处，必须集中精神，因为一不小心就会急速下降。

峰回路转，各有千秋

> 我很自信，年少轻狂，虽然同学都很厉害，但我觉得自己最厉害。我们一直暗暗较劲，作品各有千秋。

我决定做艺术设计类的工作后，就没有再考正式大学，而是去考那些非常有名的设计学校，最后进了香港理工大学。那时我也不务正业。我们是香港理工大学第一届摄影专业的学生，老师还不错，请了很多外国来的老师，很专业，不只教理论，还给我们很多自由。毕业的时候，我们是全校最厉害的一届学生，出了好多不同风格的高手。

我很喜欢摄影，我有时候去拍电影，有时候回去上课，《英雄本色》就是那时候做的。当时有哥哥帮助，加上自己好好复习，所以我交的作品非常专业，没有影响学业。

我很自信，年少轻狂，虽然同学都很厉害，但我觉得自己最厉害。他们很多都已经在摄影上有非常好的经验与教育，考进来好像要一展身手的感觉，有些同学用一些很好的相机。有个同学徕卡相机用得很熟练，所以一直在玩各种平常达不到的灰度，他可以把灰度的变化做到最大，细节丰富的质感与光影交错之间，一个小水珠的明暗都能给掰过来，细得不得了。还有一位同学自己制造了一个大型相机，是 11 寸 ×14 寸的，用相纸做底片拍，他去市场买了一个镜头，我搭了一个箱子，把那个镜头安放进箱子去拍照，研究镜头与箱子的机械关系，出来的胶片很像拍立得照片的感觉，曝光的感觉都与平常照片是不一样的，全部过程都是他一个人完成，达到非常特异的效果。也有其他人拍立体照片，总之是各有所长。我当时还去做雕塑，所以毕业的时候做了一个很大的箱子，用照片做成各种立体造型，摆在中间，就变成一个雕像。每当宣布谁拿奖的时候，都是在我的作品面前，那一次我抢了很大风头，尽情地表现了自己。

我们当时觉得自己很了不起，觉得自己很酷。我整天穿军装，我有一个朋友整天穿中山装，每天都是这样。我们之间就讲两句话，不会讲太久，比如我们在一个班里，我跟他打招呼，他也跟我打招呼，然后互看一眼，他就直接从桌子后跳出去。他是跃过前面桌子跳出去，不是走出去。他对我影响很大，因为他很猛，什么都很厉害。

他能力很强，在那个时候的香港，教育水平还是不够高。我们这些自以为是的年轻人就觉得，可以凌驾于那些受教育水平不高的人之上。不过，我在大学学的东西，跟后来所做的事不太相关。我自己有一个学习系统，已经有点儿奏效，但真想与众不同，就要到非常大的学校里，在学校体系中才会学到不同的东西。

为了缓解家庭困难，我们没办法在世界上最好的学校深造，但我们并没有放弃，虽然没有言明，但是我们心中有同一个方向。

我经常去他家里跟他切磋。他的家很小，一个长条形的屋子，三层，他睡在最顶层，姐姐在中间，弟弟在下面，一边有一个大柜，整面墙都是柜子，柜子最底下打开是一个洗照片的地方。他蹲着在那里洗照片，洗彩色照片，有大尺寸的照片他会拿出来，用布盖着整个房间，洗完再烘干。这在当时甚至现在都是不可思议的事情，毕竟那是一个私人的彩色冲洗房。当时高品质的电视刚刚出炉，因为我们要看电影，朋友买了最好的高清双语电视。他是个永远不会被动、一直主动出击的人。他对现实思想的理解非常透彻，行事如一个创世者事事亲力亲为，总是马上解决面对的问题，而且能达到最高的水平，不受现实条件的影响。他可以一飞冲天，改变现实。他每天上学都坚持骑自行车，从老远的家一直到上课的地点，从来不坐汽车，还坚持跳霹雳舞，能在地上急速地旋转，他体能很好。他也看不起其他同学，不跟他们玩，我是他唯一看得起的人。

后来我们毕业时，他收到了大公司的工作邀约，他很专注，跟他女朋友两个人就像军队里的士兵一样雷厉风行地行动，买最新的器材，了解每个东西的作用，脑筋非常清楚。相比之下，我就比较随意，但我做出来的东西有时候比他还好。我们一直暗暗较劲儿，作品各有千秋。

每个青少年都会有叛逆期，我也不例外。有一段时间我穿的T恤都带有很反叛的图案，然后拉着我当作相机箱的一个大铁箱在外面走，凹造型。不仅是造型的反叛，更重要的是态度的反叛，去哪里都要有远行的感觉。因此，那时候我所有的衣服都是最耐用、最酷的。

047

家的空间

> 我个人很注重空间,对空间的感觉很强烈,这个空间会发生什么事情,那个空间有什么机缘,很快就能感觉到。

一

因为家庭环境和生活经历的影响,我一直对空间很重视,这种重视来自很多方面。后来在台湾,一个日本舞踏(Butoh)团体刚好在台湾演出,我认识其中一个主要的编舞芦川明乃,他教给我一些舞蹈动作,人应该怎么动,手应该怎么动,位置不动的同时怎么改变周围的空间。我们站在一个排练场的中间,闭上眼睛去感受周围空间的距离,他一直提问我的左边有多远,右边有多远,然后问我站在多高的楼房中,能否感觉到真正的地面与这里的空间距离,他让我全身心地放松,投入这个身体丈量空间的状态,感觉吸收的能量使身体移动。那段时间的经历对我影响很大,在我已经有了对空间的概念的基础上,当这个编舞再点拨我的时候,到达那个"点"就更容易,我把这种行为叫作"施与能量"。空间里有一种无形的静止能量,潜伏在空间里,比如,我要把前面一个空间变成重要场所,就是通过摆设物品，在那里创造一些有意义的事物，改变它的空间维度、整体构造，最后，你就会觉得这是一个拥有特殊灵性的空间。

这种空间概念也影响了我做电影布景，后来，我发现在人身上也可以进行空间区分。人的空间感是造型，看一个人的造型要先看他的呼吸。比如，一个人坐着，不管是梁朝伟，还是周润发，他坐着的时候应该怎么呼吸，都是戏剧呈现的自然状态，我们一看就知道他有没有信心。有没有信心会影响他穿衣服、选择衣服的方法。如果我提供了一件衣服，他没有信心，就一定要有人帮他穿，帮他做造型。如果他是个很精致的人，但领带没有绑好，那他一定是处于不安定的状态，才出了问题。这些东西我一直在看，我能知道他当时精神状态是好，还是不好，他的修养品位是什么，观众可以一目了然，本质上是我在看那个演员本身的气质和喜好。一个人内在的精神状况，就是气质，这要修炼，是个技术问题。

二

亚洲家庭因为早期战乱的影响，长期处于荒乱求生之中，所谓生活的尊严已经被打破了，给战后的年轻人与上一代的关系造成很多不好的影响，因为一直在挣扎的灵魂无法平静地观察周围，从而完成一个自我的状态，住很小的房子，屋子里也很乱，所以很难把空间重视起来。那时候，香港的很多家庭都把房间塞得满满的，让人心态上很压抑。

后来我去了欧洲大陆，发现当地人家里的陈设精简大方，让我耳目一新。我们中国人总是把东西装进塑料袋挂得到处都是，很多人对空间没有感觉，认为只要能坐在那里吃饭就行，吃完把垃圾随便一扔。早期的东南亚各国以及香港地区，甚至整个亚洲都是这样，可能日本好一点儿。

我个人很注重空间，对空间的感觉很强烈，这个空间会发生什么事情，那个空间有什么机缘，很快就能感觉到。

空间是关键，我一直在思考该怎么布局，怎样把不大的空间做得让人感觉很大。人在不同的地方会有完全不一样的感觉。有时候，我们很多人聚在一个空间做事，为了让大家尽快熟悉起来，碰撞出灵感，我们会调整空间布局。

现代的中国人之所以觉得空间不重要，是因为没有自我认同感，只求生存，不求美，没有强烈的渴望追求更高层次的生活。现在很多人依然是这样，但我会对身边的人说："乱也要乱得漂亮。"

值得欣喜的是，中国经济发展起来以后，人民的审美有了很大提高。

我去过欧洲很多国家，欧洲人的空间感很好。欧洲的很多房子很小，但是欧洲人很注重自身形象，也会像维护自身形象一样维护家的形象，进而从维护家庭形象慢慢地形成欧洲的职场文化。比如他们的办公场所也会打造得比较漂亮，虽然为了实用，也会有很多东西，但不会让人产生没有尊严（不整洁、比较脏乱）的感觉。

家庭没有塑造我的空间感，这一点上对我产生正面影响的是哥哥。很早的时候，我就向往像哥哥一样有自己的空间，可以自己养自己，所以我也很早就搬出去，跟很多朋友一起住，于是我有了很多时间，以及相对自由的空间，也就有了拍电影的可能性。再往后，我有了真正属于自己的空间。在此基础上，我把自己的世界观体现在家居布置上——虽然本来想让房子空空荡荡的。归根结底，我很想有个自由空间，可以把地板铺得很漂亮，空空洞洞的、没有确切定义的空间，是最靠近我心灵的空间，周围只需要再做一个很矮的柜子，柜子里什么都有。里面凝造出一大片空洞的墙，慢慢地，让空间给我生命力和创造力。当我回到属于自己的空间，会恢复精力、产生很想创造的感觉。

叶锦添 这个名字

> 人类的思维永远困在观念之中,这样就使他永远无法碰触到真实的地方。

我叫叶锦添,很多人都认为我的名字跟"锦上添花"这个成语有关,可能父母起名字的时候考虑了这个寓意。我小时候蛮讨厌这个名字,觉得很俗气。后来我成名了,有很多机会听到人念我的名字,渐渐地,我发觉这个名字其实也很好。

我真正思考过名字的重要性,因为它会影响别人对自己的印象。因为很多以前的演员,人们觉得他们的名字都很土,如果不是因为他们成名之后才关注他们的话,他们的名字蛮普通的。但关注了他们的历史,产生了对他们的好印象,于是就感觉那个普通的名字很不错。所以我觉得名字跟一个人的印象要相辅相成。

有时候我会觉得很奇怪——如果你不知道那个人是谁,那个名字听起来就可能很普通;但当你知道那是谁的时候,慢慢地听得多了,每次听都会加深对他的印象,你就会越来越觉得,这个名字跟他很相配。

人的名字,是父母或者社会给我们的一个定位。当我设计作品时,也要面临给自己的作品起名字的问题。给自己的作品起名字的时候,我觉得最重要的是,一定要跟原来的主题有一点儿交会。

更多时候,一个物品未必只有一个名字,因为有时候有些作品有中文名、英文名,但中英文有偏差,它会引导你去想更多的东西。所以,一个作品和它被赋予的名字也是讲缘分的。

名字就是用不同的语言去定义,语言会启迪思考。当你看到某个东西,语言能指导你怎么感受彼时彼刻的那个东西。当你不再用惯常的方法去看时,你就会看到原来那个东西还有另一面。

有些文字可以引导你打开另外一些门,去看同一个东西有什么不一样。名字就有这样的魔力,或者说,名字是打开那些不同的门的钥匙。文字是人类用来沟通的符号学,符号学不能达到的真实,只能是假设猜想,恰好给观念的描述产生了位置,就是这样,人类的思维永远困在观念之中,这样就使他永远无法碰触到真实的地方。

第二部分
PART TWO

我是一个倾听者

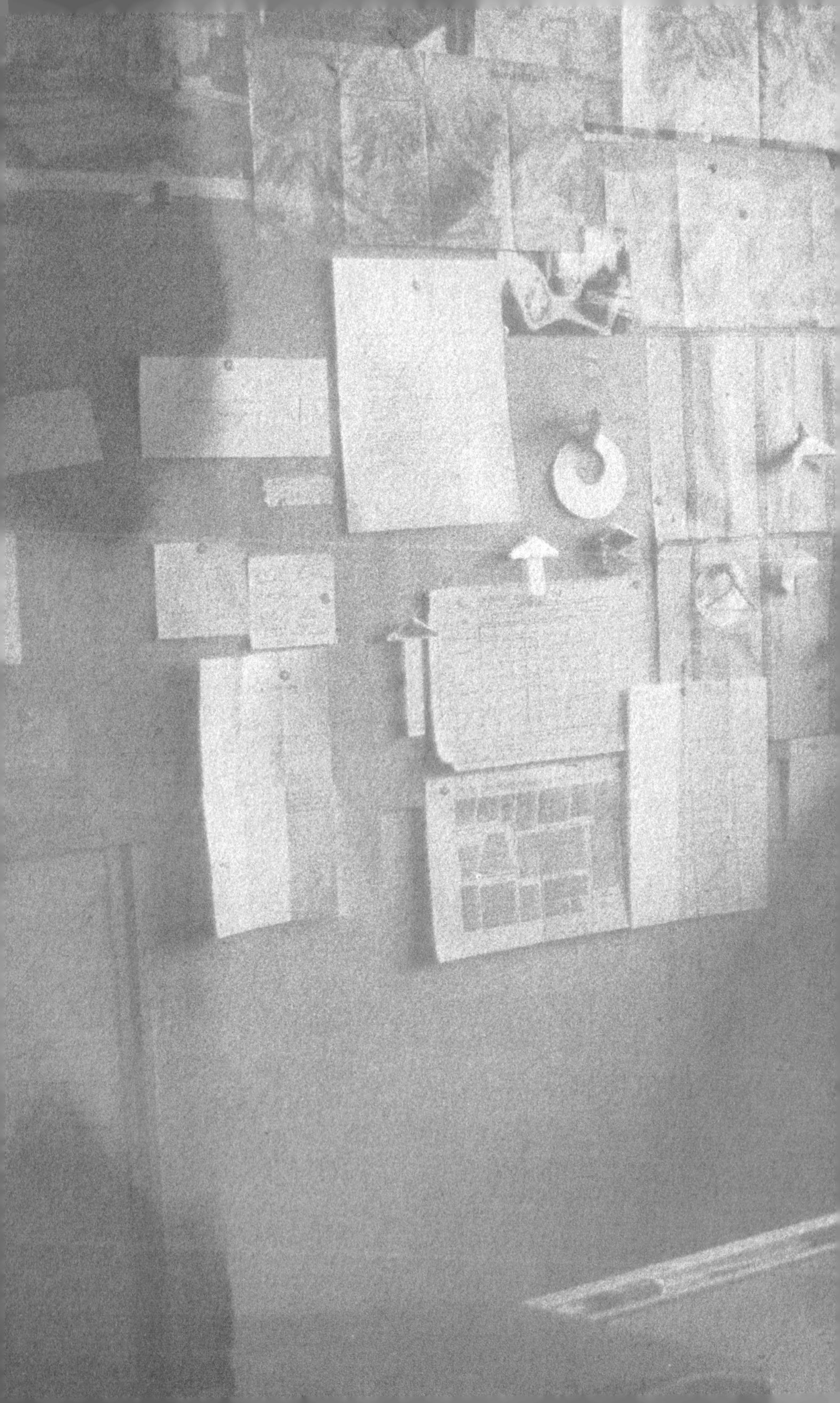

电影好不好,就是看它有没有文学性,没有文学性就可能让观众得不到任何成长。

从来不知道我对文学有如此深厚的兴趣,直至我被邀请出版第一本传记。当时,我还年轻,得了奥斯卡大奖,就有了那个机会,出版了散文集《繁花》。当时,我放弃了出版传记,而是收集了众多我在写日记的时候自动书写的作品,结果《繁花》成了我人生中的第一本文字作品,从此我在文字里找到一个自我表达的世界,成为我在往前迈进的一大助力。时间在永恒的轴线里面不断地产生着思维变化,重新进入往日的情境,分享种种碎片回忆,使我可以重新聆听当时内在的声音,才惊觉时间变化得如此之快。一切当下所感受的永恒是那么充满幻觉的存在,人在时间的轴线中行走只是一种观念,真实存在于点滴的现实细节的节奏之中,在那个现场的氛围中凝聚。只有在现场的那个感觉才是最真实的,脱离观念而达到真实世界,可能这才是文学与艺术最重要的心灵交流。

读书与思考

> 当我进入别人的世界时，我也开始进入各种人物、历史与文化的内涵里。

一

我读书的动力起源于对世界有一种无限的好奇，感觉自己在人世间很难看清楚所有发生的事情，针对世界的本质是非常强烈的，因此从自我的角度开启了一种观察与整理，即对世界的掌握，以及自己对时间脉络的重新认识。全世界的原始发展，怎么落实在每一个时间的关键点上？人类思想的世界十分抖擞，世界不断产生动人心弦的文学作品，从希腊悲剧到莎士比亚，人们已经对人性的认知有了一个基础。对比西方文学，东方文学也产生了另外一种亲切的想象力，这种议论不断在阅读过程中交替进行，产生了东西方的融合与对视的状态。有很多外国朋友写出了很多非常深入的东方文学，对比东方的著作，有着非常不一样的感受。我们必须经过长时间阅读不同领域的优秀作品，才可以慢慢地产生一个全观自我的修为。

我很喜欢读书，尤其是古代的神话故事。中国历朝历代都拥有非常丰富的文学作品，各种悲欢离合和人生体验充分地体现在各种唐诗宋词、白话小说上，比较深刻地展示着中国文化的意味。在不断学习的过程中，我的作品也经历过非常多的与经典文学的诠释。

艺术类的书，我很重视词典。我买书先买完所有词典，比如美术史的词典，这样就可以先简单了解有什么美术流派，有什么艺术家，之后再做全盘了解。做艺术一定要了解历史，而且美术史也离不开西方历史。然后再了解其风俗、时尚、科技等，最好方方面面全部了解一遍，包括生活方式和政治制度。最后，再去看所有艺术家的作品，这才会看得比较明白。我们不要想着走捷径，不要只看到影像就去判断，因为影像是有根的，要从根源去看。

我看的书很多，研究过《山海经》。阅读《山海经》会引来一种超越时间的阅读感受，在大部分的口述文学的史书之中，《山海经》所呈现的，更像是对空间的描述，这是我们所不熟悉的空间，我们无法用后来的历史科学去证实它的存在。那时，这种对《山海经》的"未知"自然地变成我阅读的基本。《山海经》写的是一个充满各种奇异见闻的世界，我看的时候一直在想，那个世界是怎么形成的，究竟存不存在，是什么样的等等。我研究过很多，因此，我会把《山海经》里的元素用到我的很多作品中。

所谓的研究有两个方面：一方面是分析资料的真伪，如是否存在这种动物,是否可以用存在过的动物去想象一些远古动物的样子;另一方面是假想《山海经》是个巫术的世界,不是真实的存在,只有巫师能看见那些动物,不是人人都能看见。对第二方面的研究更有意思,因为那个世界一直以来不被看见,没有历史记载,但在那些巫师的世界里,每个地方都有每个地方的灵异——有每个地方的灵,就有每个地方的鬼,有每个地方的其他东西。所以,《山海经》就像一个巫术地图,它记录了那些奇花异草、神魔异怪的特征和所在地,现在读来非常有意思。

《山海经》很驳杂,在某种程度上有点儿像《本草纲目》。《本草纲目》有点儿科学视角,条理很清楚;《山海经》有点儿神秘,什么领域都有。其实,以前的书通常不是一个人写成的,《山海经》也是随着时间的积累而形成的作品,是很长时间内的口传与记录,最后被编辑到一起的。

《山海经》是把很多源头的东西收集编辑在一起,然后被安上"山海经"这个名字的。它被认为是大禹治水后带领民众搜集地理神话资料所写成的,作为一个基本的基础,慢慢再发展成后来的内容。它开启了原始时代的地理探索,经过漫长的口传历史与后人的不断增补,而慢慢形成的地理上的标志集成。

从阅读《山海经》的经验里面,我对现实与描述的距离产生无限的兴趣:我们凭什么去用文字来记录这些真实?真实的存在,究竟用什么方法才能真正记录下来?阅读本身是一种对现实的认定,还是启发一种对于真实应知的自我体现,阅读究竟

061

是一个怎么样的存在？我了解到阅读是一个描述的想象空间，而身体力行，去当地感受现场的真实性才是相辅相成的真实领会，因此我对原始神话的阅读产生了无限的兴趣，那是一切的源头。想象与描述成为书本的一个重要的双面性，了解了这一点后，我对阅读变成一种无限自由的兴趣。

我阅读的习惯，早期是过门不入，求知源于心念，我喜欢在主题上，自由地穿梭，阅读不同的书，去找寻多维的答案，但这种答案又会引申出更多的问题，引发大量的延伸阅读，去丰富我的思维与鉴赏能力。在这种阅读习惯下，我不断把很多东西融会在一起，不把整个世界的历史独立来看，而是关于思想与文化多维并进，希望能达到全观一体的视觉。

收集书有一种获得知识的快感，到了今天，书本已经追不上时代的信息量。今天有一个大数据的基础，每天科技的含量不断地提升，在改变这种信息的功能，已经超过了人类适应的范围。光接收普遍的大数据已经不足够，还要进入一种更深层的网络，所有传统的信息，也将会重组，人工智能是它的接口，人类在利益的分割下，失去了本身的存在价值。个人精神世界将会被取代，转换成一种世界性的精神文明的进程，这是旧有的社会失落的时代，进入了一个非人性的功能时代。为了学习靠近这个时代的脉搏，个体性显然已经失去了凭借，人类发展的世界已经变成一个系统的操作与执行，由金钱去燃烧。

文学性的割裂，让当代人重新去体味它的重要性，这是人存在的所有皈依。在大数据不断冲击的年代，人在自我与时代的冲击下，重新找到自我定位与能量源泉，最终对自我形成明确的指引。

阅读可以分为前网络时代、后网络时代，现在已经进入了前人工智能时代到后人工智能时代的过渡期，而我们的阅读仍然在纸书内置的年代。纸书里包含了由无数人的智慧完成的信息整理、编辑与归类，也包含了这些制作人的才能与情怀，是所有事物原来的精神面。一切都功能化的时代，把一切都变成数据，人类失去了精神力量，不断满足语言的合理化、有效化的功能需求，而真正的交流与传承已经变成功能化的变奏。我们要重新思考并回到从前，阅读书中的原创概念，使我们重新辨认自我，重新了解自己精神层面的重要性，不要只是变成数字的执行者。

这些年来，我参与了大量的莎士比亚与希腊悲剧的舞台作品制作，不断涉猎各种欧洲神话，吸收着各地的文化养分，来丰富一个会聚一切的核心。不断扩大自己对文化的包容能力，阅读大量的世界各地的图像与艺术文化作品，使我拥有一个有着灵性的知觉地球的历史。地球上的故事在不断转化，我们一关又一关地开始反思自我，开创新潮，开始注意我们的脉络怎么进行转化，慢慢地追上时代的脉络，找到新时代的落脚点。

我与女作家比较有缘分，后来我参与并制作了几部由张爱玲与李碧华作品改编的电影、舞台剧。我也喜欢日本文学，川端康成、三岛由纪夫、村上春树、芥川龙之介等作家的作品都很好。我尤其感兴趣的是芥川龙之介，他的作品自成系统，因为喜欢

《罗生门》，我把他的书系统地看了一遍。

我做过由川端康成的作品改编的歌剧《美丽与哀愁》，觉得他所体现的就是东西方融合的文学特质。他的作品展现了一个可触可感的恬静世界，带有浓厚的女性意味——自然花草，春雨冬雪，华丽中带有秀气，古朴中显露风情。他创造了一个又一个美丽且带着残酷命运、深刻动人的女性形象，她们既含蓄又羞怯，既封闭又激情。他的作品让我仿佛触摸到了日本美的灵魂，是那种静默间流动的风景。在这风景背后，却是腐烂而惨败的现实。

二

很早以前，我花了五百块钱，买了一本讲述历代服装的精装书，花掉了我当时手头仅有的钱，因此思前想后犹豫了很久才下定决心，事后我却像干了坏事一样兴奋。我瞒着所有人，把那本书弄到手，证明我可以自主支配自己的财富了。从那个时候开始，这种花大价钱买书的心态，虽使我产生犯罪的感觉，却让我的内在有无尽的喜悦。但这牵涉到别人的不理解，且自己也有不知道怎样把钱挣回来的困扰，于是心里总是慌慌的，好在终究还是充满快乐。

随着不断买书，我的"藏书"从一本没有到一本一本累积得越来越多。我有时候饭都不吃，也要跑到附近的咖啡店，坐上三四个小时，仔细翻阅那些精美的图书。当时我连一间个人的房间都没有，却把书堆得满满的，连睡觉的位置都得腾出来。

说不出为什么，对书的爱好像与生俱来，我就是它的奴隶。接下来的日子，通过读书，我不断增加知识，但总觉得读了很多书，还是没办法把脉络弄清楚，那些知识东一片、西一片，缺口甚多，想全面理解非常困难。有一天，我打算以自己的力量去重新组织一切，不想因既有的规定而被限制住。从此，我开始了一个漫长的主题计划——把心中感兴趣的课题一一记在数十本空白笔记本上，写到容不下的时候，就贴上新的纸张继续。

我开始了一种以自我为系统的学习法，以人、地、时三个元素来建构脉络。随着我所搜集的素材越来越广泛，牵涉了历史与技术层面，最终形成了一种人与人、地与地、时与时的关系。从这个角度来看，每当遇到影响世界的事件，我都会加上一个计划，把它安在整个脉络里。这个系统的建立，使我可以自由地深入各种领域去做对比，无论内容多复杂，到最后都会归于一个整体。

我对欧洲的认识，大部分是以这样的方法构建的。在欧洲工作期间，我开始更接近自己心爱的图书，就算是看不懂的文字，我也乐于购买，哪怕其中只有一个引发我兴趣的小章节，我也会把它捧回家。由于兴趣异常广泛，因此我的藏书数量迅速增加。我当时几乎每天都会买数十本书，不管能不能看得完，也不管搬运回家的难度。这每天必修的功课似乎成了我的某种神性行动。直到近年，那些读过的书里的人物，还能一个一个地走进我的生活。我把书看成一个无界限的媒体，当我搜集数据时，就会在书中找寻沟通对象，我曾多次遇见书的作者并跟他们分享心得。奇妙的是，大部分的作者都十分惊讶，但欣然接受我的邀请，把他们的研究成果与我分享。一些国际上非常有名的艺术家，他们的书就是我的精神食粮，因书的缘由，我结识了那些人，甚至与他们成为好朋友。他们在我学习的时候已经成名，他们的事迹都是艺术圈里的经典。书是一个活的世界，所以，我是活在一个个活的书柜里，没有界域的限制。与此同时，我又萌生了一些疯狂的构想，开始喜欢写书，梦想有一天书架里的书全是自己写的，全是我的艺术创作成果，如摄影集、小说、散文集……这个梦持续了很长时间，也隐隐地加速实现着。

我一直想创造一种自由的状态，如果这种状态能通过努力来完成，不断地在各种领域中深化，取得宝贵经验，能否引发某种文化效果？从一个点到达无限，从不在意结果，过程总是精彩。回看我书柜里各个领域的图书，我感觉自己看世界的方法，已经经过了无数次改变，这在现实中也有所反映。我不是从中国文化的内部去找寻未来，而是吸收全世界精彩的养分，参与其间，让自己达到世界的高度，再去找寻中国的源头，进而产生崭新的视觉，这个意义才能彰显。这时候，我的创作范围渐渐超脱了所谓"意象中国"的范畴。

我的自我提升的关键在于有很多国际交流，全世界不同国家文化机构的邀请，使我有机会在繁忙无止境的工作里，到达世界各地，与不同国籍、不同文化的艺术家做深入交流，渐渐地把原来的经验世界更具象化与扩大化。世界不断向我招手，让我在持续交流中产生一种可能性。当下的世界文化在我面前显示出一种变化的脉络，又显示了每种国家文化目前的情况以及如何影响该国艺术家的创作思维。

与世界的深刻交流使我认识到事物的正反两面：有一面是公开的，且不断在大众媒体中广泛宣传；另一面是在奋斗的领域里挣扎，试图改变命运的少数群体。

当我进入别人的世界时，我也开始进入各种人物、历史与文化的内涵里。我发现世界上不同角落的人都似曾相识，都带着从自身努力所培养出来的文化根基，虽然已经不断被大众文化遮掩，但他们所造成的深远影响，也深入西方思维世界的殿堂里，成为人类学的一份参考。当我碰触到很多西方前辈的艺术时，又发现更深的细节，在地文化的源流形成他们的价值观与行事风格，并呈现出更清晰的脉络。这些经验扩大了我接触的精神文化与技术层面，使我对世界的认识，进一步跨越了现存书籍的内容。

到了信息时代，我们已经建立了一个全球化的资讯共享世界，不断发展的资讯传播在战后产生了一个理想时代。从纯学科的观念里面去研究各种不断偏远的题材，我们对整个世界有了更加广泛的理解，知道很多不在先进文明主题理论范围的各地文化声音与民族学的解释和记录，是人类某一种全球化的共同理想，可以互看。不管是什么时代，先进与落后都可视为一体，我们可以帮助落后国家保存不断消失的文化记忆，对很多不为人知的现实加以深入探索，这早已形成一个世界性的共同观念，并在西方世界广为流传，这得益于全世界不断地、广泛地交流。不同国家的学者奉献他们的智慧结晶，广泛的传播使观众可以理解到更新的观念，可以更自由开放地讨论，使这些信息有了一定的广泛认知的分量。对世界脉络的基本认知来自信息的精确度，信息来源的权威，到了后全球化的时代变得有点儿虚晃、信息的泛滥使原来全球一体的观念显得有点儿不确定，但是牵涉物理上的基础，仍然可以供世界参考。不过，要把整体的智慧用在人类未来的福祉上，仍然是一种考验。

读书可以让人增长智慧，也可以让人拥有思考与分析的能力，但是我仍然感觉文学性的重要，因为它可以让人把自己的基础能力开发到能面对各种层面的生活的感受能力，可以产生正确的非观，使其成为众多机会的原动力，为世界做参考。

写作与文学

从写作中，我收获的感悟是：先找到自己想表达的东西，就可以持续发展。

一

写作是我的自然本能，而内容则是从生活里提炼出来的。我所相信的写作是没有预设的行为，很多内容我都是随性而发。从小时候开始，我就有写日记的习惯，除了奇思妙想，也研究怎么写出有节奏的文章。我最重视文学性，写出有文学性的作品是我的人生目标。写作滋养了我，让我创造力变强，所以我面对《封神第一部：朝歌风云》那么大的电影时也很有底气，这个底气是从写作中产生的。通过写作可以了解自己与世界的关系，慢慢地，我就能学会描述自己已知的世界。

这个时代，我们需要不断地证实自己，因为人们只相信成功案例。要创造新的世界语言，只能从自己开始，然后才能在公众前露面，接受时代的评价。

从写作中,我收获的感悟是:先找到自己想表达的东西,就可以持续发展。我写作的时候都在问这个世界之中什么是我最好奇的,有此思考,个人在写作中的成长就会很快。

写作的能力强到一定程度,就什么都能驾驭。因为到最后,你的特性、你的贡献在于你的文学能力。从电影的角度来讲也是如此,电影作品的文学性决定你可以把观众带到哪里,而提升文学性,需要写作,需要对照自己的内在需求。否则,做一个东西,你只能找资料,然后拼拼贴贴地做出来,最后没法达到艺术的高度。

我写作的时候没有刻意模仿、刻意练习过,都是本能地写,但多少会不自觉地受到某些作家或作品的影响,那些都是我的养分。

我写作没有固定时间,也不必调整到特定状态,什么时间、什么状态都可以动笔,最疯狂的时候是凌晨四点钟起来写,写完第二天就上班。我很多书都是这样写出来的,因为对我来说,凌晨四点钟灵感最丰富。

以前我大部分的写作都在飞机上完成,只有那时候,我才能安静无忧地写作。在那个黑暗的空中,我感受着周围的鼻息,在地面与空中的世界建立了两种时间模式。书写渐渐地形成空中的桥,我在那里隐息,看形而上的世界,使我可以贯彻静与动的时间关系。在空中飞行的模式,如静止的飞鸟,没有时间的内容。在速度快的时候,心是慢的;当行动缓慢时,心却是快的,这是内外平衡的艺术。通过写作,我学习着控制时间的容量,使之达到心之飞跃。

因为拥有内外平衡的艺术,所以,即使经常写作,我也不会疲惫,而是一直很清醒,而且心中"目视千里",因为那个时候能量是打开的,没有人干扰我,整个空间只有静谧。

我的睡眠从未充足过,但我越输出内容就越有能量,越闷在心里就越没有能量,导致什么都做不出来,很快就累。如果做出了好东西,能量就源源不断,好像打开门让风吹进来的感觉。那种状态不仅仅是休息,更是创作。我不是为了写作而熬夜,我是东西有了,内容就会自然涌现出来,就像水满则溢。我设计服装、做雕塑也是这样,都是顺其自然地溢出来,所以不太花力气。

我很多时候都是同时在想不同领域的事情,一边与这里的人聊这个,突然又与那里的人聊那个,非但不觉得疲惫和混乱,反而更有创造力。文学打下的基础,让我在很多事情上都游刃有余。我多维并进,互相透视,把握着全观,等到某个节点的时候,就全力以赴集中在一个点上。

我做任何事都很看重文学性,我的很多朋友也一直强调文学性。文学性就是把深刻的东西放到文字里,然后文字就有一种牢不可破的永恒性,它很珍贵,一旦产生,就独立存在,可以脱离人,甚至脱离作品而存在。比如我写某个人的故事,后来跟那个人没有什么关系,但这个故事已经把丰富的人生经验移植到文学里了,于是故事就变成一种支持所有人继续理解世界的方法——文学就是这么强大。

最后,文学性也是看事情的标准。比如电影好不好,就是看它有没有文学性,没有文学性就可能让观众得不到任何成长。

二

我喜欢诗,有时候也用诗意的文字来书写,说到诗,在中国最有名的就是唐诗。而产生唐诗的唐朝,自然也是诗性的时代。

唐诗深入了中国形而上的境界,是中国文学成熟阶段的产物,它追求一种其他文化无法抵达的境界。它讲求格律,却也自由奔放,在严密的营造法则中,亦在描述一个形而上的超然世界。于我而言,深读唐诗是永恒的功课。玄奘翻译印度佛教经典《般若波罗蜜多心经》,采用了唐朝的诗体,用字简约瑰丽,雄浑庄严,完成了东方空性的诠释,影响了中国禅宗的诞生。

唐诗像人生的某种境界、文化的某种境界,它有一种看得清所有东西的神秘力量——流动的力量。唐诗有自身的格调,其格律工整,意境宏雅,善于比喻,借境言情,省略细节,注重余韵,注重形式美。我喜欢唐诗的意境,它们总能意在言外,几个字就把意境营造得很完美。在唐诗中,一个平常的景观,诗人们挑着描述某几个东西,就能变成宏大深刻的人生哲理。诗人们发挥了诗化想象的能力。

诗的语言与现实的距离,就是诗歌比现实更真实地记录了当时的情感，更处于精神的无限状态。跟随着中国的文化发展，日本出现了另外一种风貌的东方情态，对生死感受强烈，成为这个民族的文化特色。日本的俳句《散步物语》，诗文与句子都非常短促，但是意境深远，充满禅宗的意境，表现一种凄然的侘寂之美。

至于我对写作的体验是思绪中有一种节奏感，不只是外在时间的节奏感，还关乎写作的形式美，以及怎么在不影响真实情绪的抒发下，流露出时间的真实性，也包括内容综合的节奏感、哲学渗入的人性、色彩丰富的韵律，所以我写文章经常不从人的习惯角度写，而是从空洞的状态下笔。写作的时候好像有个声音在我耳边叙述那些内容，我就慢慢地把那些内容写出来。更多的时间，我在等待与引导它们出来，这时候空间就成为一个主体，一个时间的容器。

我从小就写笔记，也用了以上的方法，可能是日记没有交稿日期，所以真正的写作是在于等待，等待那个声音的到来，我就能把它们一一记下。从小到大，我写了好多，什么都写。2001年我获得了奥斯卡金像奖"最佳艺术指导"奖之后，很多人要帮我出自传，我就想：自己会不会太小了，才三十几岁就出自传？我就跟他们说："要不要看一下我写的东西？"我把以前写的某些片段抽出来给他们看，他们很喜欢，于是就有了《繁花》。

我喜欢的作家与作品

> 作家应该用自己的作品引领读者对生活进行一些有深度的思考。

一

我很喜欢村上春树，他有一种青春时期的慵懒感，带着穿透诡异的气氛，他用另外一个渠道来传承日本文学的精华，这个渠道还包括芥川龙之介、川端康成、三岛由纪夫等。村上春树在当代迷离的意识中，富有超现实意味的抒情，对死亡努力不懈的研究，深深地体现在他的作品里。村上春树的小说中，最吸引我的是《世界尽头与冷酷仙境》，但我觉得最容易改编成电影的是《1Q84》。

《1Q84》能给人很多灵感，拍成电影能做到在现实中的超现实性，比如有两个月亮重复出现在"1Q84世界"里，很好玩。村上春树经常在一个瞬间有如找到现实下的本源世界，极度陌生又极度荒谬的本源世界会带着读者到另外一个现实的轨道。在那个毫无信息的世界，往往把读者带入现实的深渊。在追忆的深海中，不断浮现点滴重要的信息，引导情节向真相发展。他那种梦幻的写法很适合我，这是我喜欢他的重要原因。

村上春树会长时间地描述一个不存在的世界，甚至有时候会长久地脱离情节，而剧情对他来说并非最重要，却能实现多种更奇妙的意境，发挥文字的力量。

我觉得在这一点上，村上春树的文字有一种催眠似的重复、无聊，但是又有一种很亲切、很容易打动人的东西。听到那些一直重复的东西，好像有种催眠的感觉，那种感觉很适合20世纪80年代后期富裕、懒散、闲适的生活的人性。

他的文字能带我们到达从其他领域不太容易到达的境界，像岩井俊二的《燕尾蝶》中的那个时代，每个人忽然很有钱，但也没有大事可做，所以人们浮来浮去，呈现一种无聊状态。然后就出现很多奇奇怪怪的事情，比如去跟别人的老婆发生关系，然后还写时间表，今天去跟哪个，明天去跟哪个……村上春树把日本经常发生却很难想象的事写得非常清楚，而且反映人性，并充满着村上式的黑色幽默。村上春树不只是写人在正常状态下做出让人很惊讶的事情，还经常写一些历史中很残酷、黑暗的场景，每一种类型、每一种内容，他都写得极为出色。

第二次世界大战之后的日本，整个国家停摆，由美国操控重整。我小时候对这段历史并不了解，只是被他们形形色色的动态与形象吸引。20世纪80年代日本富裕后，年轻的一代渐渐产生了新的生活观与世界观，与上一代的厚重历史感割裂。村上春树早期的小说，就是反映这个时期富裕的甚至有点儿无聊的心理状态。到了20世纪90年代初期，泡沫经济出现，日本终身雇佣制度崩解，年轻人的前途一片迷茫。在此期间，村上春树记录着年轻人的处境和心态，其一系列的作品里，貌似轻描淡写、绵长无尽的自我论说，却在漫长的铺排里进入了时代的脉搏。

回想以前阅读村上春树的小说，他经常用大量篇幅去细数身边的琐碎小事。那时候整个世界沉醉在富裕的苍白中，人们从没遇到一种有意义的东西，所有人都喜欢这种慢节奏的生活，通行无碍地在各种琐碎里获得快感，却没有想到现实世界接下来会发生翻天覆地的改变。他们在意想不到的情况下，幻想着自己的小小乐园，世界却慢慢地把节奏拉紧，现实生活也充满了迷惑与凝重，这时候人们才感觉到时间来去匆匆，跟看村上春树小说的时候，完全是两个不同的世界，20世纪80年代的富裕与懒洋洋的氛围已不可复见。

村上春树的作品很能代表现代日本人以自我脆弱的能力去承担一种无望的复杂性的状态，因此能深入读者的灵魂。比如"海豚饭店与羊男"的故事讲的是走到某一个现实场景潜藏的空间，遇见等待着你的怪异人体，带点儿荒谬与绵长的自省，最终将一切引向虚无的结局。经过这些小说的描绘，日本人的感性层面又内化了一层。

076

二

能制造浪漫意境和氛围的作家在香港影响很大,比如张爱玲。她很浪漫,又很冷,她给人很"法国范儿"的感觉,但她的作品在法国不受欢迎,甚至在西方世界都不太受注意,她只在中国有很大的影响力。她的作品中有很多暧昧、情色、冷眼旁观、超现实主义、存在主义等元素。

她曾经创造了一个世界,并由此观察上海人的特色。同时,那个被中西文化撞击得面目模糊的、荒谬浮华的世界遭遇了血腥残暴的侵略战争,成了她的时代印记。她封闭在自己天才横溢的小世界中孤芳自赏,保全了一个全然自我的心灵风景。民国时期,外来力量限制了本地作家的写作而给了张爱玲一个发展机会,其作品也与当时西方女性主义的兴起相连。到了21世纪,张爱玲异常的天赋被发掘,无数读者认识到她那独立于男权的女性视觉——那刁钻细腻又冷眼旁观的世界观,封闭内向又无所不在,她发现的世界显得尤为珍贵。她确确实实呈现了一个过往时代的精神状态,通过文字塑造了中国人在这种情况下的反应,以及从传统不断转化到现代的过程,表现了一个非常敏感的心灵遭受的撞击,以及这种奇特的心理形成的美学状态,并最终非常详细地记录了一个时代的记忆。她饱满的情思与清晰实际的理智,敏感的个性与斤斤计较的做事方法,让我想起了林黛玉。我可以想象张爱玲对《红楼梦》的幻想和她对林黛玉的共鸣感与相异感。林黛玉是某种中国女性心灵状态的投射,她并不大方,却事事细心,她是能够进入潜在中国诗意状态的代表。

世界从来不缺奇特视觉的伟大作品，不只是张爱玲的作品，其实很多经典作品都很感人，比如托尔斯泰的《战争与和平》及米兰·昆德拉的《生命不能承受之轻》、马尔克斯的《百年孤独》、乔伊斯的《尤利西斯》、卡夫卡的《变形记》、卡尔维诺的《看不见的城市》……那些重要的文学作品，不可一一列举。这些巨著，影响了全世界的思维方式，为人类开拓了新的思维与感受世界的方法，曾经做出了伟大的里程碑式的贡献，都是影响甚巨的世界性文学作品，可以让我们再三玩味。文学一定要有很深刻的个人感受，作者的文风、情节的编排、角色的塑造等，都能有所体现。第二次世界大战时期的文学超越了我们理解生死的界限，因为当时的作家就在面对生死。他们没有错过机会，而是把最深刻的生离死别记录下来，成为滋养我们生命深度的经典。当电影能承担这种深度的表达时，电影就有价值了，不然它只是娱乐产业的寄生品。

当代市场化的考量使文学作品一度成为市场难以消化的滞销品，因为每本书都要自负盈亏。很多书展在很短的时间内，得到非常大的商业效应，因此很多带有浓重商业刺激的作品流行起来，体现在推理小说与科幻小说上。与早期的斯蒂芬·金、爱伦·坡不一样，商业上非常成功的还有东野圭吾，他有一些小说写得不错，但模式千篇一律。因为熟悉观众的喜好，并且市场需求旺盛，所以作者就必须不停地按一个模式创作。应该创造什么样的角色、故事情节在哪里转折、情绪是感动还是愤怒等，都是计算好的。但读者看多了这样的作品，就会觉得现实不过如此，不会真正知道生活是什么样子。

这种创作模式来自好莱坞——在制作成本不断上升的电影与电视剧里，好莱坞创作人员认为故事是最能影响观众的接受欲的，编剧必须时时刻刻抓住观众消费的心态，使其最终得到满足。这与电影是一个独立艺术作品的发展南辕北辙，如今，创作人必须兼顾两者，才能得以生存。

我觉得，作家应该用自己的作品引领读者对生活进行一些深度思考。这样，一种文明才有持续发扬光大的可能性。过分的方法论会引来极度的类型化，人生原来的种种精彩都会被这种方法论所消磨。

生活才是一切的根本。

本章余下的文章以及第三部分全部文章，是我多年前写作的，以此分享我的某些生活片段。

破军衣

> 有一天,我想忘记这些,忘记这件衣服,忘记以前的一切,这件衣服,就此消失在记忆里。

刚结束了中学的学业,我对一切都十分迷糊与不确定。在我哥哥的朋友之中,有一个是做服装设计的,当时在香港十分有名,不少名人与明星都会认可他大胆夸张的设计。

最初他在九龙的服装店,不到四坪(约十三平方米),连着更衣室细细长长的空间像一个楼梯下的杂货店。我会跟着哥哥去店里,细看在那个窄小的空间内陈列的T恤、上衣外套、奇怪的裤子与鞋子。

他喜欢在简单的衣服上用刺绣、绢印,甚至用书法手写,在有限的布料上,添上巨大的中国字体。当时是20世纪80年代初期,正值日本的时装设计师山本宽斋的设计风格全盛时期。

当时的日本不管是商业广告、时装设计都迎来耀眼的起飞,三宅一生、川久保玲、山本耀司的作品开始成熟,稳定地站在国际舞台上。香港受日本的影响，对多样风格的摸索产生一种热潮。

我在一个郊外的旧衣店内，找到了一件美国来的破军衣，很长一段时间每天都穿着它，衣服原本的深绿色，经过不断地摩擦、清洗，渐渐变成了泛白的浅绿色。

至于为什么每天都穿着同一件衣服，我也说不清楚。在以前的记忆里，自己会经常保持一个状态，与外界维持一定的距离，那种距离可以让我不受干扰，随时随地地集中在一种思考模式上，用这种模式去收集、整理、扩散一种实验性的尝试。

对我来说，这种符号性的、精神性的穿着有其特殊意义，这种意义使我少年的回忆单纯而美好。

我曾经在生病的时候，在远方旅行的时候，不论是黑夜还是白天，不论是公共场所还是家里的角落，都穿着同一件衣服，我感觉那件衣服蕴含了我在不同时间里的情绪与感觉，我会对它产生一种不可替代的感情。

后来我觉得围绕在我们身边的物件都有同一种触觉，跳脱了自身的功能，进入了我们感触的层次，产生了一种陪伴时间流逝的感情。衣服可能就是这么一回事，在寒冷的雪地高原上，你会看到牧人与衣服的关系，那是一种细密的、无分彼此的、在恶劣的环境下呈现的一种互相依存的关系。

081

现在忽然想起了，那段时间是幸福的。当时只有一个理念在我脑中转换，这件衣服又长时间地保护了我，在我精神最脆弱的时候，让我在漫长虚无的日子中，能掌握一种确信。

最后，那件军衣在某个时候被我刻意地离弃。那件军衣的右手袖子出现了一个大洞，是在瑞士的一个码头的清晨，在路边凹破。而且，衣服的下摆染上了点点滴滴的染剂与油彩，是年年月月的工作痕迹，袖口与下摆全部磨损，透露着材质组织的崩离。

有一天，我想忘记这些，忘记这件衣服，忘记以前的一切。

这件衣服，就此消失在记忆里。

广东话

> 这里不鼓励个性，但鼓励一种无伤大雅的反叛。

生长在一个意识朦胧的地带，没有文化的自我意识，残留在后殖民地时期的状态，对自身的文化没有一个纯粹的思考空间，那是一种人为的自我失神状态，无方向、无内质，只求一日的灿烂。这是我成长中的背景。

香港的每一个人，都带着浓厚的性格，很自我，又很不自我；很特别，却又特别得很普通。总之，这里不鼓励个性，但鼓励一种无伤大雅的反叛。这里的人，总会找到他们优雅的落脚点，这样他们看起来比较现代、服从又带点儿反叛。

在这里，人际关系显得那么机械性，那么有距离，满是浮面的热切，以及名利、权术上的争影。

这是一种熟悉的紧张状态，一切发生得很快，全部出乎意料地混乱。是事件本身混乱，还是自己混乱？心跳在加速着。

在一个熟悉的茶餐厅内，铁器掉在地上的声音巨大无比，四周又围绕着拥挤的人影，我坐的位置不时受到碰撞。

我从来不喜欢吃包着肉的面包，总是会分开来吃，每次点火腿蛋三明治，都会自然地将其分开。在香港，总会有人在你吃东西吃到一半的时候，把东西拿走。他们不是刻意的，而是无意识的，因为所有事情总是有一点儿迫不及待，令人哭笑不得。他们从来不会问，而是都活在自己的时间中。有时候，他们会发出一种很公式、客气的语调，让你不安，因为有很多的虚饰，但那种虚饰又容易受到烦躁的破坏。

他们从小被训练去服从金钱与权力，这点是不容易改变的。我经常听到服务员用假音来说话，就是那种心情烦躁又不得不面对客人的状态。他们会使用一种奇怪的眼神，去辨认眼前金钱与权力的力度。

"富者善、贫者恶"——他们的眼睛，比世界上任何仪器都显得准确与锐利。一个人走了，另一个人快速地擦着桌板，那种神情，毫不犹疑，好像着魔似的，有一种精神在内在走着。

有时候，我也会喜欢这种对生活奇怪的积极态度，有一种共同游戏的味道，所有人都会顺从一种共同的模式，不容许任何变化。一旦有一点儿不一样，每个人就会用共同的攻击性的眼光投向你。

他们的闲话中也带着一种共有的对金钱与权力的顺从性格，顺着一种试探的模式，机警地分析着各种状况，大家可以搭配在一起，说出一样的话，攻击同一种人。

广东话被认为是一种机巧性的方言，当它被用于直接地吐露事实时，会让人感到不习惯，但他们永远喜欢用一种间接的语言，任何状况，都保有余地。

20世纪50年代的粤语片时代，那种对白，很像我们上一代的语调，全部有一个习性在包罗着。排斥性亦是广东话里经常碰到的，张三李四的，大家又在一起寻找一种共通的、可接受的对白模式，这种存在于香港人之间的间接语言，结果产生了无厘头的语言，是可以理解的。无厘头，就是一切对独特性的反叛。

在香港的茶楼里，你要懂得接受那种文化的独特性，在人多的时候，不要坐太久，那是一种令人生厌的做法。香港人对时间宝贵的认识达到了顶峰。不要太个人，在某种程度上，那会引起不安，令人侧目。

这个城市内在的生活，好像一种加速的录影节目反复播放，声音开始发虚，影像也开始不真实，但就是无法找到录影带回转速度的毛病出在哪里。

咖啡馆

咖啡可以令你浸在那种气味里,而那种气味可以使人重新进入生活的想象领域。

以前有一段时间,我会每天坐在咖啡馆里发呆,总是拿着一些准备看的书,等待一些熟悉的朋友出现。每天在一定的时间段,这些人都会从四面八方而来,有百无聊赖的,有正在工作用了休息时间过来的,总之,每天都会有人出现。

那家咖啡馆是米白色的,在维多利亚海峡可看到对岸的景色,每个店员都认识我们。那时候我们没有钱,每个人口袋里都是空空的,一杯咖啡只要一点儿钱,因为可以再加满,我们一坐就是三个小时以上。到了九点整,咖啡店要关门,我们才又一起跑到附近的小店内解决晚餐。

有时候,我们一待就是一整个晚上,天亮才会回家。各种各样的朋友都会出现在这里,但没有谁会固定出现。有的人会继续去酒吧或是去迪斯科舞厅跳舞,兰桂坊是一个不错的地方。形形色色的人在走动、变化着,只有那些光与颜色不会变,还有交际的笑声、细绵的耳语、香味、酒味。可能大家都在渴望改变自己，去尝试新的体验。

那时候我会喜欢欧洲的东西，抵触美国的东西，因为觉得美国的太商业。我们心里都会抱持着一种对崇高的渴望，在这个格格不入的地方，被孤立的同时又有一种同声同气的默契。

做这些无力的坚持，时间如流水般出卖着我们，或是我们出卖着时间，一直浮沉在声色之间，我们什么也没有做，没有贡献、没有作品，只有等待。

我们有时候很不想出没在这种令人觉得未来不确定的场域，有时候又感觉情绪上无法失去这份慰藉。但那又代表了什么？我们又在等待着什么？

大家都沉默地浮现着一种没有方向的态度。在准备，或是？可能最后只有等待本身。

那时候每天着魔似的走同一条路，希望那是一条通往未来的路，黄昏的咖啡馆，清晨的迷惘，日复一日。

这地方怎么了？已经没有我们发挥的空间，前面只有一片迷惘。

我们做到了吗？或只是欺骗自己与时间？我们是从哪里开始的？为什么不从别的地方开始？为什么生来就是黄色的？白的会怎么样？想象距离很遥远。我们总是活在别人的水平线之下。

我们会往哪里走?

那段迷惘又激昂的日子,是我内心斗争最激烈的时候。我甚至想把自己孤立起来,对一切事物保持一种距离,重新构想一个属于我们的世界。

第一次坐在巴黎的花神咖啡馆内,我看着咖啡杯子与金属滚边的咖啡桌发呆。黑背心、白衬衫、黑围裙的服务员在替一对中年日本夫妇拍照留念,我看不到毕加索、萨特与波伏瓦,只看到一片庸俗。

身上抽不出几块钱的破衣内,钱包背心,绑得紧紧的,仍然存在,我喝了最后一口咖啡后,心情一阵失意,离去。

巴黎的街道,好像一张又一张的明信片,拼贴在一起,我徘徊在自己的想象之中。现实里,毕加索只存在于博物馆内,萨特与波伏瓦只是一种回忆。

色彩艳丽的游客,在心情放松地大声对话,满嘴满舌都是冰凉的冰激凌。寒冷的天气使我感觉自己有点儿颓废,我像一个饱经风霜的流浪汉,看着前面不远处,挂着蒙马特的街道牌。

我站在一个斜坡道上,不断滑落,上面有强力的气压,下面有强大的吸力。我只能在一个古怪的姿势中忍住,两种力量的吸引,不可以往前,也不可以往后;不可以往前看,也不可以往后看。

只是保持着这种状态就好。

生活的逻辑是什么？内在的平衡也失衡了，在左右摇摆着。

从某个时候开始，我一天的行程就是从一家咖啡馆到另一家咖啡馆，而且在每一个咖啡馆里，都会找到自己的位子。我在意的包括那里的气质、声音、色彩，然后是位子。当我找到一家很好的咖啡馆时，就会感到很自在，但那种状态不会一成不变，而是变化得很激烈。

在某一段时间内，我会出现在同一家气味熟悉的咖啡馆，而且一旦感觉很好，就会每一天都赶到同一个地方坐下。

离开香港之后，我很少会固定去同一家咖啡馆，因为我很少在一个地方逗留很久。但每到一个地方，我总会找一家在饭店附近、能使心情安住在那个区域时间内的咖啡馆。

说起来有点儿奇怪，我总是不停地找寻我当下的咖啡馆，有时候会觉得这些咖啡馆是一种会飞的天马，可以带你去任何地方。只要你找到适当的，你就可以骑着它飞到想去的地方。

好的咖啡馆都会有一种空气的声音，调节着整个空间的流动。不同的人，会出现在不同的咖啡馆内。对我来说，那是一个景象，那个景象聚集着一种令人可以知觉的气味，那种气味，是那里一切的总和。咖啡可以令你浸在那种气味里，而那种气味可以使人重新进入生活的想象领域。

不同的时间,找寻着不同的咖啡馆,好像一个猎人,在狩猎天马,他剪开了翅膀,凝视着下一个天马的位置。

很多时候,我喜欢楼顶极高的咖啡馆,采光明亮活泼,有浓郁的咖啡香味,还有精致特别的蛋糕——别忘了,那种用栗子做的。

小学的时候,我跟着爸爸去喝咖啡的机会很难得。他喜欢带我去一家老式的港式咖啡馆,那种小店又名茶餐厅。厚重的玻璃杯下面,有一层超过一厘米的底部,涂上深绿色,店员喜欢用一张粗糙的牛皮纸写上座号,用咖啡的水分贴在底部。

爸爸不喜欢加奶,只用少许的方糖,在我面前搅拌着,好像一座巨型的旋转木马在桌上转动起来。方糖在浓稠的咖啡内列队舞动着,我觉得神气极了,不禁想着,很快我就能像爸爸一样,自己到咖啡馆豪气地把巨型咖啡杯放到脸前,好像一个仪式。

那咖啡有浓厚的乡音,是一种中西合并的品种,奶放得很重,因为没有规矩,最后,又演变成"鸳鸯"——用咖啡加上奶茶的混合体,产生了一种令人惊喜的味道。茶餐厅大多是利用粗糙的材料装潢,室内的木椅由几片木片合成,再贴上防火胶板,奇怪的花瓷砖贴满四壁,菜单是用一张胶片压着一种奇丑无比的字体印刷而成。

以前有一些比较讲究的餐厅,现在已经很少看到。至于早期的西餐厅,一直到了我少年时期,仍然是属于跟生日或是庆典连在一起的大场面。一般的茶餐厅，总给人一种三教九流的感觉，什么人都有，不明来历的很多，他们说话粗鲁而不修饰。

在意大利比萨市附近的一个假日小城中，囤积了三万部从远处开来的房车。每个周末，各城市的商店都会休息，只有这里开业。我们在马路上，喝着意式浓缩咖啡。很多人排着队，一杯又一杯地往嘴里灌。欧洲人对于喝咖啡并不是只有享受，更多的是生活，是一种保持活着的精神状态。有时候，我会喜欢很丑陋的咖啡馆，但不会喜欢那种贩卖异国情调又不要脸的昂贵咖啡馆。

在日本，可以孤独地喝一口咖啡，因为那里有很多精致的咖啡馆，有足够多的人闲着，把咖啡馆挤得很温暖。某一个新年，街上到处是穿着华丽和服的女孩，她们长得都很像，相互间都有说不完的话，对陌生人展露着害羞又热情的笑脸。

日本的咖啡，总是有一点儿百货公司的味儿，好像是一种改良的品种，喝咖啡的环境也一样，有点儿不真实。这使我想起三浦友和与山口百惠会出入这些场景的画面，他们去交代一些不重要的剧情，那种不重要的感觉，正是日本咖啡馆的情调。

每次，我都渴望着能在那种强烈感觉消失之前，找到一家合适的咖啡馆。但是有些时候，那种"到达"会带来一片空白，一种奇怪的空洞感会包围着我，使我感到极度陌生。是谁驱使我到达这里？这里什么也没有，空洞的咖啡馆内只有不断低回的气流声，座位静默，没有人的气息。

咖啡馆冰冷地守在那里，强烈的气息一下子抽光，一切静默地在暴露物质的冷酷，慢慢地低回着沉默的敌意。服务员开始收拾着各色用品，呈现着曲终人散的局面，灵魂沉重地压在一个空置的所在，没有搁置的地方，它将浮游着，等待下一次天马的邂逅。

往昔在巴黎，理想的咖啡馆，散发着浓厚的幽香，纯朴又带着贵气，就像一种令人意识到巴黎精美的典范。任何在巴黎存在的咖啡馆，都很难喝到品质极差的咖啡，就连那形形色色细致雕琢的蛋糕与甜点，都代表了他们生活素质的重要。没有一家咖啡馆的隔音设备、服务员的品质、卫生间的清洁，是令你感觉厌烦的，你会察觉任何咖啡馆的服务都有着丰厚的优良传统。因为对巴黎人来说，咖啡馆，是一个使人进化与思考的场所，是交流与开发的空间。但不要惊愕，他们脸上经常挂着一副臭脸，亦无损这种属于巴黎的独特气质流传开去。

树影下

在年轻的岁月，
生活静静的，
像是一泓湖水，
在明月的照耀下，
有一种单纯与净明。

停留在某一个情绪上，去找一个所谓的自己，很多时候都会令人失望。

那个你要找的人，正好也是你要逃避的，你不认识他，可能是因为太害怕，更糟糕的时候，连一点儿悲哀的感觉也没有。

我记得你，在那个运动场上，我看到你，穿着一件松散的校服，因为你当时仍然太小了，可以说，还没有成为一个少女。

但是，我竟然看到了你，永远都是遥望着远方，可能是因为你的睫毛太长，总是给人那种感觉，那天，你手中拿着零钱，无意识地数着。

我在站牌的下面抢了同学的相机，拍下了我的第一张人像照片，那是一张差到极点的照片。

你的表情告诉我，你什么也不在乎。

有时候，我感觉你像天边的一朵云彩，只是我看到了，把你留了下来。

我永远都看不清你，我只是看到一个镜子中的自己。因此，我一直把你装扮成我镜子中的样子，我觉得你很美，我在家里某一个加建的角落中，与一个土气十足的老学友打赌，我要一个月内把你追到。

我们开始认认真真地计划。我拿着毫不出色的照片，其中有一张，成为我以后梦里的景象。

微风吹动着你厚厚的头发，你微厚的嘴唇微张着，你永远心不在焉，身体不自然地动着，在那一个运动会观众席的排椅之间，心灵在徘徊着，空空荡荡的。

那只有三张照片。

深咖啡色的土气校服，长长的睫毛……

那之后，我焦虑地等待着你的消息。

我不认识你，只有手中的三张照片，我默念着你的脸部特征，长长的睫毛，像一个小孩儿，眉毛长得粗粗的，下唇比上唇突出了一点儿，但仍然掩不住你在我眼中的好感。

在饭堂的时候，我偷偷地看着你，看到你总是呆呆的，站在那边排队，有一个比你高一点儿、架着眼镜的女同学，可能就是你的好姐妹，每天都陪着你。你总是平静与害羞，眼睛永远不会停留在别人的脸上，校服厚重地捆绑着你，有时候，感觉你是一个没有拆封的娃娃，只露出了一个小头，眼睫毛就是你灵魂的所在地。

从日到夜，家人没有管我，我不断在一块木片上的图画纸涂画。那照片拍得太小，只有一个一块钱大小的头面，有九成的图像，我是凭记忆与想象画的。结果，我左修右改，七零八落，画出很差劲儿的一幅人像，却已足够把我搞得头昏脑涨。

接下来，怎么办？

因为有赌约，趁着自己有班长之便，每每到了教师办公室，我总会借故不断地翻看所有班的照片本。我们那个时候，每一班都会有一张班表，每个同学都有照片贴在自己的位置上。

因为教室不够，经常会调班，我们很容易就会调到同一个教室内。在那个短暂的期限内，我拿着已画好的作品，一直等待着时机。日子过得很快，快要输了，虽然那个土气的老同学仍然没有任何的头绪。

我们在一个阴翳的茶餐厅的阁楼上，密谋着下一步的行动。

那一天，音乐老师要看我的画作。那时候，全校音乐课只有一个老师,任何学生、任何班别都会在同一个教室内,因此,不管是我还是她,都会在同一个教室内上课。

终于,他们推门进入这个比正常大一点儿的教室,那天的阳光在窗外好奇地窥视着。

老师摸着钢琴,看着我。

我手中拿着数十幅已画好的画作,直挺挺地走过一列又一列的排桌,暗影里全是年轻的学生,左右晃动着,又交头接耳,大家都注意着这个可以中断他们沉闷课程的学长。

我的眼睛,像在大海中寻找一个失踪多年的岛屿一样,看看有没有求救的讯号。其实我很清楚,想求救的是自己。

她剪了头发,不知道为什么会看到我,她不认识我,那是一种不经意的邂逅。

无心的,偶然的。

画作在一张大桌上一一翻开,已围上了十几个好奇的学生,我虚伪地一一介绍,只是,有一张使他们产生了极大的反应。

每个人都认出了,有一些大叫着。

她看了我一眼。我成功了,她害羞地伏在桌上,但我可以感到她心中的兴奋与愉快。我好像完成了一种生命的仪式,并放松了下来,我永远记得她那个突然起来的反应。

紧接着,我在学校的后园中,把画交给了她,一群同学围着我们窃窃私语。

我没有说多少话,就取得了电话。

我外套的口袋内装满了所有同学的柠檬茶、维他奶的饮料盒子等垃圾。

那一天,我的心情有如踏在云上,真希望,故事可以在这里就结束。

接着几个星期,我们每天都会定期碰面,可能只是几句话,在后园、在下课的马路上、在饭堂中。

早上的时候,我会拼命地抢着上层公交车的右边窗户旁的座位,把自己打理得精神抖擞——她就住在附近的一个公寓里。

每一天,在那个半山的路上,阳光洒满了树影,我期待着下一刻会发生的。

在转弯的路上,公交车巨大的身躯,在窄小的弯曲山路上,摆动着肥大的屁股,发出吃力的吼声。

冷风在我的脸上吹动，那空气，清新的空气，使睡梦中的一切疲累化为轻烟般的清风——把那种可以在深处向往的事物占为己有的清风，让我可以暂忘痛苦，而换取一种骤然的快意，不管是不是脆弱失落的严峻前奏。

那一刻，仍然是只有无限的美丽，每一次等待着、等待着……你的背影，公交车的庞大吼声，是粗糙又丑陋的信号，又是可以连接现实与想象的信号。

日复一日，树影在晨曦的路上浮动着，我的灵魂在那树影间徘徊着，那灵魂慢慢地组成你的影像。

你的背影，你知觉到肥大又笨重的公交车巨大的声音。

你回头，看到我在那巨大的车子上细小的身影，兴奋从你的心里浮现在你的脸上，我的心头全是你害羞又兴奋的笑脸。

不管是炎热的夏天，还是寒冷的冬天，冷风仍然擦过我的脸。

不管是晴天，还是阴云密布的阴天，树影下你的影像、我的影像，在那空气中缠绕着，在空间中诡异地徘徊着。

如幽灵般游过你所在的教室门外。

我们共用着一本主日学的唱本，在早会的时候朗诵圣诗。这星期在你那边，下星期在我这边，你在那里写字，我在这里画画，抱着这本残旧的本子，深深地嗅着你的味道。

我们紧贴着在校园后园的饭堂，你害羞地坐着，在浓密的眉毛底下，带着傻气。

没有事情会使你觉得重要，你是一个简单的人，你只是谨守着一种微弱的反动，印记在你年少的心上。

青春美丽地洒向你的年月，我只是看到那种灿烂，填塞我年少苍白的梦。

树影重叠在你的脸上，等待你回眸所显露，只属于我们心灵中的微笑。

我感到生命会骤然失落，一切失去了连接，怀疑自己的价值，对未来失去希望，沉溺在无从挽回的失落感中。

记忆像一个翻动中的海洋，把原来深不见底的海浪翻上天际。我不明白：人的情感有多深，有多少数不清的记忆，有多少情绪，多少遗忘？那些不为人知的部分，如何平静于翻腾的大海中——那记忆的海洋。

那时候，少年的心十分单纯，渴望着接触到她的身影，而她充分地给予我那份灿烂，我相信，她就是我的世界的全部。

她半闭着眼睛，脸上幼嫩的肌肤，与脸颊上的美人痣，使我心神震荡。

生活变得充满了诗意,浸淫着神奇的光芒,她会出现在我生活中的每一个角落,她的脸孔填满了我的视野,使我在生活中,任何细微的琐事,皆可发现极致的美丽与满足——很多很多有待开发的故事,很多心里还没有说出的话语。

在那校园的路上,如蝴蝶般飞翔,在树影花间飞舞,因为生命中的丰盈,已使世界变成一个仙境,快乐像盛放的春天,源源不绝,桃李花开,满溢深情。

在年轻的岁月,生活静静的,像是一泓湖水,在明月的照耀下,有一种单纯与净明。它可以变成任何东西,只因那寂静与静默。夜空总是无限地展开着,在我面前,流星飞过时,心灵凝聚在那点滴的星空,使生存存在着一种希望,并向未来前进。

我爱那份亮丽,即使有时候是擦身而过,心灵仍然是洁净地等待着。

旋涡

在那个看似渺茫的机会缝隙中，重新找到属于自己的生命力的位置，并全力反扑。

某一天午后，我在巴黎歌剧院旁边的 FNAC（法国知名的文化产品和电器产品零售商）看 CD，寻找一些不慎丢失的 CD，但怎么也找不着。

巴黎很热，歌剧院大石阶前挤满了等待的人群，地上堆满垃圾，我看着歌剧院的外观，发觉自己对美的看法有了很大的改变。记得第一次来到这里的时候，它的先进设计使我十分入迷，但现在已经没有这种感觉了，我不再惊讶于它的壮观。

我与巴黎的朋友坐在附近的露天咖啡馆聊天，聊到巴黎，聊到其他东西，感到在某一个层次上，我们都隐藏在一种独立的状态里，零零星星的，各自游离。区隔阻绝了融合，使生态显得荒凉。年年月月，重复轮回，没有东西在累积着深度，只有不断淡化与流失。

我害怕看到一切继续沉溺在无知与失根的停滞中。一种无力的羞耻感压在心头，那是一种无法言喻的失落感，我看不到出路。

在巴黎的艺术大道徘徊，我看到的是一个循环不断的色彩万花筒，鲜艳夺目却难掩那种荒谬的重复。它追求着永久保留下来的东西，守着那里，持续地等待下一个创发的年代。这是一片混乱的小旋涡，一直在我的心中旋转着，不能平静。

写作的世界，是另外一片空白，没有内容，没有期待中的一切，那书写，只有流动的线条。笔墨在纸上流动的痕迹，同样没有意义。但我仍然在用墨色渲染白纸，一页又一页的，好像一种测量心的仪表，没有内容。但生命总得以一种方式继续下去……

我相信总有一天，我会知觉到那个一直在我心内转动的混乱是什么。虽然它不愿意明确地浮现，它喜欢躲藏，在某一个触摸不到的暗洞。

我静静地等待着那混乱的无奈与无止境的旋涡，洗涤着时间的纤维，感觉缓慢地转发……

在绘画的瞬间，白色的画布上涂上颜料，出现了色彩，显示着它模糊不清的形状与诉说着它的无奈。我踏在那旋涡的肩膀上，一起看着这片混乱，我们将会一起拿着画笔，在那无尽虚妄中对话。我期望自己能一直画到那个核心之处，从黑暗中，飞舞着，即使那是无色、无声、无形、完全失去凭借的，你！出来吧！让我给你一个无色的冠冕，至少可以抓住那份空白的沉默。

"可怜的孩子，请你不要再呼唤着我，我不是你想象中的模样，我比你想象中庞大而可怕多了，不要再想着去呼唤我，因为我只会带给你更多的哀伤，那一切的变化，是你无法了解的。

"可怜的孩子，相信我，留在你的困惑之中，不要再苦苦地找寻我的形象。那里只有荒谬与无常，记住我的话，这里并没有你所期望的世界。"

"…………"

"你等待着看，我终究会把颜料泼在你的鼻梁上。"

"那个鼻梁，也将是假的，不要相信你的眼睛，我害怕你盲目地行动只会伤害到你，孩子，不要再胡想了，我根本没有存在过。"

"那你为什么会与我说话呢？"

"我并不存在，我只存在于你的寄望中，这个声音，来自你的心中。"

"我并不相信当我看到那些令我无法忘怀的美丽记忆，为什么一切都不存在，一切都只有虚无？

"在那令我深深感动的瞬间，我的确看到我们共同拥有的一切，那一刻的美丽，真实地存在于我的意识里。

"你躲在真实的背后,让世界变成虚妄。让世界在你的心里消失。你以为这样可以游离于一切,使世界在无奈中游荡。

"每当我看到旭日东升的时候,你又偷偷地看着你所迷惑与留恋的一切,不要再相信自己不存在,你不存在于意识里?你存在于你不可逃避的世界。

"我在那静默中,等待着你的灿烂!出来,让我把颜料泼洒在你脸上。

"黑色的太阳。"

在那个看似渺茫的机会缝隙中,重新找到属于自己的生命力的位置,并全力反扑。

老酒店

> 沉沉的声音与影像,在窄小的房间内不断地下坠,不断下坠,到一个知觉不到之处。

有种细菌是对人无益的,却一直存在着,说来奇怪,很多时候,细菌对于事情却是一种润滑剂——在人与人之间有了一种"病",事情才可以顺利完成。

天晓得世界原来应该是什么样,细菌又代表了什么,只是单纯地说,细菌就是一种现状,一个时代的缩影,一种无奈与迂回的力量。

人喜欢细菌,在细菌充斥的状态下,活得更自在、更疏离。一切都很迷糊,也没有明确的责任。细菌就是很多隐藏活力的投射,每个人都有很多细菌,有时候,细菌可能是有益的,但如果硬是要这样说,又真的太悲哀了。

早上,古老的房间内仍然散发着木质反光的神秘,这个不到八坪(约二十六平方米)的房间里,只有一种空洞的震动声,好像周围没有人存在似的。

躺在饭店的床上,我留意着洗手间的镜子内,映着一个又一个的倒影,那么千篇一律。这是一家临时"安插"进来的饭店,房间很小,很老旧,有点儿仿古的味道,木质的墙柜与家具有点儿令人不安。

我一直无法睡眠的同时,房间内有一种阴寒,密封的窗帘"映"着苍白的壁灯,还是那个令人不安的洗手间不断倒映中的镜子,不断倒映着没有变化的影像,却带有一点儿鬼气。

当夜无声地包围我,星星点点的意念使我恢复意识。

这是一段空白的时间,这一刻的存在并不会留下任何回忆,它会瞬间消失在生活的流动感中。

那是没有内容的时间。

我等待着睡眠,但阴寒之气不断涌入,我刚盖紧被子又爬起来看看电话是否插着电源,又盖上被子,又爬起,看看有什么还没整理。

窄小的房间内,木质的家具仍然"炯炯有神",这是一家奇怪的饭店,有一种说不出的怪异。古旧的木结构有一种手动的电力控制器,房间内的灯光与收音机按钮全都在一个古老的设计板上。我去尝试打开电台,却只听到一些听不懂的语言,而且十分吵闹，像在讲法语，又像有其他语言。

我想起了一些外国的老人家连英文也不通，从故乡来到这边做生意，每每在这个闭塞的空气中，听着一些听不懂的广播，想着自己的家乡。

一个又一个的晚上，一天又一天地过去，一处又一处的地方，那条线没有尽头，好像对他们来说，外面的世界都是假象，只有这个房间是真实的，只有这个不明来历的电台与他存在于这里的事实，才是可以知觉的。他的家乡、工作，一切的一切都只是假象。

沉沉的声音与影像，在窄小的房间内不断地下坠。

不断下坠，到一个知觉不到之处。

逐花而居者

每个人内在都有一个宇宙,于有形无形之间连接在一起,例如因缘,了解到这种联系,我没有分别心,只有单纯地精进。

在人烟稀少、空气稀薄的所在,海拔四千三百多米至五千三百多米的高原,我们到了目的地——色须寺。那里没有现代的公路设施,只有年久失修的泥路,需要三天三夜的车程。相信很多人都知道高山症的可怕。

湛蓝的天空映耀群山,绵延的山脉像一幅卷轴画,顷刻间拉上白色的席帘;干枯的山岩,抹上一片洁白,顿成雪山的影像。这幅画继而卷动进入广阔的草原,但无论在哪里,都可看到依山点缀的牛羊——黑色的牛在雪山中跋撞,白色的羊在绿油油的草原栖息。这时候,生命好像一幅画,生生死死都只是一个影像,而不是事实。

人的身体,受大自然的影响,会出现不寻常的反应。科学制造出来的世界,真的是个伟大的杰作,使地球上的人相信生活多么容易。

贫穷的村落没有一种可称作垃圾的东西，一切都可以循环使用，没有需要掩埋的不洁，这高山上的一切在接纳你，好像宇宙的磁力，在呼唤你归去。漫无止境的山路，罕见人烟的山景，壮丽而不奢华，一切生命所需，皆随手可得。

平静地生，平静地吃，平静地死。

一切气压温度急速转变，里面有一种极度严峻的力量笼罩高原，虽然我曾经经历五台山、新疆大漠等地域的磨炼，但仍感体力之有限，呼吸十分困难，头痛欲裂，无助感一直迎面袭来。外面寒风凛冽，无一处安稳之地，这股无形力量，在慢慢地把我们的意志吞噬殆尽。

上帝在高原上，随意画下壮丽的弧线，像在素描簿上的练习，一条接着一条，相互交错出山岩的形状。藏人散落栖息于群山，层层影像慢慢地推移，那种走路缓慢中带点儿疲倦，却全神贯注，向着一个很远的方向拉扯。他们的身体，用最真实的方法，表演了"走路"。人在一个闭塞不安的房间与孤独共处，可能"存在"只是如此。我感觉一切来自恐惧，而恐惧来自无明与存在事实的荒谬结合。

任何文明的保障都被摘除，像与平日的世界隔下了一道不可回归的界线。

第一个夜里，我们在川藏高原找了一个极简陋的临时旅馆，三四个人挤在一个房间内，房子全部为泥建，疲累的身影乍现，那夜的月光明媚,在幽暗的山区中显得炯炯有神。

云彩装饰着穹苍,星星明洁活泼,如一幅浩瀚的帷幕掷上天空,华丽而虚幻。那一个藏人老妪,全身漆黑一片,已分不出衣服与皮肤的颜色,弓着腰,把那发亮的茶水壶,牢牢地握在手里,小心翼翼地穿过窄小的房间内拥挤的人们,好像是另一种存在物,但是她带来了此行的第一个深刻的感觉——生命是无常的,它们没有形体,是逐花而居者,这样我得到了第一个渴望求得的"花"的意象。

当漫长的星际奏起生生不息的乐章时,寂静的山岩,隐藏着可贵的宁静。人影在山岩间移动、栖息,动物、生禽与草叶的声音互唱,宇宙循环了一天的疲乏,为子民装点漫天的星光,唱起了安眠曲,花儿就在这里生息。

小鸟的窃笑

天初亮,我因整夜头痛难眠,一大早就跑到简陋房舍的外围,试图让自己舒服一些。迎面一阵凛冽的风,从远山的转角处袭来,我看到了一个依山而建的佛寺,坐落在山腰的弧线上。我把心绪调整过来,却感到一阵奇异的气息笼罩,一种很特别的呼吸声,发自生命内在的信息,强烈地打动着我。那是一群山野间的藏族小孩,顷刻间包围而来,发出害羞小鸟般的窃笑,无私而自然,充满了好奇与善意。他们一贫如洗,却没有贪念,只是单纯地好奇。

童年悠游着生命的本原，他们没有形体、外在的限制，只是纯然的精灵，取与舍同样是无界限——人因你而得到喜悦，你因人而得到了爱。

烦恼？果真是微不足道。这是我获得的第二个珍贵感受。

野生自在，花儿处处开。

无明的风花之盛放

到色须寺的那天下着雨，泥泞掩盖了原本凹凸不平的土地，藏民在雨中显得孤零零，只有一座孤立的佛塔，与随风飘扬的祈愿幡，三百年的色须寺观礼大典，罩上了云雾。

与当地住持第六世赤巴·图布丹·确吉坚赞活佛见了面，新建的寺院矗立在山坡上，可以遥看整个村落。

那一夜，野犬在嘶叫，黑暗笼罩了外面的广大领域，生命好像一个共同体，包容在这室内。我听到所有人的鼻息，那份极度疲累的安详，与外面的狂风吹打形成强烈的对比。这时温度已降到约零摄氏度，我静静地看着这山脉，四千多米的海拔，很冷、很白。世界十分诡异地移动着，只要生活在这里，好像没有东西可以改变。

色须寺开光大典前的一个晚上，我半夜又因剧烈的头痛惊醒，在无法忍受的情形下，我尝试用意愿去改变现状，纾解头痛与呼吸困难。那一夜，我想到外面溜达，却遭到一位女僧人阻拦："外面风太大，在高原上大脑会缺氧，产生亢奋的假象，若你坚持出去，明天必定不省人事！"他们对大自然没有对抗，而是共生共存，每一刻都保持对大地的敬畏，甚至超越了他们的理智。结果那夜我没有外出，天微亮，我透窗看去，是一条小山路的侧面，距离我们只有数步之遥，但见人影一幢一幢从雾气中隐现，他们透过这躯壳而修行，他们接受了生命的苦难与无常；而这山地回报的是源源不断的能量，扶助他们更坚持、更开放。天体设置无限的艰险，却在终极的意志里，显现了慈悲。

这些藏人笑口常开，内心净明而谦卑，因此生命就是在无明中，获得无限喜悦。寒风是他们的衣襟，大气是他们的肺腑，恐惧化为他们内在的沉淀，这是一个纯然的世界，无私地付出所有，如抛向宇宙的祝福，不求回报。

后记

我离开了色须寺，进入"回归"的长路，无终止的滂沱大雨掩蔽白日，而灰蒙蒙的天色，却难掩内在的喜悦。天地是如此灰褐色的一片，心中缅怀着那一份感动——全神贯注于内在无限中，正与各种领域连接，感觉每一个领域的细致，转化为借代的真实，显现存在的能量。

高原上的野花，雨后徐徐开放，色彩浸染了一片原野；天上的笔触，如生命的火轮直卷；巨大的山岩，瞬间成为画布，肆意地任由颜料涂洒……生命就这样不经意地流过这片土地，一阵热烈。我想象花神在舞蹈,那是生命力量的狂飙,花之竞放如流水四泻,自然生灭。

真正的伟力是无明,再也没有全神贯注、无本心、无身体,是一种"不动的"定境,那里有无明的风,会吹动"花"的流散,气动山移,所有灿烂如一面镜子,我们只能获得镜中所见的一切。

无明,没有对话,没有期望,没有痛苦,只有当下。花神的形貌是"宇宙观",花神的内在是"同心圆"。无从装饰,无可荣耀,只有瞬间陨落。但无明的风所到之处,繁花依旧,景物全新。

花开花落,无无明尽。

每个人内在都有一个宇宙,于有形无形之间连接在一起,例如因缘,了解到这种联系,我没有分别心,只有单纯地精进。

遗缺

> 时间的状态,正是那种时间的状态,使摄影成为艺术,以及永恒的存在。

写小说有时候好像在做一种叠画,一层又一层地叠上去,直至图案叠成了分不清彼此的状况,形成一种自然的状态。

这种感觉与我的"自由绘画"是相连的,就是把绘画变成只有过程而没有意念的创造,从过程中找寻痕迹,用痕迹去发现绘画的内在生命,那是意识的内核,众多的绘画意识重新汇聚成一个真正的意象世界,情节可以从局部引发再变成整体,产生一种自由又紧密的呼应。

每一件物件,它存在于你注视它的时候,当你注视一个物件的时候,实际是在想象这物件以外的所有。人的本能是一个与每件东西连接的整体,人与人同属于一个灵魂,一个集体分享着同一个时间。

在摄影领域中,摄影中的瞬间代表了什么?每一秒中都在变化着的现实，每一个瞬间，都代表整体的时间，因此，那一刻的时间，正是一切不存在于照片的时间的缺口，我感觉照片正是时间的缺口，而不是时间的形貌。

我经常会找寻一种影像遗缺模式，在我的摄影里，会被经常提及。当我拍摄一个人物的时候，如前所述，我是在拍摄他所指涉的，什么是真正被拍摄下来的？

当然，不是一个对象的问题，同时被拍摄的，更大部分，是来自摄影者的心象。摄影者的心象是无边境的，或者是模糊的，他的内在有一千个动态同时反映，而成为一个动机。

摄影师真正的伴侣，并非来自他朝夕相随的相机，而是那个介乎自己与相机之间的"悬念"，或者可以称作思念的直觉。

他所拍摄的，并非对象本身，而是对象所给予他的动机的回应。那些动机，有着心象的内涵。

因此，对于时间本身而言，拍摄出来的，恰恰是一种时间的遗缺，就是一个不存在于时间本身的形象，这些形象所指涉的，并不是一个对象，而是一个内在对物的投射。

拍摄一个人物时，正是一切相同视像的一个样本，它所反映的，正是这个特定对象以外的一切，一个，或者一百个，不存在于照片内的人物，甚至是一些根本不存在的人物或其他东西。

你感觉它存在，实质却不然，因为它的出现亦象征着真实的缺席，那种缺席好像时间有一秒钟被抽了出来，成为死的东西。

那照片正在显示那被抽出的不真实的一秒钟。

摄影是一种抽象的实在，它所包藏的时间如在一片连根的叶子上，用一根针挑出来的微细样本，是即将变质与死亡的时间尸骸。因此，叶子的纤维本身必须拥有新生命的发展，在另一个模式中，找寻属于自己的生命本质的再生，成为一种超脱时间的存在物。若更深入地找寻那个存在的可能，它也许涉及意念的存在物范畴。那种范畴，类似艺术或文字可以触及，甚至形成一种美的状态。

每一种艺术模式，都会有一种生长期，由历史进程中，尤其在科学、物质、物理、宗教、观念与思想的生态、意识下的变化，产生了各自的初生期、成长期与成熟期的艺术模式。它们的存在，在某一个层次的认知上，是超越现实的。因为那种成为意念与时间的含义，正是能把实质的空间与时间转化成悬念的可能。

只有悬念，可以超越时间而存在，而且，一直保存在那种状态里。

时间的状态，正是那种时间的状态，使摄影成为艺术，以及永恒的存在。

第三部分
PART THREE

眼界、初心与试炼

当我开始意识到自己的存在的时候,
我对世界上
最美丽的东西
充满期待……

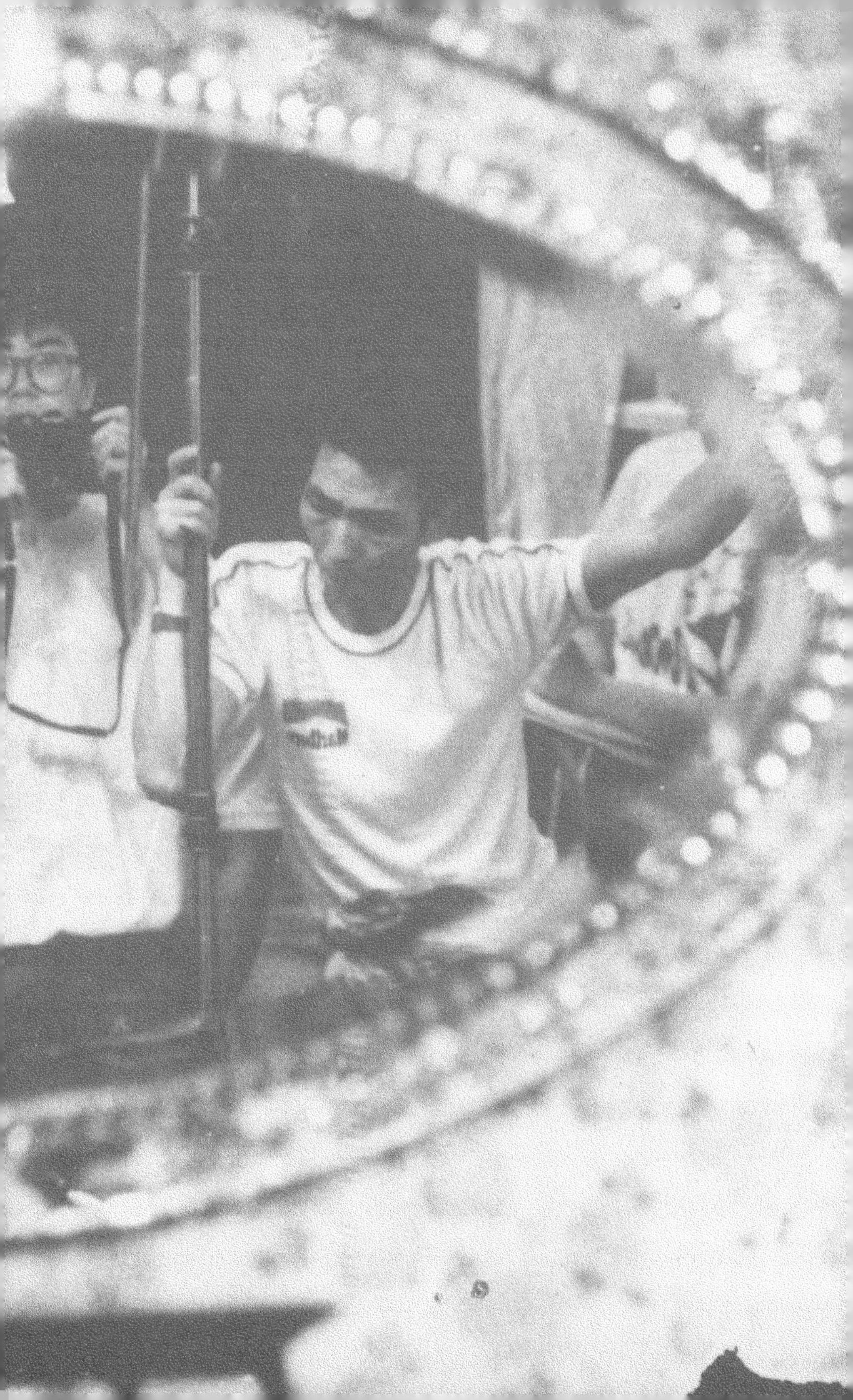

当我开始意识到自己的存在的时候，我对世界上最美丽的东西充满期待，国际性成为一个遥不可及的东西，我却蠢蠢欲动，跃跃欲试，慢慢地越过一条世界的防线，看到更广阔的世界。这里收录了我在台湾的一段时间内的故事——从亚洲的设计师开始踏入欧洲，并开始频繁在欧洲活动，最后进入国际设计师之列。

浪迹巴黎

在那里,我的内心不断受到冲击,少年的心产生了超越想象的满足感。

雨洒落在屋檐底下,积水倒映着一个堆满时钟的巨大雕刻。巴黎的里昂火车站旁,陌生的人影在阴暗的古典建筑间穿梭,那里流动着一种听不懂的语言,夹杂着雨声,我的心静止在那里。

不同的欧洲城市如童话一样地显现。我一步步踏在梦土上,心灵在飞跃,乍然掠过心野的却是一个个属于自我的世界。在那里,我的内心不断受到冲击,少年的心产生了超越想象的满足感。

卢浮宫里的胜利女神像,矗立在一个中堂的楼梯交会处,庞大的体积与飞扬的舞姿,无头的残缺,震撼了我的心灵。在华丽的廊柱间,巨大的宫廷建筑,让一切显现着永恒的壮美。来自世界各地络绎不绝的人群,使我更相信自己拥有与认知的那个苍白的世界并不完整。那里有一个丰厚的时代隐藏着,等待着我去打开,去分享那种源源不断的原生创造力。

在一个聚满人潮的房间内，有个细小的防弹玻璃盒子，我在人群中不断寻找适合观看的角度，却总是被玻璃所反映出的人潮遮挡。他们同样以好奇的神色在移动着，跟我一样一脸疲累与紧张。

一张隐蔽的脸藏在防弹玻璃背后，一种早已熟悉的感觉，勾起了我无限的回忆。那素雅与神秘的女性神态，带着中性的忧郁，是达·芬奇的《蒙娜丽莎》。作者的个性凝聚画中，超脱人的形体，存有不灭的神韵。那眼神挑动着观者的情绪，达到一种苦之甘美、深深隐蔽的情态；那神韵把她推向极致，令人回味，却又产生寂寞与悲哀感。

当我在卢浮宫第一次看到这幅画时，她的眼神传达着奇异的情绪，带着令人疑惑的微笑，分不出那心灵的状态，是母性的满足，还是中性的静默。达·芬奇的人物画仿佛永远流露着那种永恒的和谐状态，浸润在同性的氛围中。有人说，他一直重复地画着自己的过去，一种永恒的少年梦——在这个精神层面的描绘中，产生了神秘的隐蔽信息。

在欧洲的疫车上失眠

> 欧洲的艺术家对女性美的掌握尤其引人入胜，带着肉体的诱惑，在情绪的表达上令人遐思。

欧洲艺术有一种隽永与完美的感觉。那种可观可感的神态与味道，产生了一个神秘的高度，深印在全世界人的脑海内，成为意象丰饶而又令人神往的高光。

对欧洲古典女性完美形象的入迷，使我更想深入那道帷幕。欧洲的艺术家对女性美的掌握尤其引人入胜，带着肉体的诱惑，在情绪的表达上令人遐思。在肖像画领域，艺术家们留下很多盛极一时的人物与贵族男女的形象，他们画出了那种成熟、世故，带有一种古典人际关系的味道，伴随着虚伪的装饰性优雅。

扬·凡·艾克创作了充满隐喻的精细描绘《阿尔诺芬尼夫妇像》，在画的中间，有一面镜子，把画家自己也反射进去，透露了人的存在与科学之眼的辩证思考。

欧洲古典绘画中，在远景与近景画法的意识关系之间，"暧昧"

是它们的共同特色。在文艺复兴的肖像画里，那些人物与背景的关系，甚至有中国人物山水画的特征。它们也存在隐喻的作用，以大侧面来描绘人的半身像，缩小比例的全景像作为风景与背景。它们记录了当时最高的审美标准，人物摆着一种庄严的姿势与神态，极其名贵的衣料，造型中呈现的古典礼仪与象征身份地位的装饰物——每幅画都能清楚地看到那个时代的背景故事。

在人群的肖像画中，也表达着时代条件下人与人的关系。不管那是画家有心营造的，还是写实的，都毫无疑问地产生了一种永恒的记录价值。这些肖像画都彰显着生存的模式——权威，这些由权贵与富人所委托绘制的肖像画，总是带着一种炫耀与虚荣感。

绘画中也出现不少美少年，画得精细传神，带有强烈的性意识，那是当时贵族世界某种潜在的暧昧风景，也是画家所投射的影子。

欧洲的雕刻成就也令人震撼。无论比例的和谐还是写实的程度，都是惊人的。这些艺术家把全部精力放在研究人体美的再现上，他们有一种精神上对写实的执着，创造了经久不衰的文化体验。然而，回想当时的香港，它却失去了一种文化的认同感，一直在无根的影像文化底下胡乱拼贴，制造不出值得流传的东西。

在欧洲的火车包厢内，我独自一人探入了漫漫长夜。那陌生与不确定的空间,我看不到边际的原野,身上压着仅有的盘缠与行李,心怀着伟大的梦想,不断穿梭在各个记忆的宝库,穿梭在各大博物馆与画廊,一一印证,一一阅读,有时竟像一个战场上的统帅检阅着他的军容。

初试啼声，英雄本色

> 我因为受到徐克赏识，初次进入电影圈，就有机会参与吴宇森执导的《英雄本色》。

回到香港后，对世界万物充满好奇，对既有观念带着攻击性的怀疑，滋生了我颠覆与反叛的热情。

20世纪80年代中后期，是我开始进入电影的年代。那个时候台湾的电影新浪潮风华正茂，侯孝贤的《恋恋风尘》《悲情城市》都成了我们的滋养品。

当《悲情城市》里的学生们大力讨论着时势，气氛渐趋紧张时，片中失聪的林文清（梁朝伟饰），却因为吴宽美（辛树芬饰）给他开了古典音乐，镜头自此慢慢地移转，从历史的厚重感慢慢地转变为人间的温情，那不经意又脆弱的平静，使我对时间产生留恋。杨德昌的《牯岭街少年杀人事件》《恐怖分子》等，也都在海外引起了回响。

香港电影经过了1979年的突破，涌起了一拨拨新浪潮作品。

许鞍华的《投奔怒海》，自第一个镜头开始，军队的坦克车从一个破落的大街上开过，居民欢呼地迎接，到最后，镜头落在一个战争摧残下残疾人的背影上，林子祥所扮演的记者，他手中的相机在雨中合照的镜头，深印在我的脑海内。徐克的《蜀山》、谭家明的《最后胜利》、麦当雄的《省港奇兵》都牵引着我的少年电影梦。

到了20世纪80年代后期，香港电影进入了黄金时期。我因为受到徐克赏识，初次进入电影圈，就有机会参与吴宇森执导的《英雄本色》。1986年，在关锦鹏的电影《胭脂扣》中，我开始对古典文化艺术产生浓厚的兴趣。

颠覆传统的反常色彩学

我被西方世界无边的创造力与自由所牵动,全盘沉浸于那个遥远的梦中意象。

入行三年后（1992），我接拍了罗卓瑶的《诱僧》。因为京剧武生吴兴国的加入，我们改变了原来倾向于写实的想法，注入了京剧的元素。吴兴国有着扎实的传统京剧基础和现代前卫剧场表演的经验，这使我们大胆将西方电影和东方戏剧相结合。

我首先从脸谱切入，在京剧传统的行当里，脸谱勾画着人物的戏剧身份，展现出伦理道德的尺度，色彩也代表着忠奸善恶的分野。

在极度强调空间形式的手法里，我将绘画的感觉呈现在人物造型与整体环境的气氛中。脸谱成为代表社会模式的象征。主角石彦生（吴兴国饰）曾是权倾一时的大将军，在不断败落的权力斗争中失去势力和身份，最后遁入空门，他脸谱上的化妆承载着阶段性的变化。从开始的金脸到最后的素脸，我尝试在电影中大量运用京剧的元素。

这是一次较大规模的实验。我试图用七种不同的颜色，隐喻剧中角色心路历程的转折，架构整个电影的段落。从开始的金碧辉煌到石家母亲独守寂静的灵堂，画面呈现厚重的棕黑，其后遁入佛门，我用了一种相反的淡绿色作为袈裟的颜色，主要是衬托庙宇建筑的栗红。

从他们离开佛门，找寻报复之路，却遇到俗艳华丽的妓院场景，反常的颜色使他们处于一种不稳定的状态。

创作《诱僧》时，我大量参考了超现实主义画家马克斯·恩斯特（Max Emst）的作品。在 20 世纪初受到工业革命的影响，他描绘人的心灵图像遭遇激烈变化，机械与工业化大量生产进入生活、构成主要视野，他那机械化的人体，与自然界超现实的形色与人形，构成诡异的造型氛围。那个带有前卫色彩的妓院，推翻了唐代原来妓院的模式——小楼亭阁，满布着花牌与廊道，把它放置于一个荒废的巨大古庙中，在戏剧里呈现诡异与疯狂的生活，冲击着石彦生挽救国家的观念，要做出那种使他崩溃的力度。

那时候，某段回忆进入了我的意识。我在纽约时，有一段时间，去过各种场所，看到了颓废、浮华，也包含着无穷的生命力，杂交着欲望、暴力与黑暗的各种社会层次，在那种氛围下满载着一种超越常规的反叛动力。

当时，我去了一个残旧的剧院，穿戴整齐的黑人守在门外，面目冷峻地检查着每一个进出的来客。墙壁的油漆剥落，充满了各种汗味、烟味与香水味，所有的座位都已拆除，房子摇摇欲坠，承受着两座五米高的扬声器震耳欲聋的前卫音乐，巨大的空间内舞动着人影，他们都迷醉在某种状态里，活泼流动的粗糙闪光，将他们的疯狂定格。我站在二楼露台上，看着人影拖着酒瓶，缠绕在凹陷的地板上，看来随时会倒塌，却没有人理会。仿佛有某种强大的力量吸引他们每个晚上过来，集中在这里神游。

电影有时候可以把不同时空的经验交织在一起，使观众产生一种内在的经验，这可能是电影最迷人的地方，也是传达某种信息的潜在形象场域。当时的我，仍旧迷恋西方的美学运动，总想透过中国的故事背景，让它与我所向往的西方美术形式撞击在一起，形成一种颠覆传统的意象。

我被西方世界无边的创造力与自由所牵动，全盘沉浸于那个遥远的梦中意象。

台湾的挚友，启示我创作的未来

> 我知道每一个机会都是唯一的，它们不会再来。

拍完《诱僧》之后，我只在香港停留了两个星期，马上就到台湾投入吴兴国、林秀伟主持的当代传奇剧场，参与创作他们的年度大戏《楼兰女》（1993）。

当时，台湾对我来说是一个充满文化气息、高手如云的艺术丛林。如前述的侯孝贤、杨德昌，他们的电影不管是艺术层面，还是人文精神层面，都属上乘。还有后期的蔡明亮，他的电影《爱情万岁》是同样获得威尼斯影展金狮奖的代表性作品。他们的影片呈现的人文与对自然状态的关爱，鼓舞了我。

表演艺术方面有云门舞集的林怀民，我在香港的学生时代曾细看他的著作《说舞》，品味着他对文化的热爱以及他为自己的承诺投注了一生。后来，在他家里讨论欧洲歌剧《罗生门》（1996）的创作时，他显露了一种全心关注表演生态后的疲累，这种疲累，是我后来才能明白的。

当时，很多关于外国艺术信息的著作，都来自台湾的翻译出版。谢理法、陈英德在法国艰苦地从事艺术生涯的同时，不断书写并报道欧美艺术思维与事件。可惜我像是蒙着一层皮似的，品尝他们带来的信息，却无法全面了解那些艺术的走向与来源，只在表面形式上空空地徘徊。香港没有这个空间，我们是绑手绑脚地落在人后。

我对台湾的另外一个印象，来自流行音乐。罗大佑、李宗盛、齐秦与陈淑桦都代表着某一个丰盛年代的文化记忆。当然，还有永恒的邓丽君。

当时，我无法分辨台湾与香港的文化区别，但是差别真的存在。包括艺术界鼎鼎大名的张大千，虽然他已过世，但仍然可以在"台北故宫博物院"看到他的画作，因缘际会，在台湾期间我也有幸与"太极"雕塑家朱铭有数面之缘。

在文化层面上，台湾报纸副刊呈现出浓厚的人文气息与时代感。其中影响力最大的高信疆，成为我在台湾的挚友。他很早就启示了我的创作的未来，全心支持我的艺术创作，可惜他英年早逝。当时文化界的前辈白先勇、李敖、柏杨持续了几十年的创作热情与个人理想，都承载着某种属于中国人的强韧开创性与生命力。

我在诚品书店喝咖啡，看着世界各地最新的书籍与杂志，这种慢慢地培养出的阅读社会氛围，在这里是理所当然的事情，我在香港却无法获得满足。来到台湾，就意味着我离开了文化荒芜的故居地香港，以另一种态度，支持我做出留在台湾的决定。

早期在台湾工作的时候，我一直都盲目地在一种冲锋陷阵的状态里，有点儿忘我。那时的目标只是要确定自己所要做的事情，能达到自己想象的程度，在每一次的机会里，都能产生新的角度。我对于资料搜集，一直都是地毯式的搜索，后来跟我合作的人都会取笑我对资料的重视。带着成箱的书本，也伴随着我的旁征博引，每一页都记录了我的想法，每一页都支援着我的作为。

因为我知道每一个机会都是唯一的，它们不会再来。

生活困顿，不改其乐

那种表演欲使他们不计生活的困顿与剧团经营的困难，默默地守着一种低微的生活条件。

在台北新店的排练场里，吴兴国与林秀伟盘坐在已改为舞蹈地板的场地中，讲述着他们对新制作的艺术理念。与会的有经验老到、各种行当的京剧演员，也有年轻的现代舞蹈演员，他们都聚精会神地听着，不时提出不同的意见，讨论有时候会进行得非常激烈。其中影响我最深的，是名旦魏海敏，她是《楼兰女》的主角，有着姣好的脸形，行当是青衣，她是梅派梅葆玖的传人、台北京剧团的当家花旦。

当时我躲在角落聆听着他们的会议，十分惊讶于每个人的专注力，以及对传统与创新的实验精神。然后，我看到他们排练，京剧里出现的各种"四功五法"与行当都被灵活地挪用。在一个以西方戏剧为基础的架构里，融入了中国的表现形式，这对于我是一次全新的体验。

我每天观看，做笔记，却一直不敢开始下笔设计。因为预算的关系，我住在吴兴国的家里，跟他的女儿抢房间，林秀伟自命为代母，处理我的生活所需。我们白天在排练场，晚上享受着丰富的夜宵。有时候，三更半夜仍然围着他们家里的酒吧，在这个并不宽敞的空间内讨论可能的造型。为了把这件事情做好，我请来香港的裁缝师，四处找寻台湾的制作工厂，认识了以后合作无间的许淑贞。在这个实现理想的过程里，我第一次看到有人在舞台上安静地走路，那种缓慢的程度是不可想象的。但是台湾的观众能聚精会神地投注在这种缓慢的动作上，我被这种张力深深吸引。

我在台湾的日子，没有在香港时的那种愧疚感，可以放纵自己在一种不受时间追赶的状态中。有很多同好、朋友组织着大大小小的团体，小剧场是他们的特色。他们迷恋着一种荒诞与反叛的行为，不断地渗入社会性的议题，做抽象的表述。他们能为剧场奉献一切，从这个角度来观察，亦可看见他们迷恋着自己的作为，更迷恋着自己的身体如何呈现在幽暗的光影里。那种表演欲使他们不计生活的困顿与剧团经营的困难，默默地守着一种低微的生活条件。这是小剧场人们的一种共同性。

发现"程式化美学"

> 我对世界的前卫剧场充满好奇，在里面得到了非常多的惊喜与乐趣。

当时，吴中玮在他木栅的咖啡厅里，修理着《楼兰女》的头饰，在讨论的过程中，我发觉他活在另一个世界里。他有一种主观的强烈想法，使他组织了一次又一次的大型地下艺术节。他邀请各国的地下艺术家，在破旧的酒厂、天桥下，聚集成群的文化人、小剧场爱好者。

有英国的死亡艺术团体，用电子音乐与耸人听闻的幻灯影像表现着奇特的人文经验；有日本的地下团体，用电锯在舞台上切开一位演员，穿着娃娃护士装的日本演员，天真地擦着脸上的血。在这没有规限的角度里，他们热衷于和观众互动的表演，有时候掺杂着暴力的成分。他们曾用鸡蛋投向观众群，而观众是随着演员流动的，并没有确切的位置。穿梭在整个场地的表演者，常常与观众融为一体。

当时，我对世界的前卫剧场充满好奇，在里面得到了非常多的惊喜与乐趣。其中我对大野一雄的日本舞踏印象最深，由于形式奇特，我震惊不已，它是一种对着死去的灵魂对话的芭蕾舞蹈。

年过七十的大野一雄，穿着芭蕾舞服装，做着一个女童的动作，这种在年龄、性别和服装上的冲突对比产生了奇异的舞台表现。他们表现身体与历史记忆的创伤所产生的精神性舞蹈，其中渗入了禅宗的意象，探索身体与"空"的关系；其他团体如山海塾、大骆驼舰、白桃坊、白虎社等，也各自产生了不同的舞蹈流派。

东西合璧 新剪裁

西方服装讲究立裁，东方则是平裁，西方注重呈现出来的形体雕刻美，东方则注重精神气质。

《楼兰女》是我第一次接触剧场的舞台作品，里面带有很多超现实主义、极端表现主义等西方美术的元素。由于当代传奇吴兴国的加入，整个创作充满各种可能，不仅在形体表现上做出极大胆的尝试，也在选材与构造上搭配更多不寻常的装饰。他们选用京剧的台步，又适度改变唱腔，从动作与衣服间的默契找寻新的表达方法。当我看到京剧演员表现的能量时，便发现很多西方肢体语言的表演都比不上这种独特的表演形式。

京剧的舞台魅力，在于一种程式化美学与肢体的训练。每种训练都得从小开始，经年累月，一点儿不可马虎，如此，在舞台上才能展现出一种动人的气质。他们习惯于在繁重的戏剧装扮下演出特技，水袖、高跷、衣服与舞蹈的互动是一脉相连的，而且，它所表现的舞台效果，除了华丽复杂的服装特色，还存在于每个角色行当的神韵中，必须要在其行当中演出精彩、传神，才会产生表演价值。

这让我从剪裁的原点开始思考——西方服装讲究立裁，东方则是平裁，西方注重呈现出来的形体雕刻美，东方则注重精神气质。这两种根本性的差异，使我开始从演员本身去寻找东方意象的精髓。例如，水袖与动作之间的关系是怎样的？野台戏为何要有鲜明的头饰？在观众与演出者互动的默契之间，那东方的传统意象与实践中的创作意象要如何衔接？结果我采用了强烈夸张的西方剪裁，拼合各个时代的造型特色。我把中世纪文艺复兴时期带骨架的大裙子，又加入了中国式的大袖子。十六世纪伊丽莎白女王时代的欧洲男装，那手工精细、装饰性强烈的欧洲风格，充满权力与梦幻感，使我想起欧洲古典音乐与巴洛克的华丽装饰。

这出戏从希腊悲剧的角度出发，舞台上的主人翁不出三人，因此，偌大的舞台经常只有两个演员在对戏。庞大奇异的人物造型，夸张地孤立了每一个角色，随着演出节奏的变化，色彩与造型都产生了强大的舞台效应。我又加入了原始民族的服装，西藏民族造型的张狂与浓烈，大洋洲的图腾拼贴，以树藤搭建成庞大的架子，加上充满生物性的细节呈现，营造出一个鲜活的形象。演出结束以后，观众产生了两极的反应，引起了台湾文化界的广泛讨论。

我从这第一次的舞台创作中，感受到极大的鼓舞与兴奋，日后我开始在舞台上大量尝试。我在创作时细心地维系着一种传统的共鸣感，同时又在耐心地搜寻西方强大的文化意象中，得到很大的激发与启示，奇异的造型结构与东方纯粹的舞蹈，使我慢慢地找到了一个综合的变化模式。

不断超越的快感

> 每日单纯地活在一个如海绵般不断吸收的状态，事事细心推磨，与不同的创作者讨论、研究，使我在建立个人信念与艺术风格上，充满了实战的经验。

那段时间，我对中国传统文化元素的好奇与吸收，一发不可收拾，那也是我对世界文化的开发与整理的重要时刻。受到台湾本地文化气氛的鼓励，我不断去消化各地原型文化的养分，又密切关注着先进城市的前卫艺术风潮，以丰富个人的创作与见识。就在那个时候，随时随地搜集世界文化的资料，成了我的爱好，最后竟搜集成丰富的藏书阁。我又在舞台艺术的接触中锲而不舍，尤其是国际间的舞蹈、歌剧、各种前卫艺术表演与亚洲地方戏剧、传统舞蹈的表演，都使我流连忘返。只要遇到演出，我都会兴致勃勃地前去观赏。

每日单纯地活在一个如海绵般不断吸收的状态，事事细心推磨，与不同的创作者讨论、研究，使我在建立个人信念与艺术风格上，充满了实战的经验。

当时，我全心全意集中在造型艺术上——实现现代某种混杂又充满冒险的念头，乘着艺术的翅膀，达到一种不断超越的快感。

其后与美国环境剧场大师理查·谢克纳（Richard Schechner）设计当代传奇剧场另外一个大型戏剧《奥瑞斯提亚》(Oresteia)的户外表演。这个源自希腊悲剧《阿伽门农》的戏剧，讲的是王子复仇的故事，充满了阴谋与血腥的场面。导演谢克纳因为看过当代传奇剧场的演出，感受到京剧演员在舞台上的表演魅力，因此，想用传统的唱、念、做、打去诠释希腊悲剧的故事。

由于京剧的动作与扮相都有程式化的限制，因此要找到适合两者融而为一的风格，需要绝对的精准。我搜遍了世界很多地方的原生文化戏剧，从他们的服装表演与造型扮相中找寻灵感，终于发现南美洲的玛雅文化拥有跟京剧程式上相近的特色。

因此，为了平衡京剧与希腊悲剧的视觉效果，我制造了一种东西方融合的奇异色彩。在两个文化源头的形色之中，我不断抽取适用的元素来建构不同的造型，每一个造型角色都会幻化成某种图像，使临场的观众产生强烈的距离感与幻觉。当演员与观众并置在一个户外大空间时，远处的霓虹灯管在闪烁，飞机从天上划过，汽车的各种声响也不时加入配乐的情形下，我用造型的特色把现场观众明确区分开来，在视觉上与观众一起凝结起戏剧的张力。

接下来，台湾不同的团体相继向我发出邀请，使我迅速地拓宽了表演文化的视野。

从木板隔间的破公寓,走向世界

在没有任何功利与价值的关系里,他们给了我无限的温暖。

初到台湾的时候,我放弃了在香港拍电影的机会,身无分文,每天靠着很少的现金周转,而且经常需要有人接济。没有亲人,只有朋友,那个时候,我并不是没有工作的机会与能力,而是刻意地把自己安排在这种状态里,一种不安定的状态,全心全意地去找寻各种原创的可能。

没有理会生活上的艰困,在极低的成本上,终于从寄宿的朋友家中搬出,找到在台湾第一个属于自己的落脚点。那是一个窄巷内的二楼的破房子,巷子内有很多小咖啡厅,附近有不少文员中午都会去吃饭。很多时候,我会忘记带钥匙,于是便从楼下爬到二楼,从窗户中闪入。当初房子空空的,墙壁也充满水渍,以一块薄薄的木板分隔了公共楼梯与我的私人空间,每个人走过,我都可以清晰地听到他们的声音,打雷的时候,整个房子好像会塌掉。

但那时候，却是我感受最深的时刻。那街上的每一个店面，每一个主人，他们居住其间，为了维系各自的生活，开着小店，每个人的性格都写在店里，我有很多时间流连其间，看书、冥想、写文章。在没有任何功利与价值的关系里，他们给了我无限的温暖。在那种被呵护的气氛下，我有了足够的时间与空间，开始进入一种全观的艺术视野。

很多亚洲艺术家无法摆脱欧洲伟大艺术的影子，能够独立表现一个自我世界的人少之又少。就这样，我对于自身发展的方向有了新的认知。

海阔天空

> 终究，我只是倒空自己，以空白作为开始。

我努力去寻找世界上所有文化的根源，脱离狭隘的民族情结，开放地面对这个世界，而不是甘于定义下的反叛。一旦脱离强烈的自我意识，大量吸纳种种资源，再重新潜入自身文化的底蕴中，反而可能在各种系统下带来新意。就这样，我不为自己设限，从开放的世界观出发，又一步步走回来，开始设身处地地注意着中国人的身体、意念、内在所隐隐呈现的美感。与台湾优秀团体精神上的交流，使我的思绪更加畅通，因为这些守住本位的人，我才得以实现各种可能。

但敞开在我面前的，是千丝万缕、散而不全的内在意识与分裂的意象。众多复杂的体系，都有它们独立与互不相容的范围，面对这些汹涌而来的元素，我尝试不拘泥其中的语法，而是不断撞击出新的语言、新的空间。终究，我只是倒空自己，以空白作为开始。创作是一种结构性的完成，或者不预设立场的投射，在这似乎对立的两者之间，找寻我个人平衡的角度。

我一直在追寻一个内在世界的显现,很庞大但并不适用于论说。我坚持着,必然有某种超越东西方议题的鲜活能源,在我隐秘不宣的底层存在着、涌动着。因此,在东方现代意识贫乏的情况下,我把自己的视野推广到无限的层次。在一个没有限制的范围里,去发现自己内在的神秘领域,并从中得到很多不同形式、不同方向的启示,我更集中注意在变化上,确立表演艺术的潜在行为意识,进而去找寻那种原型。

舞台艺术与观者的双向交流,使我更深入体验到一种普遍性的环境,我不再急于去固定某种形式上的东西,而是不断开发。越是息息相关,意识急于融合,越增加了我挑战的乐趣。

云门舞集

一通清晨的电话：

与其他歌剧的种类不一样,林怀民更重视舞台上演员所呈现的形态与舞蹈的特性,因此更注重造型的传达。

在某一天清晨 7 时左右,在我的简陋公寓里,接到了云门舞集创始人林怀民的电话。我被他精神饱满的声音所震醒,然后迎接了一次生命的转折。

我们被邀请到奥地利格拉茨歌剧院担任当年秋季大戏《罗生门》的主创之一。我担任服装造型与道具设计,林怀民当总导演,舞台设计是闻名遐迩的美国华人李名觉,作曲由旅德日本作曲家久保摩耶子担纲,她的作曲风格受瓦格纳的影响颇深。

《罗生门》的故事,来自黑泽明 20 世纪 50 年代同名电影,剧本改编自芥川龙之介的小说《罗生门》与《竹林中》。故事描写了一场扑朔迷离的命案,其中牵涉三个主要的疑犯,在供词中,出现了互相矛盾的现象。他们都为了保住自己的利益与名节而自说自话,却暗暗不断呈现人性的丑陋。

这个故事着重描写三个不同角色内心世界的挣扎，为了掩饰自己良心的责备，各自遮掩真实的情节，最后为路过的旁人，慢慢地厘清事实的真相。剧本分为三段，每一段都代表了不同角色的说辞，因此产生了三段重复的剧本结构。这部电影表达着一种虚伪礼教下的社会，在不合理的规范下暴露了人性的黑暗面貌，它们比战争中的世界更摧残人性。除了武士、夫人、强盗，还有农夫、女仆、和尚与法官等角色。

与其他歌剧的种类不一样，林怀民更重视舞台上演员所呈现的形态与舞蹈的特性，因此更注重造型的传达。整个舞台所呈现的颜色——白色、红色与金色，是一种最紧张的状态，任何服装的色彩，都可能会被背景掩盖。形式与色彩都是考验，必须要寻找与之平衡的节奏感，在各个段落做出细腻的铺陈，才能从传统日本的戏剧，成为推展至国际舞台的共通语言。

李名觉采用了虚实对应，像一面镜子般把欧洲式的华丽观众席倒映在舞台上。剧中陪审团的座位分为三层，中间一层还有法官审判的位子，分别在舞台的中央与观众席的中间。乐池被围成一个花道，一直通向观众席的后方，贯穿了舞台与观众席的位子，是它产生了两个对应的空间位置，重叠的幻觉。主要的演员分成两组演出：一组是演唱家，另一组是舞者。当武士与夫人刚出场的时候，一组出现在舞台正中心，另外一组从观众席的后方进入，组成两个不同的角度。

147

让欧洲人开眼界

> 借由形体精神与现实的融合,呈现出一个单纯而流畅的整体意象。

奥地利格拉茨歌剧院是一座非常具有创造性的歌剧院,与传统的维也纳歌剧院不同,它做过很多风格强烈的歌剧,想法很新颖。这里当然也有很多专业的裁缝。那是我第一次意识到东方题材的服装与西方题材的服装在剪裁设计上的不一样。一直以来,歌剧还是处理着西方人的身材,西方的传统服饰讲究的是立裁,而东方却仍然在平裁上继续发展。因此,他们都对立裁特别熟悉,但对东方的平裁产生的细节并不熟悉。

我拿着准备充分的日本剪裁资料与各种影像,为所有经验丰富的裁缝师上了一课。对于日本服装,他们十分陌生,虽然做过《蝴蝶夫人》的服饰,但也只是形式上的模仿,他们期待着我这个第一次受邀的东方人可以带来惊喜。为了让他们早点儿熟悉我的想法,我把以前舞台上演出的图片一一展示,《楼兰女》的造型让他们印象深刻,并很感兴趣地了解制作过程,我与他们详细讨论我为《罗生门》所设计的剪裁模式。

如何让西方的歌剧演员，融入日本戏剧的质感，在舞台上展现出属于日本精神的气质？形体与精神之间的考量，是整个过程当中，最重要的思考原点。

当时我很年轻，给歌剧院的人上课讲什么是日本衣服，吸引了很多其他戏剧的演员来听。我整理出日本古典服装的四大类别：一是真正平安时代历史服装的样色；二是电影中所改良过的服饰；三是歌舞伎的戏剧模式；四是能剧典雅夸张的舞台样色。因为表演者是欧洲人，需要一种独特的剪裁形式，使他们的差异性融入日本戏剧的氛围。经过了许多的反刍与资料归集后，我放弃了写实地还原，而将时空推展到"能剧"盛行后的平安时代。我采用了能剧剪裁的轮廓，让高大的歌剧演员的形体隐藏在日本古典的形质里。先把形体做出来，再加入欧洲中古世纪的剪裁与线条，来梳理那种形体的隔阂，利用拉长脸型的化妆与发型，将歌剧演员庞大的身材隐藏起来。借由形体精神与现实的融合，呈现出一个单纯而流畅的整体意象。我运用了这些原理，把每个造型弄得明朗而自然。一方面削弱了西方人高大体形的障碍，另一方面把日本服装的细节简化，以符合各个角色个性的色彩，赋予纯粹的意念。同时将日本的色彩净化到最极致，舞台上合唱团一律的黑与主角的鲜明，能够形成强烈的视觉对比。

结果他们以为我是黑泽明，认为日本的东西都是我做的，导致每个人对我很尊敬，回想起来这还有点儿好笑。后来大家一起开会，我跟裁缝们说先帮我做一个样板。因为通常情况下我们做戏服会先定一个剪裁风格，戏服做出来之后给演员试穿，试

149

穿后再调整。但他们的第一反应是不会做，无奈之下，我的欧洲助理就一直带着我看布料。因为他们工厂有时间限定，过了这段时间他们就会做其他工作，所以时间很紧张，甚至连修改的机会都没有。所以那时我的想法是自己马上做一件出来，自己修改，然后让他们照着我的剪裁一模一样地做出来。我就这样教给当地的裁缝如何做衣服，因为他们不知道如何掌握这些技巧，而我平时已经做了充足的功课，可以驾轻就熟。

他们的工作时间与方法，都有严格的规定，每天的工作时间是早上从八点到十一点，下午从两点到三点，每天如一。不到最后关头，绝不增加工作时间。因此工作时间的计算与人员的计算都必须十分精确，不容改变。在剧院的制度里，他们同时制作着来自不同国家设计师的创作，为了使制作顺利进行，我在台湾的工作室里，把剪裁的模型做好，分成男女，作为整个戏的剪影。

大至剪裁的变化，小到一个假发的色调，他们都会给我很多选择。在一个会议室里，可以完整地看到不同材料的样板。不到两个小时，我们所选择的材料就会准确无误地送到工厂。在不断监督他们工作进度的同时，他们所使用的材料、工法都令我大开眼界，很多手工技术与专业程度是我们所不具备的。

用衣服，让演员入戏

东方精神是将舞台上所有的元素皆视为一体，同时呈现在表演的过程中。

在这个经验里，我重新审视了一种属于东方艺术的形态。舞台上，东方的神态与动作是合一的，它的重要性不亚于西方的歌唱与对白；东方精神是将舞台上所有的元素皆视为一体，同时呈现在表演的过程中。一些对亚洲演员理所当然的要求，对西方演员来说，却不是每个演员都能掌握的。幸运的是，我们这次的演员都有东方特质的表演天分，正好契合了整个表演的要求。

京剧的演员被称为全能演员，行当包括唱、念、做、打，但在舞台表演上，西方分得十分精细、执着。

扮演强盗的男高音，拥有庞大的身形，他必须要在舞台上呈现一种有力的性象征，一种野蛮、强悍、带有原始的粗犷的魅力。除了把他的额头放宽，我还加入了歌舞伎的脸谱，参考其中的天神形象——歌舞伎演员会把自己的身体包在一件特别的紧身衣里；象征文身的裸体形象——我沿用了同样的方法，在强盗的造型里，亲自在他身上绘画了整个日本式的龙腾四海文身图像，使他产生一种超然的野性美。

夫人与强盗，因为性的刺激而产生了某种变化，而故事的悬念也由此展开。

夫人华丽的衣服外袍，绣了满满的梅花。饰演夫人的女演员，为了演好角色而特地看了很多关于中国古典、日本古典的书籍，借以了解东方女性的神韵。当我第一次把衣服交给她试穿的时候，她已能熟能生巧地把玩，这个西方演员对东方文化的掌握能力令我们十分惊讶。

从这时候开始，我发现东方表演艺术神奇之处，在于保留了动作的文化，那种舞蹈性的窍门，在服饰之上，衣服本身就已出现了动作的诉求。这一点我在日后的创作中经常使用，它可以帮助演员进入角色。

整个服装设计，有一点儿非写实的空间营造。虽然发生的事件是在野外，但我所涉及的大部分衣服都有一种礼服的制式规格。这源于能剧的虚拟剧场，与服装的华丽装饰传统有密切的关系，其注重表现性，完全脱离了写实的做法。

这次大胆地运用东方剧场的原理，嫁接在西方传统歌剧的尝试，使我对于融合东方元素创作西方歌剧，以及因此出现的文化撞击，产生了浓厚的兴趣。

一个光头朋克族的邀约

这是一个孤独、困惑的无形空间,在光影的变化中,产生了许多戏剧性的深刻影像。

由于《罗生门》的成功,翌年我又受到邀请,以个人的名义再次踏入这个奥地利的歌剧院。同样是秋季大戏,是更为严格与受到西方重视的瓦格纳的歌剧《特里斯坦与伊索尔德》(*Tristan und Isolde*)。

这次《特里斯坦与伊索尔德》的导演鲁兹·格拉夫(Lutz Graf)是一个光头的朋克族,四十来岁,已当过不少大型歌剧与话剧的导演。葛瑞格风格前卫,作品充满辩证思维,为了更清晰地与我沟通,他特地飞到台北,到我家中见面。我们只花十分钟就确定了主要的方向,其他时间都在闲聊着不同的事物。

他提出找我设计这个歌剧的原因时,用手比画了一下衣服腋下的位置,他留意到我在《罗生门》中用裁剪来改变演员的气质与流动的线条,可以从很简单的造型里产生丰富的变化。他形容那是"造型的建筑",是我最吸引他的部分。

《特里斯坦与伊索尔德》的音乐凝聚、牵动着情绪，我们可以感觉导演在传达一种孤独感。我开始深入研究西方宫廷服装的剪裁风格，去解构一个以西方为基础的模型。在处理这些欧洲人的造型上，我让每个角色都带着一点儿暧昧的神话色彩，形体要表现出强大的张力。因此，我把形体的线条独立起来，用了大量的重色系，与德籍舞台设计师安得雷克斯（Andrex）变化多端的光影形成了对比，形体独立地存在于这个倾斜的封闭世界里，慢慢地透露出内在的不安与孤独。整个视觉上的处理，充满怀疑色彩。

安得雷克斯构想了一个封闭的空间，造型像一个倾斜的盒子，与舞台同大，用了特殊的纤维材质，四面都可以透光，而且十分坚硬。这是一个孤独、困惑的无形空间，在光影的变化中，产生了许多戏剧性的深刻影像。

我在这个戏里，为舞台上的造型找到一种强力的存在感，色彩单调而统一。西方传统的剪影抽象化地再现，又代入了东方的神秘色彩，特别在领口与裙摆的设计上，我夸张地设计了如伊丽莎白时代的大袖子、大篷裙和中古时代欧洲的斗篷与大袍子，使每个人都有一种建筑结构感。他们所产生的重力对应着舞台上倾斜的表面与深厚的光影变化。可以说，这是一种内在影像的诠释，脱离了写实的再现。

在歌剧的进程中，声音是一个主导的动线，我了解到在视觉风格上需要让出空间来，让音乐能渲染、引导观众进入歌剧的世界。因此舞台上的人物，线条尽量简单，随着音乐的浓淡、节奏，变化着衣服的线条。让服装的形式呈现一种模糊感，烘托全场的气氛。

1993电影《霸王别姬》工作照

1986《英雄本色》幕后照
执行美术
导演：吴宇森

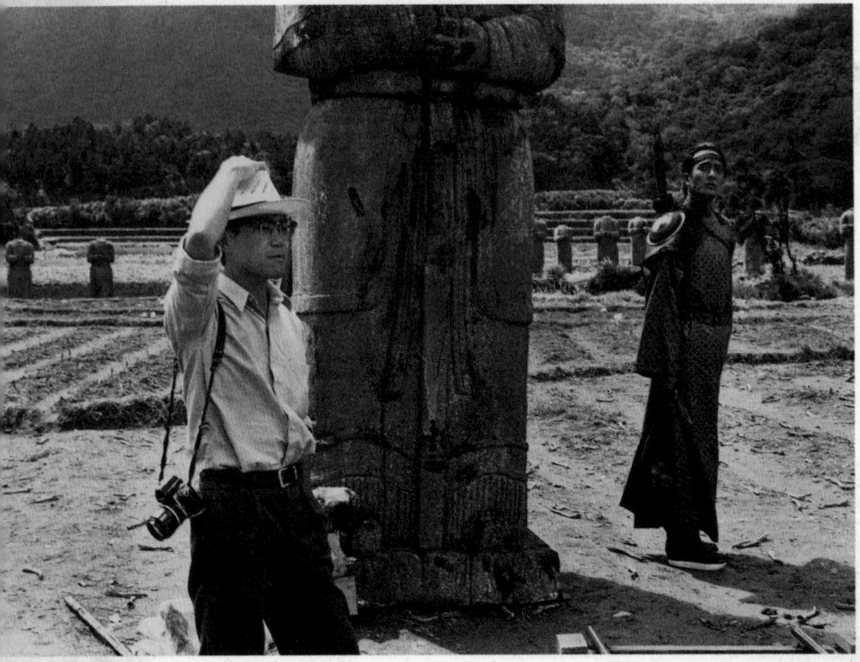

2001美国奥斯卡颁奖典礼晚宴相互祝贺-叶锦添与鲍德熹（左）和李安（中）

1990《阿婴》幕后照
美术指导及服装造型设计
导演：邱刚健

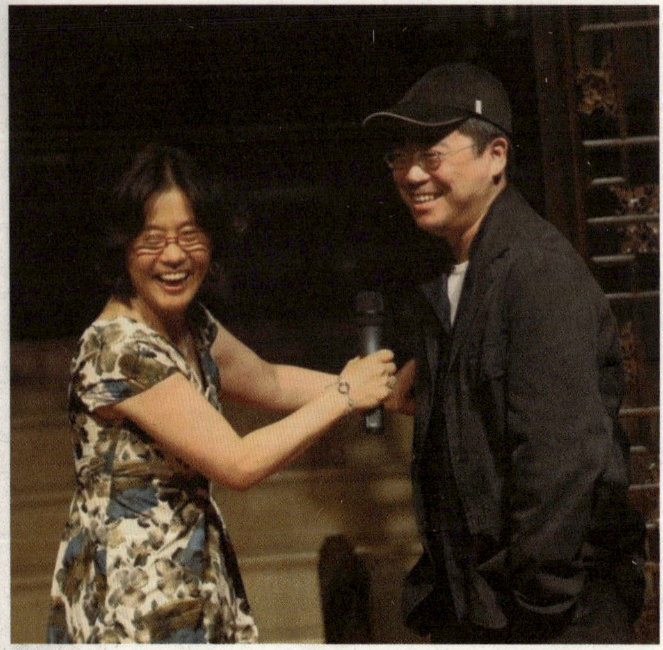

叶锦添与弗兰克·德贡（左）及弗朗索瓦·吉拉德（右）

叶锦添与李少红

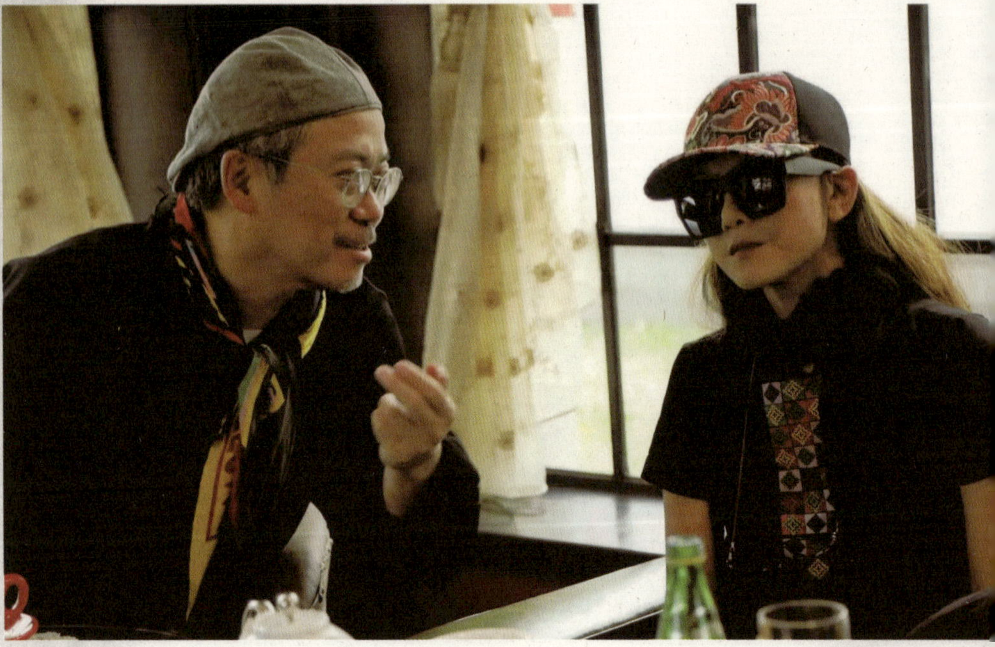

叶锦添与周迅

叶锦添与杨丽萍

叶锦添与阿库·汉姆（左）、塔玛拉·罗赫（右）

2023《封神第一部：朝歌风云》工作照

美术指导及服装造型设计

导演：乌尔善

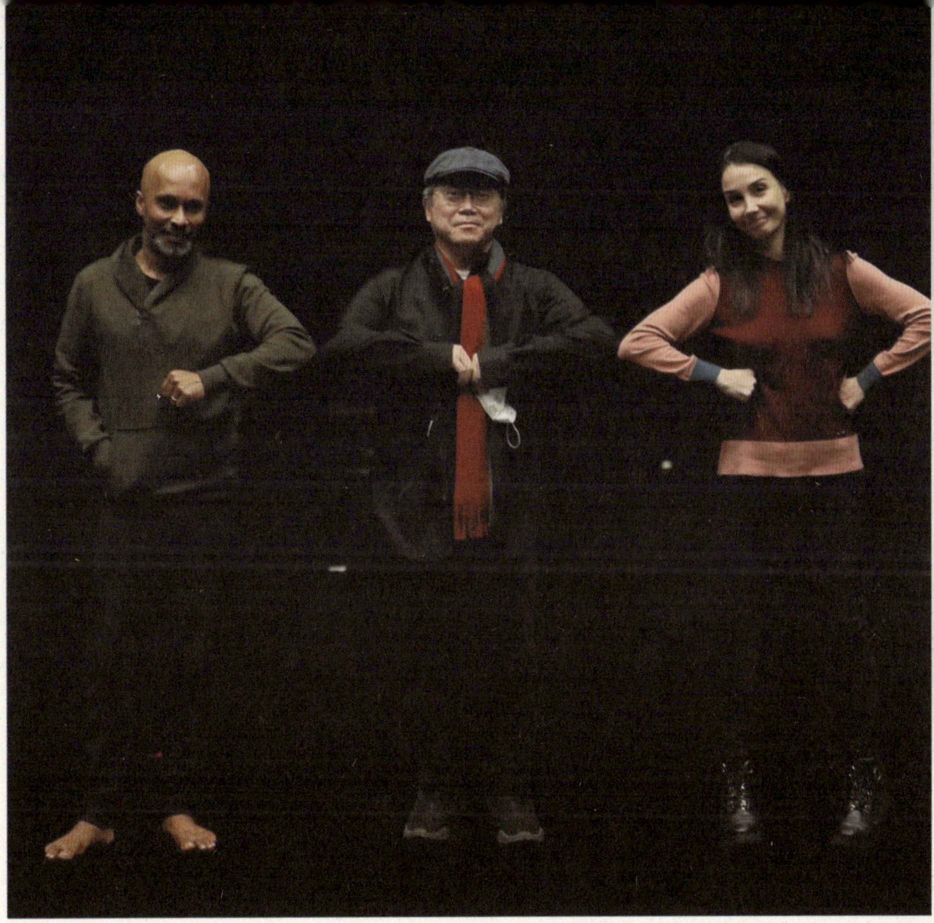

叶锦添与维姆·文德斯

叶锦添与艾伦·麦克法兰被授予剑桥「徐志摩终身艺术成就奖」颁奖现场

165

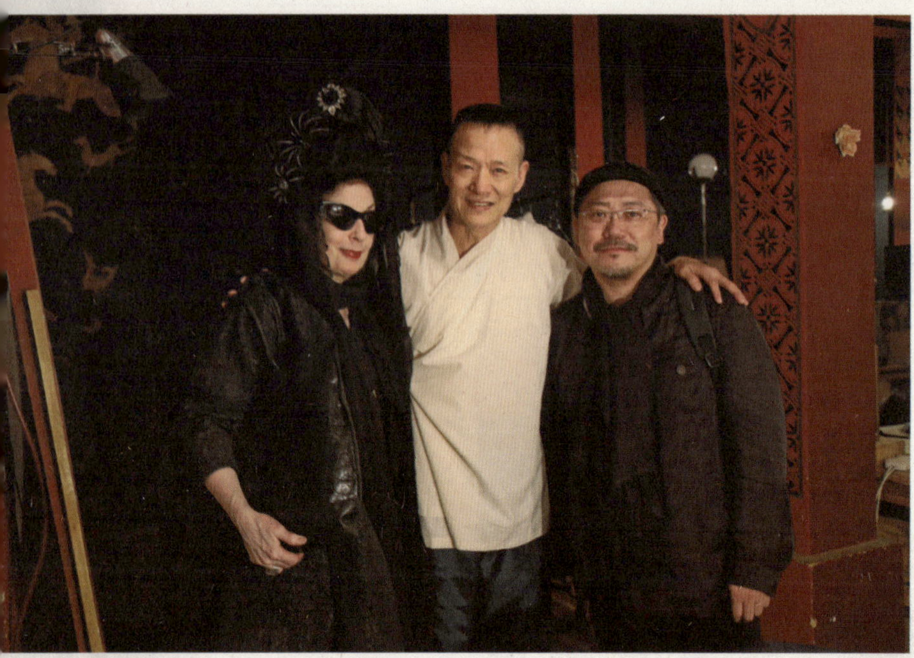

叶锦添与山本耀司

叶锦添与吴兴国（中）、黛安·佩尔内特（左）

叶锦添与薇薇安·韦斯特伍德（右）、Lili（左）

2008《赤壁》工作照
美术指导及服装造型设计
导演：吴宇森

169

叶锦添被授予剑桥"徐志摩终身艺术成就奖"颁奖现场

第四部分
PART FOUR

向前迈进的日子

无可置疑的是,我的人生已经迈向广阔的高台,只有一种超越世界的欲望。

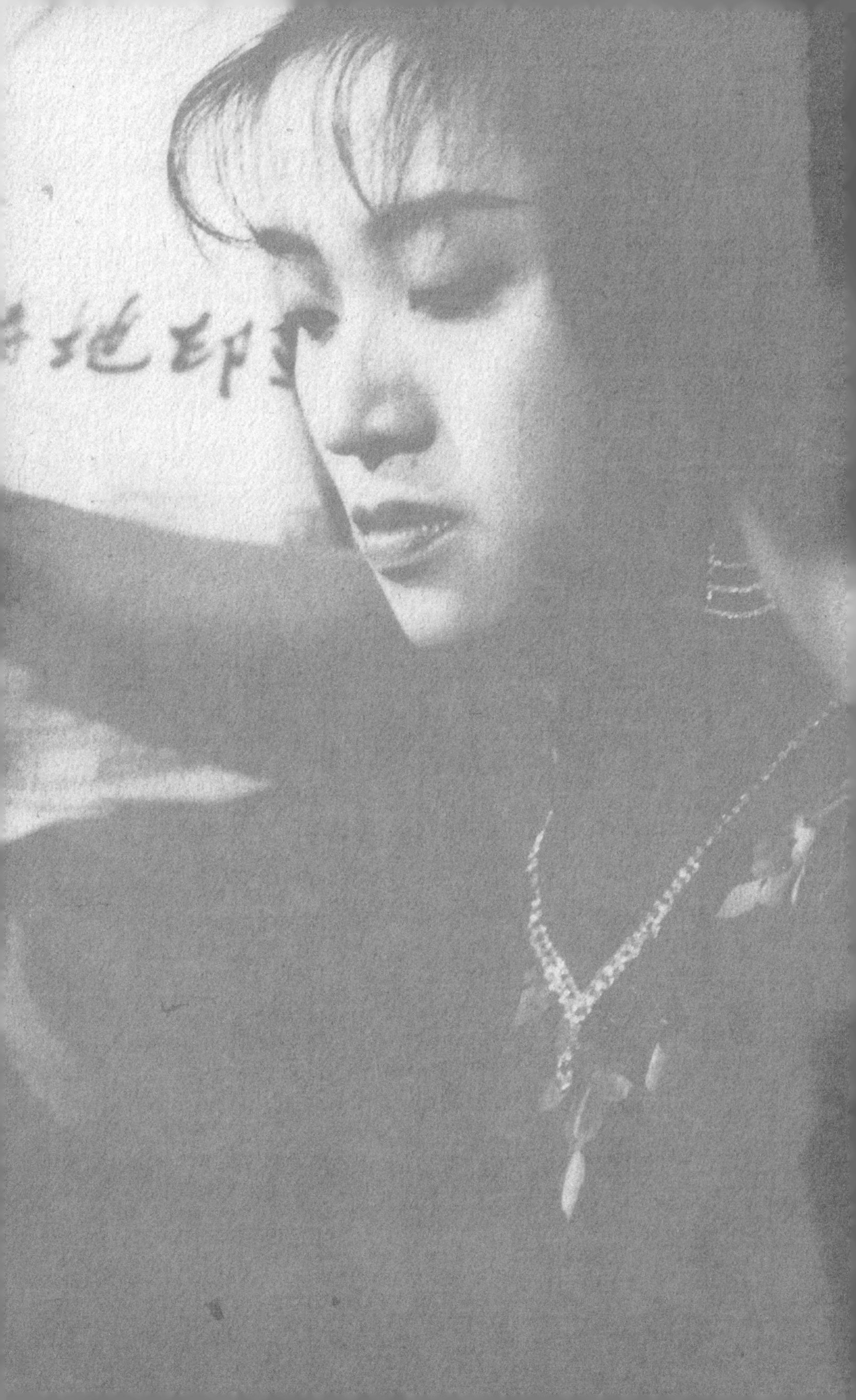
地印

在这不断探索与成长之中，我经历了很多艰难的过程，也结识了不同的盟友，一步一突破地往前走，慢慢地形成了一个多元的发展，渐渐成为成熟的自我。我的早期经历是从内在的中原慢慢地散发出去，探索其根源与两极文化深厚的节奏感，继而在理想中的欧洲文化中，找寻其与自己脉络的串联。有幸在这个时间内参与到西方的主体创造世界里，使我更有底气从东西方文化两极中找寻自己的创作脉络。渐渐成熟的不断合作，使我开始对欧洲的文化有一种提升的感受，这帮助我以后融合一切互相映视的发展方向。这部分从小时候开始说起，又联系起我到达欧洲后的整体发展，在人生的道路上，我不断遇到不同的优秀的灵魂，共同探讨一个人类共有的问题，怎么找到自我的源头与把它做到极致？可能就是我不断找寻节点的人生突破。

李小龙

> 太极阴阳，正反虚实，正是空性平衡之道，通情事之理，脉络顺畅，无间自任。

小时候去看李小龙的电影是十分郑重的事情，因为他主演的电影的票价比别人的贵很多。

少年时代，我对他在美国的一段经历无法想象，他在一段视频中，自信满满地在接受美国当地媒体的试镜，提醒人们必须忘记复杂的步骤，集中、单纯、有力地体验功夫。当时李小龙只有二十四岁，在那个中国人国际地位低的形势下，他仍能有节制地表演功夫。身在当时的美国，他有自己清晰的思想，能洞察时机、取长补短、以柔制刚。他学的是哲学，并且熟悉心理学，提出以中国古代的道法无为应用到实际的搏击中，并以电影传播。李小龙的英年早逝是中国人的损失，他影响了数代中国人，甚至是全世界"功夫"一词，是受他的影响而进入了国际的字典，在黑人文化里，它产生了重大的作用，而且持续深化到心理与哲学的范畴，重新唤起世界人民对中国古典哲学的关注，并形成一种启发。在某个层面上，他为东西方门槛的打破做出了贡献，让当时封闭的中国开阔眼界，他成了众人的导师，也成了世界级偶像。

中国功夫，以气御体，以修心神，以正骨气，的确可以作为练心练体之道。太极阴阳，正反虚实，正是空性平衡之道，通情事之理，脉络顺畅，无间自任。

我虽然没有参与其中，却在生活的模式中大量利用了功夫的学问。李小龙让我知道功夫不一定需要打斗，功夫也可平和，因为它可以克服恶意的暴力，可以穿梭于各种相异的间流。能量汇放于咫尺，随时调整力量的位置，可汇弱水于江河，动则翻江倒海，静则无音自流。学习释放心中能量，携永心之极致，却能活用在时间、空间与人情世故中，做出有意义的事来。

在李小龙的影响下，中国功夫渐渐成为一种自然动力的载体。学习功夫就是学习用庞大的意志力移动气场，以心念集中力量，到了实战时，一切放下，感觉空间中的身体，收集环境的能量，达到空性节奏，注重其流动性与比例，在此消彼长间，学习力量的冲击。

梅兰芳

扮演,成为一种从某一个个体到达另一个想象中的个体的过渡,它所产生的戏剧性涵盖了神话人物与性别错位。

早在香港学习的时期,我就已经对毫不熟悉的京剧有过很多遐想。说来有趣,这起源却是一张梅兰芳的剧照。

那张梅兰芳的剧照,是侧面照,带着妩媚。注视着他有名的纤纤玉手,我不禁为之震惊。他以男身深入女身,那程式化犹如梦境,使我感到形而上诗学的力度。那时候的香港,中国文化并不强势,西方的文化思维代表着未来,东方的传统思维代表着落后,年轻的一代与父母那一代决裂。我却反其道而行,与四五个好友在有限的范围内搜集着各种老杂志,对古老的东西充满兴趣,并在其中得到美学的快感,渐渐萌生了对东方的遐思,并因此去了解全盛时期的京剧原貌。在梅兰芳的图像资料中,我忽然看到了《游园惊梦》的媚态——杜丽娘,半睡半醒,仿佛在梦中流连、销魂地倚在假山石旁小憩的剧照,纯真的妆容与细腻的仪态,曾带给我强烈的震撼。

在筹备电影《霸王别姬》时，我为张国荣拍下了着装过程的照片。当时我已对京剧十分入迷，期望在电影、舞台等各种领域中探索这种艺术。

深入研究虚拟剧场的魔幻效果，我发现它能赋予一个演员转化的艺术能量，那微妙之处实在超乎想象，这是东方剧场的魅力所在。扮演，成为一种从某一个体到达另一个想象中的个体的过渡，它所产生的戏剧性涵盖了神话人物与性别错位。

东方剧场的服装是演出者完成那个行当角色的重要装置，永远有一种超乎现实定义的功能。因此，东方演员被定义为全能的，包括角色形象的建立、戏剧行为、历史背景、声音、舞蹈、功架、扮相，甚至是场景的表现内容，全部包含在一个演员身上。他们是拥有高度传统文化的内涵与象征符号的载体。

京剧的造型美学，被定义为脸谱、程式化的动作、音乐的韵律、舞蹈性的服装、场景的动作刻画，不断在造型符号与演员动作的叙述中表达故事的流程。

我从少年时就开始了传统京剧回归的历程，越是重看梅兰芳系统的京剧美学，越是能发觉某种古典京剧的韵味，使我重新研究古典京剧的细节。中国的戏曲艺术是集文学、表演、音乐与造型于一身的艺术形态，孕育了全能演员。他们造型的产生，基于几个基本的原则，就是可舞性、装饰性与程式性。京剧的艺术手段包括唱、念、做、打，把日常生活中的语言和动作歌舞化。整个美学形式，都在这种程式化的美感中逐步完成，繁衍了多种多样的服饰造型与歌舞动作。

从梅兰芳的艺术的感知之中，我更加了解潜入中国思维的一个重要方向，那就是形而上诗学。我以他的体悟，重新构筑着整个中国文化的艺术系统，从中得到非常多的灵感与反省，终于进入非常综合性与复杂性的古典主义，那形神具备的艺术使我不断向前发展，梅兰芳的艺术成为我在这时代所产生的重大启蒙。他与齐如山所奉行的京剧发展不是一个传统模式的建立，而是不断行进的传统，没有时间的分隔，只要我们继续，这个艺术形态就可以实现当代的神韵。

黑泽明

日本电影的文风、画面具有极致与平面化的形式感,造成一种如浮世绘式的美学张力,色彩浓烈鲜艳,带有强烈的象征意味。

当我还没进入电影这行的时候,黑泽明早已如日中天地制造着他的电影与文化角力,他以贯通中西的形式手法,从莎士比亚的创作中获取灵感,又在日本传统中找到神韵,创造出新的形式。看过黑泽明的艺术之后我念念不忘。他是形式主义的大师,可以在有形中显现无形的力量,是传统艺术所呈现的空悬力量。他选择了西方的戏剧张力去撞击日本传统文化的虚拟,产生了意在言外的强大表现力,深入了强烈的日本文化的精髓,贯彻能剧与歌舞剧的美学。大多数的作品之中,他都使用了西方的管弦乐,采取这种情绪张力的动感。西方的音乐结构有强大的矛盾与变化的动力,以及强大的情绪动力,东方与西方的精华在他的作品里实现了完美结合,并且实现了莎士比亚与希腊悲剧的人性讴歌。

他给我的震撼与希望,在于怎么可以把传统的文化,复兴于当代。20世纪八九十年代的最后阶段,电影艺术能产生的最高状态，在他的电影《乱与梦》中表露无疑。不断尝试是黑泽明的座右铭，心思单纯也是他的主要动力。艺术是一个无底的深潭，只要具有艺术家的勇气去探索，就会不断产生冲击与回应。黑泽明的艺术鼓舞了我内心对东方文化深刻的回应。日本电影的文风、画面具有极致与平面化的形式感，造成一种如浮世绘式的美学张力，色彩浓烈鲜艳，带有强烈的象征意味。他的画面风格可以对应西欧后印象派的种种，而后者那种画风的冲击力正在受到当时的东方艺术与日本浮世绘美学的影响。西方著名的画家包括梵·高与高更都受到过浮世绘的启示，带着日本对西方的影响而发展出后印象主义。这种文以载道的理想主义风格的体现，却在20世纪70年代被日本的大岛渚所攻击。

20世纪60年代法国新浪潮的电影也进入了我的少年视野，它们在我心中形成了一个完整的网络。在电影领域，费里尼与黑泽明有异曲同工之妙，他们都对传统做了大部分的重现。费里尼电影中的疯狂、奇特的行为模式与大量冗长的对白，铭刻了他电影中的奇异色彩，但又有其洗不掉的意大利传统的味觉。到了《末代皇帝》中，贝托鲁奇把意大利的品位植入中国的文化中，产生了一次奇观一般的惊艳。这些例子都引发了我对传统的迷失做出大胆尝试的欲望。

李小龙、梅兰芳、黑泽明，那种虚拟的东方力量对早期的我产生了非常深厚的潜在影响，是我永远有底气去探索形而上的动力来源。

徐克

> 我很喜欢他，他个人魅力很大，讲话很幽默，很快就能吸引所有人，他很有想法，对气氛把控得很好。

我早期一直希望当一个画家，后来在哥哥的影响下，我的愿望变成了当一个潇洒脱俗的摄影家，但最后都不如得到一个特别的机会，人生的际遇真的不可预料。在参与《英雄本色》的拍摄时，我是剧组里的生力军，不太熟悉当时电影圈的人事关系，事事求真的我，有时候找人去搭景时会遇到被醉眼惺忪的场务呵斥的尴尬。

那时，我还在香港理工大学摄影系念书，画画得了很多奖。徐克导演正四处密识年轻动力，加入他的电影工作室。徐克是一个很有开创性的导演，他拍过《蜀山：新蜀山剑侠》，我们年轻人都很崇拜他。他在中环一间很小的办公室里办公，那时，除了几个有经验的人，什么都没有，一些电影的剧情也是在拍摄进行中持续地编出来，但是因为他以往拍出来的电影有非常好的效果，所以他找我的时候我很兴奋。他不断观察新生代的香港生力军，从中找寻合作的对象，一方面给年轻人机会，另

182

外一方面又可以在有限的资源中发挥更多的活力，这是香港当时的一种强烈的创发力量，我就这样进了剧组。进去的时候，我给他看我刚得奖的画，他是很直接的人，他喜欢就喜欢，不喜欢就不喜欢，他称赞道："好得意的男生。"后来他还想让我跟他尝试做他出版的连环画，谈了好多他有兴趣发展的计划，但一切都是等待之中，随后，他安排我帮助吴宇森筹拍《英雄本色》。

当时香港电影在转型，那一组人都是在转型奇迹中偶遇这个作品——张国荣刚刚出道，周润发有"票房毒药"的称号，吴宇森已经很长时间没人找他拍戏，最贵的是狄龙，但是也已经走了很长时间。《英雄本色》的时代，美术指导在此前也没有那么多这类工作，大片厂的电影制作都是使用经验丰富的道具师，而且拍摄的都是古装片。到了20世纪80年代，以当代为背景的电影才不断产生，那段时间被视为香港电影的新浪潮时代。当时，具有香港意义的电影工业上其实都是初级的起步。外界一直有种说法：香港人拍电影是没有完整剧本的。吴宇森拍《英雄本色》同样没有，他想出一个景让我画出来，大家商量可以了就去搭。这边在搭景，那边就开始改动剧本，很多台词都是这样商量出来的，比如"不要用枪指我的头"和"我没有当大哥已经很久了"。

徐克是新武侠的代表人物，他的作品有一点儿烧脑，有一点儿浪漫感。他的电影语言是可以自由发挥的，而且非常强烈，可以凌驾于一切之上，他是一个很有香港特色的优秀导演。当时，徐克的工作室挂名在新艺城旗下，在他那边，我们就像一家人。

那里还有很多其他的朋友，另外一个导演章国明也在现场，我们还去了新艺城，这成为我初入行的记忆。

我个人比较倾向那种比较深层的、文学性的东西，有可能没有那么好玩，但是文学气息更吸引我。所以《胭脂扣》一类的文艺片我都比较喜欢，而且我想找的电影语言也比较像 20 世纪 60 年代法国新浪潮那种很创造性的神秘感觉。后来拍完《胭脂扣》，我就像找到了更适合我的电影类型，开启了深入电影语言的探索，走了不同的路子。

我跟徐克之间有距离感，但他又很亲切。当时，他很多时候都会提示我，什么能做，什么不能做，是家长式的讲法。我很喜欢他，他个人魅力很大，讲话很幽默，很快就能吸引所有人，他很有想法，对气氛把控得很好。

我对他有着特别的感恩之情：早期他引领我，但我们两个人的做事风格不一样，最后就走了不同的路。后来我因为吴兴国的关系又与他合作了一部舞台剧，莎士比亚的《暴风雨》。徐克在这部舞台剧中当总导演，那时候他给了我另外一个感受，但是侠义精神一刻不减，就好像他一直在帮助自己欣赏的人去做他们的作品，包括胡金铨与吴宇森。表演的当天，吴兴国从台上摔下，身受重伤，徐克一直在吴兴国旁边守候。

他是对自己的所作所为有强烈情怀的人。

吴宇森

吴宇森在《英雄本色》片场爱穿雪白的衬衫,至今不变,经常一个人沉默地抽烟,有点儿酷酷的。

《英雄本色》是我第一次参与的电影项目,但我没有什么压力。当时我一直在学摄影,一心投入在自己的作品上,不太清楚电影是怎么回事。我那时候就是去看看,没有抱很高的期望。徐克很喜欢尝试新形式的东西,我这才有机会参与到制作中。其实他们这个电影制作组合已经合作多年,有非常深厚的默契,也有一套心照不宣的工作方法。那时候,作为新人,而且是新的职位,我一直在找寻自己的空间,而徐克与吴宇森非常支持新人,于是在电影中我可以做自己喜欢的东西。

周润发"小马哥"的经典形象跟吴宇森的情怀有关。吴宇森的师父是著名导演张彻,很有武侠情怀,拍了很多邵氏武打片,都是香港武侠电影的经典。吴宇森一脉相承,他一直想拍武侠片,但当时拍枪战片、警匪片的市场更大,武侠片没办法拉到投资。他低谷期的时候,有八年没有拍戏,是徐克帮他度过低潮,找到一个东山再起的机会。低潮期很辛苦,吴宇森也不太讲话，就一直在看，他想拍的东西人家觉得有点儿像"过时"的武侠片，后来他处理所有人物讲话的气场、走路带风的状态都有武侠片的感觉。徐克与他就想用一种鲜明的手法，把黑社会的形象改变成优雅的绅士形象，其实就是古代的侠客，我们这才推算出那个风衣的设计——穿着风衣走路的时候衣服一飘就很像武侠片里的大侠，周润发的黑风衣，就是大侠的长袍。吴宇森就是这样把文人情结、英雄主义、侠义精神用在他的电影里。侠义精神也是全片探索中呈现的末路英雄的形象，时代不再给予这些重情重义的高尚人格呈现的机会。这些无形的东西比有形的东西更可贵，所以这部电影一下就把所有香港人都吸引住了。

《英雄本色》这部电影对我最大的意义是吸引我去做电影。我之前其实帮一些朋友做电影布景或者画图，之后因为我拿了一个大奖，徐克就找我谈了好多项目，不止《英雄本色》，也有别的，但很长时间都没有落实，他就叫我去先拍一部电影。

吴宇森在《英雄本色》片场爱穿雪白的衬衫，至今不变，经常一个人沉默地抽烟，有点儿酷酷的。他是那种人文主义、侠义情结浓重的人，又浪漫，所以才会拍出在日本餐厅那场戏——周润发一个人手持双枪，没什么逻辑。当时我们都觉得新奇，一个人两手拿枪，子弹打不完。要知道人是不可能双手开枪的，因为枪会跳，一定打不准。周润发拍那场戏很累，空包弹的后坐力很大。那些群众演员更辛苦，他们需要拿一个小铁片挡在胸前，附着一小块火药，"中枪"时那块火药会爆炸，很疼。那场戏拍了很多条，大家叫苦不迭。

186

吴宇森那时压力很大，因为很多年没拍片了，却忽然有个不小的制作交给他，不过谁也没想到后来那场戏最受欢迎。这部电影走出了国门，昆汀·塔伦蒂诺在他的《落水狗》剧本前页致敬了吴宇森和周润发，后来他也穿过周润发在电影里穿的那种大风衣。

吴宇森是一个心地善良的人，他每部作品的结尾一定是往好的方向发展，所以他会在电影里使用白鸽。他用白鸽表示武侠片里面快意恩仇、潇洒豪迈的感觉，他的电影永远讲情义，特别是兄弟情。他的暴力美学也是表现兄弟情，想传达一种"在最艰难的境地，仍保留一份真挚"的情感的理念。他的电影都很有感情内核。

当初吴宇森在好莱坞发展后第一次回国与我谈合作，我们非常郑重地思考重新合作的所有过程，希望达到完美的效果。我们在《赤壁》开拍之前就已经有三年时间的接触，后来还在中间加拍了一部叫《桑桑与小猫》的短片参加意大利影展。因为和吴宇森惺惺相惜，那时候我便想再与他合作筹拍一部梦想中的电影，一部有关"三国"的电影。

《赤壁》是我与吴宇森合作的第三部电影。《赤壁》当初有一个换角的插曲。周瑜的饰演者原定是周润发，后来换成梁朝伟，我们后面有一年都在协调时间，所以就有很长时间做研究。我们画了很多气氛图（也叫概念图），气氛图就是我在正式拍摄之前，绘制出整个场景的空间表达、建筑样式、道具陈设、人物造型等，让摄影师、灯光师、道具组等所有人都清楚这个电影的风格、细节和场景的调度，这变成了后来中国电影制作中很常用的方法。那段时间我们试图还原整个三国时期的感觉，因此全力以赴地处理细节，也加入了吴宇森比较史诗、浪漫的想法。

《赤壁》是一部吴宇森表达"三国"情怀的重要之作，刘关张的"桃园三结义"就是兄弟情怀最深刻的体现。当时我跟他一起研究了一年时间，了解三国的方方面面，重新建造了一个三国时代的室内场景。对生活细节进行全面研究，复原其中规模最大的战船军营，都是我们这个电影中的重大建设。加上精细缝制的三国时代的深衣，重新创造男人气质的武士文装，我们同心协力地完成一部三国电影的真实感与浪漫情调。所有的场景布置都考虑到吴宇森的拍摄方法，以达到其中的统一性。《赤壁》是我重要的艺术作品，是中国电影中非常大的制作，场面浩大而庄严，既写实又充满戏剧性，火烧连环船的场景，我们共同搭了三组同样大小的战船，使电影中的每一个环节都得以表现出来。

林岭东

林岭东说话时表情丰富，烟不离手，具有非常强的感染力。

林岭东是香港十分有独特风格的、代表性的动作导演，20世纪七八十年代的香港电影有点儿狂热，各种天才导演都各有千秋又自成一格，大家用命去博，换来生存的机会，很多工作都没有正式规矩，可谓各施各法。我参与的第二部电影是林岭东的《龙虎风云》，我是执行美术指导。有一段停车场的追逐戏，拍摄前一天林岭东就带着剧组相关工作人员走到停车场，在他还没时间去想清楚自己拍什么时，就已大步地走到墙边，往下看了看，然后点着旁边一个人："你，从这里跳下去。"我就看到那个人二话不说地从四五米高的停车场二楼跳到地上，竟然没有伤痕，林岭东看他落地没什么事，"好！再来一遍！"那时候拍戏就是这样，三四层楼高，没有任何保护，说跳就跳，我都不知道为何他们跳下去腿也不会断。但是因为拍戏受伤或者残废的，也都是常有。

他们讲究的是节奏与豪情，不惜一切地为朋友卖命，为自己的价值观牺牲，都是在于那种激烈的状态，带着英雄气质做动作电影。林岭东说话时表情丰富，烟不离手，具有非常强的感染力。他十分有魅力的性格一直是他让我印象深刻的来源，虽然他已远去，但我仍然会很容易回忆起与他面对面谈话时被直接冲击的感受。

李碧华

> 她身上那种不服气又非常感性、非常强烈的内在特性,与我向往的世界结合得很好。

我认识李碧华是从《胭脂扣》开始的,她知道我喜欢摄影,希望我可以帮她设计她小说的封面,就这样越来越熟。她像可可·香奈儿一样,长期住在自己喜欢的饭店里。她有很特别的气质,从来不喜欢出镜,一头长发,讲话十分快速,机智而幽默。

她是香港少有的才女,作品扬名国际,叱咤风云了半个多世纪,持续地影响着中国电影的发展。无论任何时候,只要是她的作品,都能在当下引起共鸣。

在李碧华创造的重要时刻之中,《霸王别姬》应该是她的重中之重。那时,她邀请我一起到北京参与张国荣版的虞姬的试装仪式,由于对京剧的好奇和对这部电影的期待,我亲临现场把整个过程拍摄了下来,这亦成为我摄影作品中的经典之作。

陈凯歌知道我是做美术的，会和我在片场聊天。那时中国大陆电影的美术还是偏写实风格，有着一个长期累积下来的审美状态。得益于李碧华的邀请，再加上与张国荣合作《胭脂扣》时已经跟他很熟，所以我拍了很多他的照片。我的摄影集《凝望》的封面图就是那时候拍的照片，我还抓拍了张国荣正在扮虞姬的照片。通过这些照片，张国荣在试装中的"风华绝代"展露无遗。陈凯歌、张丰毅、芦苇都是那时候认识的，我们一起走访梅兰芳的故居，场面让人难忘。

其后我跟李碧华有过几次多方合作，包括关锦鹏的《胭脂扣》与罗卓瑶的《诱僧》，每个创作者都拥有非常强烈的自我世界观，也让我拥有非常强烈的合作意愿，合作后他们又十分支持我的艺术表达。李碧华个性强悍，她的语言很美，而且有一种妖异感，《诱僧》《胭脂扣》都是改编自她的作品。她的想象力有一点儿暗地里的野。她身上那种不服气又非常感性、非常强烈的内在特质，与我向往的世界结合得很好。李碧华很猛，罗卓瑶也很绝对，大家都是这样的人，最终共同把《诱僧》推到极致。

《胭脂扣》是我所接触的第一部文艺片，遇到《胭脂扣》的时候我很年轻，对电影没有太多经验，因为《胭脂扣》，我才知道，原来时间是可以重新搭建起来的。当时我在香港唯一的电影杂志《电影双周刊》主持人物的专栏，关锦鹏的工作人员看到我的摄影，希望请我去做剧照的拍摄，后来因为我在《英雄本色》的工作内容，他们邀请我继续加入美术组执行服装设计的工作，如此我身兼两职。那段累积电影经验的历程，让我慢慢地累积了对电影的浓厚兴趣。

当时大众对张国荣和梅艳芳的电影都不太熟悉，梅艳芳只拍了几部戏，大家还不知道她后来能演得那么好；张国荣也是刚刚被人注意到。给张国荣做造型的时候我发现他简直是天生的演员，他一扮成"十二少"，就立刻让人觉得非常温润、柔弱，同时又非常纨绔、颓废。

梅艳芳不是百分之百的漂亮，但我们尽量把她的形象做得很神秘，设计一种介乎古代和现代之间的平衡感。她眼睛的妆也是平衡地做出这种中间性，不是完全的古典妆容；她的服装是带有时髦感的古装，或者说现代人穿的复古服装，古代衣服没有现代衣服那么舒服，我们故意保留那种不舒服——女人穿着旗袍，自然会挺腰，不会太松散。这些东西能让人产生好像回到那个年代的感觉。

在我看来，那个时候的张国荣是最有魅力的，在拍摄《英雄本色》的时候他还给人偶像派的感觉，到了《胭脂扣》时就是个理想的古典美男子形象了。张国荣在片场完全没有架子，有一次他一早就来化好了妆，换好戏服，结果梅艳芳肚子痛迟到了，让大家等了四五个小时，但他没有一点儿不高兴，就坐在那里等。梅艳芳来了后，他还一直陪着聊天、安慰。张国荣这个人真的很好。

在《胭脂扣》的筹备时期，我深深地震撼于那种 20 世纪 30 年代的气氛，我们走遍所有古董店，疯狂地收集电影里需要的道具，辨认不同年代的东西。时间像一条河流一样，摆放在我们面前，我们筛选出不同年代的道具，加以分别，把适当时间的归在一起，把错乱的空间重新组织起来。在这个作业里，我们所做的其实是时间的重新组合。

在做场景的时候我们也很看重材质，找回以前的各种细节，当我们都能做到一丝不苟时，这个空间就会很像一个真实的博物馆。这个过程使我相信电影可以重新建立每一个细节，即便不能重新回到这个时空，但是可以在一个特定的范围里，把属于这个时空的内容凝聚起来。年代的氛围其实可以被阅读和感受，当场景变得越来越真，就会散发出更多各种时空的东西。

我开始明白每个时代都有不同的展望，香港有很多以前的老上海人，他们的讲话方式很悠远、古老，看到他们就会让我对以前的事情充满想象。在这个近五十年时间跨度的故事里，我找到了广阔的创作空间。当你认真把细节做足的时候，可以重现某一个时空，并将自己拽入此前从未去过的世界。电影就是这样奇妙，让人产生敬畏感，这种力量让我相信电影是有价值的艺术。

我觉得电影里有趣的是人和空间的关系。现在的我们，感受到的大多是西方的东西，这与中国传统的东西融合了多少？我们现在一直在找寻的东西是什么？比如，一个西方人坐在现代房子里，跟一个东方人坐在现代房子里有什么不一样？好多东西深刻地影响着我们，但我们不能清晰地说出来，只有真正在真实的空间里生活，真正跟人交往才能感觉到。

时间是那么奇妙地转化着我们，此时存在的东西并不属于我们，因为过日子习惯了这个东西，就已经成为一种向往的事实。我们向往一个他方的世界，时间已经很久，久到我们想谈及与找寻原来的某种痕迹，这种痕迹已经在周围的环境里逐渐消失最后的踪影。其实这是我在做《胭脂扣》时最深刻的感觉。

现场感一直是我对所有艺术媒介的一种向往。这里产生了一种虚拟的力度，是从写实美学的过度铺陈而产生的，它制造一种现场感，进而产生一种时空重叠的梦幻感觉，是幻想的领域，却好像一种真实的感受。当我们去了解不同信仰、不同民族、不同国家的时空时，不能只以概念去认识，因为在现场的细节里面有非常多的波纹，这种波纹很难在一个描述中带过。但是如果我们在现场，就可以被这种令人震惊的细节所感染，产生一种更全面、更多维的感受。

电影虽然是一种感官拆开的综合性艺术，声音跟影像有时候是分开进行的，有时候配乐也会影响它的真实性，我们处于一种有距离的观赏状态，但是要做到一个死亡的现场、死亡后的世界，这种现场感不太容易达到。此外，还要制造一种灵魂的状态，灵魂的状态不只是演员需要表达，而且整个空间都被包容其中。我们去尝试感受观众切入的角度，不只是因故事中的铺排而身处其中，还要在创造现场给观众同样身在其中的感觉。这需要《胭脂扣》这种电影的写实性，才能真幻重叠在一起，成为令人震惊的电影力量。

我在《胭脂扣》的摄影，到了今天仍然是我摄影生涯中的一个荣耀瞬间，张国荣的一个照片，永远成为一个时代的印记。那是我对摄影痴迷的时代，那个时代的底色，到了今天仍然不会褪色。

关锦鹏

他拥有属于自己的电影的独特视觉与拍摄热情，我入行早期就能参与到他的作品中对于我而言是十分重要的经历。

喜欢关锦鹏源自他的电影《地下情》，之后我就开始参与他接下来的电影时代。从《胭脂扣》一直到《人在纽约》，再到《阮玲玉》，那是关锦鹏电影的最好时光。他拥有属于自己的独特视觉与拍摄热情，我入行早期就能参与到他的作品中对于我而言是十分重要的经历。和关锦鹏在纽约拍《人在纽约》时，美术指导仍然是《胭脂扣》时代的朴若木，我们把纽约设定为一个带着离愁的城市，所有东西都呈现黑白状态。虽然我们是用彩色的底片拍摄，却有力地控制了所有场景都呈现黑白的状态。当时是我拍电影的前期，有一种超乎常人的专注。有一场戏，我们想找一个完全黑白的真实场景，巧的是，纽约街头真的有那样一个地方，那些建筑不是黑就是白，只有一间旅馆是红色的，我们就定好在拍摄那一天，找辆汽车把它遮住。结果到了开拍那天，那辆车没来，所有人都没办法，我就说："去把那个楼涂黑。"副导演是当地人，说："这是美国，你们不能这样做，会接到天价罚单，被人告会坐牢。"所有人听了都站着不动，我就自己拎着一罐油漆开始刷。当时剧组找了很多学生做兼职，他们看我动手了，都一拥而上，很快把那个楼刷成了黑色。那个楼主后来下楼来，看我们在拍戏，还跟我们聊天。看了一个多小时才发现自己的楼被涂黑了，赶紧把导演、制片都叫去谈判。不过最后那事处理得还好，给人家恢复原状，交了五六百美元的罚金了事，但是电影的统一性得以完成了。

又有一次在张艾嘉所扮演的角色的房间里——制片人在纽约租了一间仓库似的公寓，听说房主是一个搞艺术的作家，我们用他的房子拍摄，就是因为他的房子充满一种黑白的调子，我们只要把一些多余的物品和颜色拿掉，再加入一些新的家具，以完成这部电影的统一性。但关锦鹏选景时没看见整片大墙上都是书本，我在现场有点儿目瞪口呆，因为时间紧促，我就下意识地想办法演出一场魔术的变幻效果。我在二十分钟以内，把整个书柜都变成了黑白色，包括房主的唱片柜，全部看上去没有颜色，合乎我们的标准。由于我们这种执着与坚持，电影出现了一个完美的观念创作，拿了金马奖，而房间的主人，因为书本被重新摆放而抓狂。电影有时候是一种疯狂的艺术，在20世纪80年代的电影里面，这种电影的狂态，在艺术执行与实际操作上成为一种强烈的对比，产生了那个年代的电影人跟当代电影人的严重区别，当时的电影人看待电影比一切都重要，这是曾经走在前线的记忆。

维姆·文德斯

> 电影可以窥探人间，对世界做出贡献。

站在柏林标志性的、最高的建筑物上，天使每天静默地守候着人间，他们能听到每一个人的心语，他们可以飞越空间到达每一个细小的角落，听到所有的人间疾苦，个人纠结在心中的呓语，他们无法改变的，只有陪伴。这种情境引发我对摄影的浓厚兴趣，我站在真实的旁边静静地观察，在出时间的空间进入了入时间的世俗，也影响了我对时间哲学的兴趣。在纽约居住的一段时间内，我一共看了五次《柏林苍穹下》，连艺术电影院的售票员都认识我了。我当时对的电影结构非常入迷，看了之后好像我能确定这一辈子只以电影为业。除了《柏林苍穹下》，维姆·文德斯（Wim Wenders）还有《德州巴黎》，也让人一看难忘。

他能看到生死更迭的循环，在永恒的实践之中，找不到任何落脚之地；他也看到人间聚会的迷乱，一个不断钻入黑洞的旋涡。我总是在他的作品中感受到冷冷人间的温暖——天使每天陪着人类，看到人类遇到的困惑与灾难，产生了怜悯之心而放弃天使的身份，流落人间。他能拍出灵魂飘浮想象的感受力，这增强了我进入电影圈的决心——电影可以窥探人间，对世界做出贡献。

后来在北京工作期间，我终于有幸遇到他。我们都穿着山本耀司设计的衣服，他曾经为山本耀司拍摄非常有名的纪录片，影响了后来纪录片的流向。我向前给他一个拥抱，是那么自然的事情，好像认识了很久。他的电影与我的记忆，可能已经变成了现在的精神食粮的源泉，我继承着他的意志，他的意志让我在心中永续发展自己的内在心象，并产生了宏大的意向。

邱刚健

他是编剧界的鬼才，
但可能没办法与时代妥协。

对我来说，邱刚健是一个重要的启行者跟同行者。他的风格独特怪异，又充满古典意味，让我想起很多经典的怪异文学带给我的冲击力，如萨德文学。萨德文学有着独特的群体性语言，其创作者以血淋淋的叙事风格表达他们的一种骄傲。他们的细节也产生非常暴力的、挑衅的风格，充满20世纪60年代法国新浪潮特点。比如，意大利导演帕索里尼的电影《索多玛120天》，用各种隐喻与象征的表现手法，挥洒个人文学才华的魅力。

邱刚健有着复杂的两面性，既可以严肃批判，也可以浪漫奇特，他以前担任过《投奔怒海》《胭脂扣》与《人在纽约》的编剧，又担任了奇异如《唐朝绮丽男》的编剧和导演，是我在电影圈里真正比较熟的朋友。我们是在拍片的不同职位慢慢地熟悉起来的，谈过很多共同喜好的艺术家的作品。他很早就对我的创作非常有兴趣，因此他在筹备《阿婴》的时候就请我来当美术指导。为这部影片，邱刚健、关锦鹏集合了蔡康永等人一起制作《阿婴》，由刚拍完《倩女幽魂》的王祖贤主演。这部戏的制片人是周乃忠，他让我放手实验自己的想法，于是我在《阿婴》里用了很多超现实的表现手法，算是真正有我的风格的作品。

当时我很多想象的世界都来自欧洲的启蒙，后来又实践在一次欧洲的旅行中。那一年我得到母亲的支持，精打细算地设计行程。那一次旅行非常艰苦，我能睡在火车上就都睡在火车上，最多住青年旅社，还曾经住过乞丐、流浪汉的避难所。我依照艺术史的轨迹沿欧洲走了一大圈，看到那些神往已久的东西。去欧洲之前，总会有一种想象，待到去过、看过，我感到与那些艺术作品有一种莫名的连接，好像在精神世界的某一个角落，有一种强烈的熟悉感。每当我对这些艺术作品充满感觉，就会一厢情愿地把它们看成自己的作品，又翻天覆地地去收割。在旅途中看到的作品，都成了我的经历。这种自我陶醉有点儿认真，我正在测试这些东西跟我的联系，因此就把一切深刻的感受转向内在，用漫长的时间去感受它们的脉络，并在之后的创作中不断地显现出来。

我回到香港之后的一段时间比较失落，因为在欧洲积累了大量的东西，回香港之后并没有机会去实现。所以当邱刚健、关锦鹏找我拍《阿婴》的时候，我毫不犹豫就答应了，就是因为那种神往的情结。那一段时间我很叛逆，什么都不做，在咖啡厅十六块钱买一杯咖啡坐一整天，遇到其他同样的美术指导便天南地北地聊上一阵儿。有人找我拍片，一看是商业片我便理也不理。父亲一直催促我去找一份正经工作，只有母亲暗中支持着我。经济状况最不好的时候，我就跟大哥或小妹借钱，一次一千块钱，够我生活一个月。我要等到属于自己向往的作品才进行新的创作，因此工作的进度一直不够理想。

戏剧性的是，由黑社会投资的《阿婴》，最后也毁于黑社会。当时两个公司对峙，两方老板都有黑社会背景。我们在里面搭景拍戏，外边两家就开始谈判。整部戏最大、最贵的一个景，中间有棵怪树，还有漂亮的假狮子、假老虎，很有舞台感，我们用庞大的精力去搭建的场景，只拍了两天。到第三天再去片场，发现整个景已经被烧掉了。当时邱刚健一屁股坐在地上，我们没有任何办法。最后，电影还是十分艰苦地完成了，但我们回归自己的地方后，电影又沉寂下来。

《阿婴》是一部风格强烈又带着诡异气息的实验电影，画面与动作充满想象力，产生了独特的电影氛围。邱刚健不断挖掘人性的黑暗面，将文学的诡异性转化成一种幽暗的时间，直接让《阿婴》这部电影弥漫着一种诡异的气氛。他的美学风格引发了极大的争议，完全脱离了一般的轨道，每个角色都充满了隐藏的阴性，汇聚成一种不可救药的旧社会腐败的人间模型，即便在20世纪60年代，他这种风格都是独树一帜的、异色的存在。

《阿婴》制作完成之后，邱刚健消失了很长时间。不过，在《阿婴》上映之后，好多人开始认识我，觉得这个年轻人有自己的风格，并且很强烈，这种人日后要么成，要么败，没有中间的路了。

此后我跟邱刚健有着数十年的朋友关系，我们不时在不同的地方碰面，他很了解我的动向，大家也结交了很多共同的朋友。他仍计划不断，可是很多都没办法实现。他是编剧界的鬼才，但可能没办法与时代妥协。越来越商业化的社会，没有给他更多的宽容，渐渐地，他就变成一个文人墨客。邱刚健的辞世，是拥有浓厚味道的、异样才能的香港电影人的损失，我十分惋惜。他是能把握住民族文化巨大阴影的创作者，可惜的是，晚年的他一直没有办法完成一些比较有影响力的大作品，这是中国电影界的遗憾。

罗卓瑶

> 在女性主义的角度上,她非常大胆,尤其是对性的描述。

罗卓瑶是个十分有魅力的小个子姑娘,年轻时被戏称为"最美丽的女导演",但是她的气场非常强大。开始合作之后,我们很快就在艺术上充满默契,她非常相信我的想法,让我充满信心地创作。在女性主义的角度上,她非常大胆,尤其是对性的描述。她大学毕业于香港浸会大学,是20世纪八九十年代少有的才女,他与丈夫方令正合作无间,互相担任新电影的导演与监制工作,拍摄出一种拥有独特思考能力的女性作品。

初次看到罗卓瑶,源自我们在一起商讨拍摄《秋月》。她的导演风格是对形式美有严格要求——语不惊人死不休的感觉。《诱僧》是我和罗卓瑶的第二次合作,主要内容是描述石彦生从大将军转化成得道僧人的故事。故事发生在唐朝,我采用七种颜色的变化去架构整个电影的强烈美术风格,呈现一种现代与古典的撞击,产生超现实的氛围。

《诱僧》的拍摄时代非常早，当时还没有很多香港电影在中国大陆制作，罗卓瑶勇敢地克服了这一关。演员方面，本来是一个很有名的中国大陆演员演石彦生，后来因为当年合拍片的关系，需要换成一个台湾演员，我当时就找到吴兴国——《封神》第二部里他饰演闻太师，他年轻的时候非常帅，曾经在徐克的电影《青蛇》中饰演许仙。找他来演《诱僧》是因为我之前见过他，当时我将一把比一般剑长了很多的剑交给他，他下意识地就自然地摆弄起来，变出他的玩法，我觉得他可能适合《诱僧》。

这部戏因为吴兴国的加盟，我创造了很多细节，让整个调子都跟他的戏曲背景有关。这需要角色有非常强大的表现能力，这都是因他而生的条件。在画面的空间上，我们用了强调色彩的处理，就算是一个辅助性的角色，都会变成我的画布，比如石彦生的五个随从就有五张不同颜色的脸。《诱僧》给了我很大的空间，我把德裔法国画家、雕塑家马克斯·恩斯特的超现实主义艺术与中国传统神话形色结合在一起，制造出那些有精神内涵的情景和奇异的服饰。因此，我在颜色与形式上都是非常大胆的一次实验，用了大量的象征主义的手法，如克里姆特（Klimt）的金色——这颓废的精神与装饰华丽的情境，让金色成为一种死亡的绝色。那金色相对一种无限透明的蓝——片中那些蓝色的纱巾与衣服，衬托着陈冲的另外一个身份。陈冲最后剃了光头，周围是一整个灰蓝色的气氛，给人很大的视觉冲击。

拍摄《诱僧》的时候，我钟情于中西合璧的大胆创作，使用了很多强烈的对比手法，用颜色来固定电影的七个结构，脸谱化的造型加上京剧艺术的想象，我在这方面的创作吸引了吴兴国。他邀请我到中国台湾，参与创作他的年度舞台剧《楼兰女》，我的前卫想法因而得到了更大的舞台，我与台湾的十年缘分就此开始。

有时候我的想法很大胆，罗卓瑶全都支持，我很幸运在这时候参与她的电影，我想这是她最敢作敢为的时候。后来她回到澳大利亚，进行她之后的国际创作，再去香港创作的机会就变少了。与她的合作赢来了我人生中的第一个金马奖，同时，强烈风格的确立，使我在这条电影的路上开始走得更稳定、向上。

其实，《诱僧》是一部中国文人明志的电影，同时，它也讲人心变坏的缘起——白的变黑的，是非颠倒。现在想起来，那个时代拍出那样的片子简直不可思议。那部电影为我带来了不错的名声，也为我打通了前往台湾的路。

吴兴国

> 我的挚友吴兴国,他是一个让人过目不忘的优秀艺术家,一个终生不止的创造者。

我在做《阿婴》这个项目的时候见过吴兴国,当时希望他来演其中一个角色。剧组邀请他来试道具,并想看一下他的打戏风格,我对他的表现很满意,但因为他的档期不行,我们只好找另外一个演员。

拍《诱僧》的时候有人提起他,说他很有个性,但是每个人都说他很麻烦,连罗卓瑶都不敢去见他。我对他有印象,然后就答应代表剧组去见他。我带着自己的设计本去了——以前没有电脑——都是一本一本的大型拼贴的画册,给他看我们做的东西。因为那时他在筹备自己的剧场作品,一看到我的东西他就"疯"了,第一反应是说:"你可不可以来帮我做我的戏?"这就是我们第一次的交流,他看到我便无话不说,一见如故,第一次见面就聊了四五个小时。与预期不一样,每一张细小的图他都有非常多的交流,都是他十分熟悉的事,他知道每一个影像的表现力,都能给予表演上的支持。第一次见面，我们已经成为朋友，再后来我们就慢慢地变成情深义重的莫逆之交。

拍完《诱僧》之后，他马上邀请我参与《楼兰女》的制作。《楼兰女》是当时一个非常重要的舞台剧。吴兴国把"莎士比亚"元素加入京剧之中，因为"莎士比亚"讲的是人性冲突，而京剧里几乎没有，所以他必须把京剧改编得拥有"莎士比亚"灵魂的戏剧张力。他们的《欲望城国》改编得非常成功，其实就是《麦克白》的中国版。吴兴国用京剧的形式融合了"莎士比亚"，慢慢地把京剧演成一个个具有攻击性的、有棱有角的作品。这在那个时候是震惊舞台界的。

吴兴国结合理想，让这次的主创团队加入了很多优秀的台湾精英。我参与他们的第一次创作，负责服装设计，由聂光焱负责舞台、许博源负责音乐，再加上魏海敏与吴兴国同台演出，于是《楼兰女》成为台湾剧场界的焦点。

在他们的排练场，一群京剧演员试穿我设计的衣服，奇特的剪裁使有些人十分兴奋，有些人十分不适应。可能是这种创新必须有需要面对的问题，大家都努力合作地公开讨论，把这些东西做到完美，这也使得《楼兰女》的服装造型很适合吴兴国提倡的理念——把京剧变成当代剧场。他们每一个人都是拥有良好的京剧训练、在戏班长大的京剧演员，全都愿意为我们的服装产生新的表现形式，这使得集体的大胆突破顺利完成，这就是吴兴国一直努力的方向。他是绝对的传统出身，虽然他说以前的戏很好，但感觉还是比较传统。新的创造让历史中的一切焕然一新，可以从更多的方向延伸下去变成未来的剧种。

当代传奇剧场虽然在台湾已经有一定成就，但实际上做有创新性的内容还是很费劲，很辛苦的。他自己独木难支，好在太太林秀伟几十年来一直支持他。作为现代舞蹈艺术家，她与吴兴国一直互相扶持、互相鼓励。吴兴国要做舞台剧，只能自费承担所有的创作费用，他是全心全意做自己事业的人。记得我第一次去台湾访问他与舞团时，他在我面前哭了半天。对于他自己的艺术，他是一个不可多得的天才，但刻苦勤奋的内在性格中，又可见他是一个很有感情、很有意思的人。艰难中，由他太太带着一批当代舞者，加上几个厉害的京剧人，完成他们的戏。他在研究京剧舞台作品创新方面的贡献，是令人动容的，仍然能发展自己纯粹的经验。

我跟吴兴国曾去韩国做过唱剧，韩国国家剧院团队中最高一级的演员都来参与我们的戏，我看见每个韩国人都在学京剧，把他们从一开始什么都不懂的京剧"盲人"引导为能掌握唱、念、做、打基本功的京剧入门人，真是一次有趣的经历。而吴兴国就是会干这种有意思的事情的人。

我们走过全世界的每一个角落，包括参与法国最负盛名的阳光剧团的特别演出，各种大小的艺术节，如亚维农（Avignon）艺术节、里昂（Lyon）艺术节。在公开场合中，我认识了无数的世界知名的表演团体，以及皮娜·鲍什（Pina Bausch）、罗伯特·威尔逊（Robert Wilson）、朱丽·泰莫（Julie Taymor）、迪米特里斯·帕帕约安努、苏珊·伯居（Susan Buirge）、理查·谢克纳等不少知名的艺术家，汲取了丰富的世界文化的养分，并获得了很多表演的最新技术与想法，这是一种世界大同的人文主义的汇聚。在各大艺术节期间，我们不断演出我们的作品，心中留着同流者的血，感觉十分骄傲与兴奋。他以穿着我的衣服为荣，我也以他的表演成就为傲，我们是一对永远不可多得的同行者，在传统创新的路上，永恒地潜行。

我的挚友吴兴国，他是一个让人过目不忘的优秀艺术家，一个终生不止的创造者。

莎士比亚

> 莎士比亚话剧经久不衰，至今仍是一种流行符号。

西方世界最重要的文化遗产之一是莎士比亚的戏剧。莎士比亚的戏剧从文字开始到音韵产生了空间，再从中发展他的想象力，从世俗人间到虚空的神话世界，人物刻画入味，栩栩如生，而表达的文字又在虚拟的美学中产生新的维度。通过莎士比亚的艺术，可以联结文化的相依性。在莎士比亚的世界里，一切都会融入其中，中国虚拟的道也可以从绵密组织的世界里找到它的结构，产生节奏的自由，这种自由重新回到美学的各个层次，能自由传达出作者内在的梦境，从而完成形而上诗学的再现，继而可以成为创作莎士比亚美学的基础。

莎士比亚话剧经久不衰，至今仍是一种流行符号。很多人从不同角度去理解莎翁的剧作，加入自己的理解、创造。于是，有宏大辉煌的《哈姆雷特》，也有时尚摩登的《哈姆雷特》，有一个人的独角戏，也有体积庞大的舞台剧，他们让文化根源、底蕴生发出更多的分支，让不同的人能在不同的形式中体会传统经典，让经典文化更有生命力。

比如费里尼的电影，把意大利舞台演出方法用在电影里；黑泽明将能剧美学呈现在影片中。我就将莎士比亚贯通糅合到中国文化当中，在舞台剧、电影创作中加入深刻的体会，如电影《夜宴》、舞台剧《李尔王》。莎士比亚是世界文化上的共同语言，是西方文化的一把神秘的钥匙。

我的好朋友弗朗索瓦·吉拉德，他就是一个莎士比亚美学的信仰者与传译者。我跟众多的西方艺术家的沟通，也许可以用莎士比亚的语言，贯通一些东西方的隔阂。英国皇家莎士比亚剧场曾经与我有一个深刻的讨论，希望一起合作。可是阴差阳错，我们错过了合作机会。我踱步在莎士比亚环形剧场，感受着莎翁美学。即便今天，环形剧场仍然每天上演着前卫与传统的莎士比亚剧。在新的制作中，创作者们不断发现新的科技与艺术语言对戏剧进行重新诠释，所以每场演出皆是座无虚席，仍然能引起不断的、广泛的讨论。大家讨论每个剧的传析方法，更新着对莎士比亚戏剧的演绎之法的再发掘，还有源源不断的文化精英以人生历练进行传达。大家思考，是否能沿用中国古典题材如汤显祖的杂剧，推广至各种深刻体验以重新诠释，使中国内在的人文思想能够发扬光大，深入人性的复杂与多样性，产生国际间深刻的共鸣？

林怀民

> 歌剧很考验设计师做服装的功力,我常为演员设计服装,当林怀民看到我的服装设计后,他感受到了强烈的东方意蕴。

在台湾发展期间,林怀民一度成为我的一个引渡者,通过他,我可以找到很多解决传统与现代的艺术语言的构造方法。他的作品《水月》,使用传统气功,作为诱导身体动作的原则,成为他历年来在研究东方身体语言中的成果。他以云门为台湾人的骄傲,在世界上扬名立万,站在世界舞台的第一阵线,并在国际间强烈地传播中国文化,讲究人性、记忆、修行,深入中国的书法与身体的融合。

林怀民区别于其他艺术家的地方,在于他有一种使命感。他一开始在国外念书的时候想做作家,每天去大学学习;回到中国后,他放弃了做作家,而是选择跳舞。我第一天认识他时他就告诉我这件事。决定之后,他回到台湾开始投身于舞蹈创作,带着一群有理想的孩子开始学习跳舞,他执教很严格,好在坚持了多年后,他带领的舞团慢慢地发展出自己的风格。他们一步一个脚印地走出来,所有舞者几乎没有什么收入,从早到晚训练很长时间，非常辛苦。林怀民则是那些舞者的精神导师，一直在鼓励他们。大家都是很优秀的人，整个舞团的人都很严谨、认真地在跳舞，没有混日子的。

我在台湾的时候，林怀民就是一个文化界的大家长，任何事都可以找他，他很乐意在创作上给任何人提意见，帮助年轻的艺术家发展他们的艺术。他为人幽默风趣，事事镇定应变，非常专注于传播能力，就算云门舞集走到天涯海角去演出，他都会陪伴左右。他把人生贡献了给艺术，一心建立一个健全的舞蹈体系，使这种舞蹈精神可以在正确的道路上，传承到未来。

我与林怀民合作过歌剧和舞蹈，他的舞蹈注重展现演员的整体形象，所以衣服会设计得很简洁、用料少，经常是一块布围在身上。歌剧很考验设计师做服装的功力，我常为演员设计服装，当林怀民看到我的服装设计后，他感受到了强烈的东方意蕴。

1996年，我首次在德奥文化环境下工作，也是首次参与国际歌剧制作。当年，奥地利格拉茨歌剧院（适逢施蒂利亚秋天艺术节）首演旅德日本作曲家久保摩耶子谱写的《罗生门》——与黑泽明同名电影源自同一个故事。林怀民负责导演，李名觉负责舞美，我负责服装。《罗生门》是以日本为背景的故事，却是欧洲歌唱家来演，所以在服装设计上我需要让欧洲演员穿出日本韵味。这有难度，毕竟欧洲演员不好驾驭富有东方色彩的服装。

215

那是一个传统的日本故事，但是在当时的格拉茨，他们不太理解日本与中国之间的文化差别。因此，我也要从零开始解释欧日文化的差异——我必须说，格拉茨歌剧院的人员很优秀。相比之下，维也纳歌剧院就保守得多。一年后，我被邀请重返格拉茨参与《特里斯坦与伊索尔德》的制作，导演是鲁兹·格拉夫，舞美设计是很杰出的安德拉斯·岩德尔（Andreas Jander）。导演十分认真，他特意飞到台湾跟我一起讨论工作。

蔡明亮

> 他是一个影像的诗人，用的全是内在的语言。

蔡明亮的电影从头到尾都是在同一个主题里不断重复，数十年同一个演员、同一个家庭、同一个空间，诠释对这个主题的感觉、深度。他身在异乡游历，不属于那里，但是他也不能离开，于是渐渐在一个固定的空间内，产生强烈的漂流感与孤独感。他与李康生产生了一个在他电影的成长中共生的关系，如果这个在电影中永远存在的人和现实产生了关系，而且我们可以接触，他不断重复在真实与虚幻之间，在故事与真实生活之间让我们去理解，那么他就在成为纪录片的感觉的同时也实现了戏剧的传达。

蔡明亮的电影慢慢地衍生出自己的装置艺术、舞台艺术、行为艺术，不断转换着自己的表达态度，带着非常沉重的灰色调子，经历了人间的创伤，在这种无奈感与孤独感中不断引发时间的流动，不断感受空间的变化。对于身体的欲望、对于自然的摩擦，都在他的电影里面细腻地铺陈，人与人的独立与相互的关系承接了他的戏剧冲突。人将会独立面对自己的处境、自己的生命，与自己存在的状态、自己无止境的欲望摩擦——在未来的世界里，或许我们能撇开所有浮华与热闹的气氛下所产生的空洞感。

蔡明亮的电影启示着未来的视觉，平面产生了一个封闭而不可逾越的屏障，让人与人之间无法直接交流。他的作品有着非常浓厚的层次游离的状态，因为有了城市，就有了众多独立的空间，所以人开始处于自我的状态，也有很多不可告人的自我秘密。生活在隔离之中，建构在未来的语境里感觉到同样的分量，在未来的世界，人的身体会极度退化，地球的环境也会进一步恶化，自然的生活没办法回到从前，因此我们会不断改变，不断找寻妥协物，当人类终于离开适应的地球环境后，人类就会有一段非常痛苦的挣扎，不断适应自己的身体，适应着这种外在的变化，产生深层次的抽离与恐惧。

我觉得蔡明亮是最接近电影的人，他创造了自己的电影的真实世界，他教会了我什么叫电影。

第一次和蔡明亮碰面，是在一个咖啡厅里，我们从晚上谈到将近天亮，我发现他是一个有趣的人，因此，我们合作了第一部电影《你那边几点》，该电影也加深了我对电影的看法。他有一种他人不可取代的独特性，这种独特性深深地吸引着我。我们一起在永和夜市的减价服装堆里找衣服，他能分辨出韩国的中老年妇女衣服与台湾的中老年妇女衣服细节上的区别。他的每一部电影都用同一个场景、同一批演员，十多年中，他同时记录了台北的生活与这些演员的变化。这让我能逃脱电影的虚拟性，有更接近电影中影像与现实界限的体验。这一点上无人可以超越他。

但他其实和李安一样。李安有君子之风，蔡明亮不是。他会把人性的"弱"挖出来给你看。我不知道他什么时候会再拍一部《河流》。当年，我看完《河流》都呆住了，竟然还有这种导演。《河流》太厉害了，重新拾起20世纪60年代法国新浪潮的精神。他的那些戏都是在同一个地方拍的，就是李康生在现实生活中的家里。他其实也想变，找我合作《你那边几点》就是希望我帮他改变。但是被我改变的东西，他都不拍，还是用老一套。

在《繁花》里，他给我写的序言很好玩，像一首诗。他的剧本也是这样的，没有常见剧本的格式。在片场，他拿来一张纸，通常上面只有几行字这么多——这就是剧本了。拍一场戏就是一个镜头，绝不轻易拍两个镜头。

在与蔡明亮的创作经验里，他有一种把一切看透的感觉，有些已经超越了世俗能看见的范畴，因此他的电影就被冠以前卫之名，分不清真实与虚构的距离。它不断重复，没有开始、没有结束的创作方法，让我感受到那种境界的魅力。他的电影投资不高，却拥有深刻的个人性。他涉足台湾的神怪味道，可以与灵媒沟通，与金鱼说话，让飞鸟流连不去。他总是用极度温柔的语气去讲述一些非常怪异的事情，甚至是非常怪异的想法。他是一个影像的诗人，用的全是内在的语言。

陈国富

> 做电影的服装设计要找到灵韵相合之处,即角色灵魂跟服装韵味的真正契合。

一

我认识陈国富的时间很长,但初次合作的电影是《我的美丽与哀愁》。在台湾期间,我接触到一本让我印象深刻的电影杂志,叫《影响》,惠及了非常多的文艺青年的群体,也介绍了各地的艺术电影,包括法国新浪潮与后来的不同导演的艺术作品,深入分析他们的创作动机与手法,成为培养台湾年轻人对电影兴趣的摇篮,使我对台湾的文化环境充满憧憬。他们对电影的分析与理解,使我感觉到这是一个我想待的地方,因为只要我努力,就会有很多养分可以让我不断吸收。《影响》在坚持了很多年之后,也犹如其他文化产品一样由盛转衰,很快倒闭了。

我跟陈国富在《我的美丽与哀愁》中初次合作,杜可风参与摄影指导,那是刘若英的第一部戏,一部拥有台湾风格的幻想电影。那时候,我发觉陈国富是个心思非常缜密的人。从那以后,我一直都与他有深入的交往，他成为我在台湾的一个友谊历久弥坚的好朋友。《卧虎藏龙》的拍摄进入尾声时，我与陈国富开启筹备我的第一部恐怖电影——《双瞳》。

《双瞳》这部戏对我有特殊意义和纪念价值，我担任美术指导，负责服装造型设计，看了《双瞳》的剧本，其中蕴含的鬼神元素，可以参考台湾当代大都会的古庙，或者类似的古建筑。所以我们搭景的过程中，力求还原看似真实却潜藏虚幻的场景，就是看似平常的世界不断出现现实的变异感，产生了一种另外一个灵异世界介入的恐怖感。怎么逐步营造出令人窒息的恐怖氛围很关键，其中最重要的就是对熟悉感的控制。

怎么让熟悉的场景一下子变得不熟悉呢？怎么让正常的聊天场景变得诡异呢？我把《双瞳》里的氛围，展示出一种非常丰富的写实细节的实在感，又在严密的布局与特别的氛围中出现突发的细节，改变现实氛围。这就需要调整灯光的颜色、距离，甚至要控制各种色彩与质地。《双瞳》中有几个场景很恐怖、很出彩——在医院的手术室，挂满各种骷髅头的模型与大块的大脑切片，摆设得活像一个装置艺术，有一幕场景是小孩在一个药水缸里面，突然出现两个眼瞳，使整个世界脱离并异于现实，很有感觉。在场景布置中，我注意把当地文化和风俗习惯融入进去，因为影片背景设定在台湾，所以周围都布置了台湾元素。我们特意找了一个旧报社，将它改造成警局，因为真的警局不允许拍摄。后来我们巧妙地用这个房子制造了一个充满戏剧性的楼顶场景，把整个建筑内部变成更适合恐怖氛围的黑白基调。

《双瞳》有亚洲式的神与人一起生活的世俗感，有很强烈的香港恐怖片的感觉。我们努力把那种荒谬、诡异融合进生活，所以影片拍出来让人觉得很恐怖。

这部电影给了我很高的自由度，我做得很过瘾。很多室内景我们都会把很神异感的雕像放进去，镜头从雕像慢慢地切换到发生的事情。黄火土（梁家辉饰）那个家，做到连陈国富都很惊讶。我把整个外墙打掉，再做一个大窗户，从窗户看出去能看到整个街道尽头，好像能看到一个无尽的景。我们把所有景都做得非常细致，又潜伏着虚幻感。台湾有很多日式房间，但基调是中式的，所以我充分利用这一矛盾设计场景。我还设定了很多表演空间，主角坐在那里，周围都很好拍，尤其是凯·莱特文前一天晚上在他家喝醉酒，第二天死在黄火土身边，舌头被切断，整个家在平凡中慢慢地展露出恐怖的气氛。这个景做得非常成功，陈国富也很满意。

陈国富很有趣，他是台湾人，很了解那些庙、道观和民俗传说的故事，刚好我们需要道教的道具，所以他经常走到那些庙里，帮我找寻一些特殊的神像、法器。

想起来我的很多重要的作品，都是临时被叫过来救急的，不到最后一两个星期不会找上我。可怕的是，包括《大明宫词》《卧虎藏龙》《无极》《风声》，都是最后关头找我去"救火"。

二

我跟陈国富认识很久了,但他最初筹备拍摄《风声》时没有邀请我,我们都很忙,有很长时间没见面。有一天,我约他晚上出来喝个茶聊聊天,结果他说忙,只能谈二十分钟。我去他家楼下的咖啡馆,没想到一聊就聊了两三个小时,聊到最后彼此都很开心,因为我第二天还有工作,便准备结束小聚,走到门口的时候,他问我最近在做什么。我说在做某某剧的工作,接着,他就让我去《风声》剧组,帮他看看衣服,他感觉自己大祸临头了。

《风声》还有十天就开拍了,但造型方面达不到他的预期,他想让我帮忙指导一下。于是我便去了,虽然时间很短,但我也没有慌,叫来一些助手,开始着手十天之内帮他完成造型上的修改。跟陈国富探讨后,我很快抓住了一个关键点——两个穿旗袍的女主角间的互动。一个旗袍脱掉后露出内衣,而另外一个在帮她缝补,这个关键点可以为整个戏定下基调。于是,我们就围绕这个点展开设计,让李冰冰饰演的李宁玉穿绿色的旗袍,周迅饰演的顾晓梦穿深咖啡色的旗袍。通过这一设计我们定下了整个戏的氛围,其他细节元素在之后的修改中再慢慢地加进去。

在进行服装或造型设计前,我会先研究角色的气质,然后还会去了解这个角色的饰演者。比如,李冰冰的脸部线条饱满、鼻子圆润,所以我在设计她的造型时会利用化妆把眼睛往上调一点点,凸显 20 世纪 40 年代美女的气质,同时前额做两个很弯、很厚的发型，帮她进一步融入角色。而周迅的脸比较小，就不适合同样的发型，于是我将她的头发扬上去，突出她比较精灵的一面。最后呈现出的效果很好，她们俩的角色造型很好看，展现了不同的风韵与魅力。因此，做电影的服装设计要找到灵韵相合之处，即角色灵魂跟服装韵味的真正契合。

这些工作之后，我们做了一些简单的沟通就开始密集的工作，完成了第一批造型之后，才慢慢进入每个角色在剧情中的塑造。

李少红

李少红是个很正面的人，她在女性方面的内容有很清楚的道德标准。

《大明宫词》是一部特别有女性色彩的作品，接到这个项目的经历很传奇、很好玩。当时我在台湾做服装展，最后一天，我刚好还没吃饭，坐在那里，看到远处有两个女人往我这边冲过来，这两个女人就是李少红跟李小婉。她们精力充沛地冲过来，然后坐下来问我："你是不是叶锦添？"我说："你们吃饭没？"然后我们就去买三明治吃。接着她们一直看我展览的衣服，当时展出的是《楼兰女》的服装，很夸张。李少红说要找我做衣服，我问："做什么衣服？"她说："就做这种。"我很惊讶，给电视剧做这样的衣服会不会太夸张？她说："没关系，就这个，这个好。"然后她就坐下来跟我谈了好多《大明宫词》的东西，很快就跟我说："你能不能明天回中国大陆？"那个时候不可能，还有那么多事情，后来我答应了两三天后去。到了《大明宫词》的剧组，我发现一个房间都是衣服，我问她："你一个房间都是衣服，为什么还要找我来做？"她说全部不要，那个时候距离开始拍摄只有十天时间了。

我就跟她讲，要不给我买机票回去吧。她们两个吓了一跳，叫我去她们那个最好的房间休息。后来每次去到那边她都叫我去躺一下，和我说睡一觉醒来就好了。我答应她之后，发现这项工作真的有点儿麻烦，就叫了两个裁缝师，马上建了一个可裁缝的地方，李少红一直在旁边帮我递布，李小婉帮我找布板，那个时候很有名的演员如陈红、李冰冰、周迅等就在外面排队。因为很赶时间，几个化妆师都不睡觉，我们连着好几天跑马拉松似的一直做造型。那个时候根本没有什么设计可言，我做完后一个人坐在一边，做头发那个人跟我很熟，他做了好多假头发放在一个像菜篮的东西里面，每一个演员坐下来的时候，我就帮他配上适合的头型。我给陈红做造型的时候，陈凯歌就坐在我后面，也不讲话，就一直坐在那里。我跟陈红聊怎么做发型，结果很顺利，后来也没什么修改，就是这样一下一下做，一场戏一场戏接下来。

我喜欢女性的阴性世界，关注她们怎么表达自己，所以我打造的每个女性角色性格都很突出。归亚蕾、陈红、周迅、李冰冰等都有她本身的特色加到角色里。《大明宫词》里张易之那件特别飘逸、特别美的衣服，上面还有中国书法，因为他是武则天的男宠，那个设计是为了吸引武则天的注意，使他拥有奇特的品位。它是超出历史的，历史里可能没有这个东西，我们用了它，却加强了这个角色在戏里面的独特氛围。

《大明宫词》里少年太平公主的羽毛服饰，不是真正的唐朝服饰，戏里的很多服饰不是完全按历史做的，只是取了历史中几个很重要的服装形式。我给这个戏的衣服做了非常多的古典乐舞的元素，古典乐舞的美术曲线可以在古画里找到。古代人想象自己长成的最美的样子都呈现在画里，看古画就能发现古典乐舞的曲线是移动的，不是静止的，像周昉的《簪花仕女图》，画面是往前走的，有动的感觉。动就是看衣服的灵魂，静就是看它的外表和形式，画一动起来会有种东西跟你连接起来，我很看重这种轻微的动，于是我就在这种思路下为《大明宫词》的服装做剪裁。

衣服跟人可能是分开的，因为唐朝是平裁观念，轻薄透明的真丝与丰满的人体，在衣服与身体的接触之中互相牵引，让衣服贴合人体的律动。我用的布料、材质都是去找古代的感觉，是一个轮回综合体。在做羽毛衣的时候，我完全代入当时太平公主的心理状态，那不是"我"而是"她"自己凭想象创作的衣服。李少红想找具有时代感的服装，而不是完全还原，本质上是要表达我们当下的感情。如果追求完全复古，事情就有不同的去向，完全的复古会太注重写实，就没办法看人物的戏剧化的内心发展。《大明宫词》特色很鲜明，包括使用了莎士比亚模式的台词，大家对它有很高的评价。

李少红是个很正面的人，她在女性方面的内容有很清楚的道德标准。《大明宫词》她是以正看反，多年以后我帮她做了一个《大宋宫词》，她还是以正看反，她永远都是正的。她相当于一个母亲，在她的故事里面，所有男人都变成小孩。她很具代表性，因为这个世界男性的东西很多了，需要她作为女性展示另一面，她做的影视剧很好，一直在坚持女性主体意识的建构。

她很相信我，但有时候也有自己的坚持，我觉得不要这样做，她还是要这样做。她有一种军人情结，有使命必达的力量，也是很思辨型的女性。

李安

他找寻一种心性的道，为了实现心念而活。

一

1999年，我在台湾经历了七年的造型创作实践。在忙碌的演出工作之后，休息的第一天，我接到了徐立功的电话，接下来归亚蕾、焦雄屏也陆续打来，提出了《卧虎藏龙》的邀请。其实我们在几年前已经谈过《饮食男女》的合作，当时有另外一部戏，没办法达成合作，因此我们并不陌生。接着李安亲自打电话给我，问我会不会做美术，他希望我两天后就到北京。

李安喜欢中国文化里的玄虚，"玄牝剑法"就是研究性与剑法的关系，他对这些玄妙的东西总是会深入研究，所以他的电影总有点儿深不见底的神秘感。对此我也很有兴趣，所以我跟他做《卧虎藏龙》的时候感觉非常合拍。

和李安的合作对我很有启发，他有些东西是我以前很少想过的，他像是给我示范怎么掌握那些难拍的东西，包括怎么跟工作人员打交道，怎么指挥动作演员，怎么指挥摄影师，以及杨紫琼怎么演，章子怡怎么演，周润发怎么演……那些在镜头里让你感到惊艳的人，他会一个个地指导，他会将人的潜力逼出来。

举个例子，有一场玉娇龙夜盗青冥剑的戏，工作人员正忙碌地布置"盗剑"的场景，武师们发现搭建的王府书房的窗户，不仅是合上的，而且是内外两层，里面还有一层活页纱窗，这让他们犯了难。因为一般的古装功夫片中，大侠由窗进屋总是一跃而入，或者反身踢开窗户，如果大侠手忙脚乱地开两层窗户，便与毛贼无异。于是他们便打算将下面的窗户踢开，按传统套路一镜完成。我到片场一见此景，立即制止，要求所有窗户都要关上，因为清代大户人家的窗户，分成上下两层，下层必须关闭以挡风沙，上层可以往外打开以通空气。

"能不能一脚踢开窗户呢？""当然不行，窗户向外开的，怎么踢得开而不惊动王府？"此言一出武师们一片哗然："里面有个纱窗，你让玉娇龙爬进房间？"在两方相持"不拍了！"喧嚷声中，剧组各部门集体退场，留下空荡荡一个院子，只剩下李安和我两个人。我就坐在那边，也不讲话，李安坐在我旁边，我们坐在台阶上良久无语，最后李安缓缓开口："真的不能打开吗？"我斩钉截铁地回答："不能。"

第二天我过去继续工作，发觉他已经拍完了这场戏。他用了三个镜头完成：跳到梁上，用脚挑起窗户，纵身而入再关纱窗，很巧妙。这个镜头的处理，不但增加了王府的森严感，也增加了玉蛟龙夜探王府的游戏性质——应该是李安说服了武师和摄影师。

我想这是我和李安合作很好的原因，我们都是那种对真实感非常认真的人，换一个人可能就不会站在我这一方。《卧虎藏龙》的拍摄间歇，我和李安在北影厂外面吃便当，当时《风云》也在旁边拍，我以前的助理在那边参与制作，说要搭太和殿那样的景，拿图纸请我看，我一看就傻眼了，一个像故宫太和殿那样的场景里，吊着巨大的水晶灯，他们一掌就可以把整个太和殿打塌，我们的大侠连一个小门窗都踢不开，想起来仍旧非常玄妙，还是先"完成"手上的便当吧。

我跟李安都有一种孤独感。如果有个东西明明会破坏我们的人际关系，但只要我们觉得这个东西是对的，就一定会去想办法弄过来，不会受别人影响。

后来我不知道我的前助理有没有解决那个水晶灯的问题，但我已经比较心安理得了。

二

《卧虎藏龙》有好多制作方面的要求，我们从所制作的衣服布料到刺绣的图案产生过非常多的讨论，怎么达成那种极度精细写实品质的虚拟场景？每种材质都要符合年代的科学定义，使其产生一种真实的戏剧力量，比如那些衣料，一定要用当时那个年代能生产的。以俞秀莲的服装举例，它有两种：一种是镖局的，粗麻制作的便装，带有极强烈的中性味道的女性装扮；一种是犹如汉族大家闺秀的仕女装。每一种装饰都代表着某个历史形象，不可以超出其范围。在西方系统的美术理论里，必

231

须要合乎一种美学上的道理，它们与真正的历史实物有一种细微的差别，衣服是为了达成整体画面的统一性而存在的。好的美术就是把所有镜头里面的所有素材、颜色、质感，达成一致的品位与标准。所以在美术指导的控制里，是有一定范围的创造性，它能够以此来拉动整个戏剧张力的发展，这是潜意识的想象力的发挥。但要达到这种构想的呈现而不着痕迹，就要在各方面的处理上，潜移默化地使用。在《卧虎藏龙》的创作中，我们不断使用这种潜意识的参与，包括玉娇龙的造型，看起来十分写实，但是也已经渗入了非常多的关于她的性格的描述，如所有关于此部戏的神秘面的探索，和她夜行中的黑衣与蒙在脸上的面纱。李慕白的衣服也是在同一个造型上以不同的布料产生不同的环境的变化。周润发竹林那场戏因为要拍出飘逸的感觉，古代的面料不行，我就用了含有一些化纤的面料，使它可以在竹林上轻轻地浮起，达到一种迷离的状态。整部戏都是李慕白的心相的发展，到这里他有一种掩饰不住的秘密，在不断地流出，直到他被暗算，他的脸上仍藏着心里的渴望，永久埋藏在心里，才告一段落。试装的时候李安走过来，捏捏领口问我："当年有这种面料吗？"我说："没有啊！"但是当他看到这个布料在空中的样态时，我们再也没有重新讨论这个问题。

在剧组一段时间我才知道，其实投资是不够的——很多人都觉得文艺功夫片没有人看。这个戏要从北京跑到新疆，再到江南地区，从雪山拍到沙漠，要花很多钱。很多戏李安都想在古迹实拍，而且镜头始终从一边扫到另一边，包括周围的环境。但今天的古街通常都是只有一家古代的房子，而周边已经有太多现代建筑。因此我们必须要在合理的情况下做遮挡，这增加了工作量与很多细节。我们设想得很多，但不可能一一实现。我帮他想了好多办法，搭出很多景来。比如我们在杭州拍镖局的戏，那是一个古迹的实景，但第一天杨紫琼的腿就摔断了。怎么办？整队人不可能在那里住三个月，所以回到北京，我搭了一个完全一样的镖局出来，让两个景衔接起来。

重搭一次也有好处，以前的安徽古建的中庭，建有很多下水道，他们称之为"四水归田"。如果是真景他们很难拍，因为演员打斗戏的时候要一直小心，一脚踩空了，就会造成伤害，所以重新搭景时我就把所有东西都做平了。虽然最后杨紫琼来了，但她的腿还是不能动，这又是一个新的问题，现在再去看《卧虎藏龙》最后一场戏，你会发现她和章子怡打得那么激烈，但杨紫琼的脚从来没有离地，她只能这样。医生说她的腿有可能会残废，但是她一直坚持拍，大家都很佩服，也很感动。

还有一件有趣的事。杨紫琼觉得我一直在给饰演玉娇龙的章子怡做造型，因为章子怡有十几个很漂亮的造型，她觉得自己什么变化都没有。我给她做了好多件衣服，却一直没有调整她的发型，于是她就问我："我做女人为什么还是这个发型？"后来我答应帮她做发型，她买了好多我喜欢吃的零食放在桌上。我一直跟她研究发型，花了七八个小时，但她的造型已经很好了，我真的没法再改什么东西，就一直调整她后面的发型，发髻高一点儿、低一点儿，杨紫琼其实根本看不见。我们完成了，就叫李安下来，他一看到就说："很漂亮啊，很好看啊，每一个都不一样。"杨紫琼就说："你以为是影后吗？"她是在玩谐音梗，影后就是影后面，我们都一起会心微笑，杨紫琼心宽气爽，又见一例。

还有其他有趣的事。拍摄现场，因为剧本要求，临时搭了一面墙，刚建好就要开拍，墙面是新的，还未做旧，光秃秃的，完全不符合那个年代的年代感与基调。我发现时，已经开拍了，就急得在镜头外大喊："停！"但没人理睬，我便拿了只刷子径直走到那面墙前开始修饰成理想的样子。镜头里惊现一个"怪人"，全组不得不停下来等着我，一位香港副导演气得拿话挤对我："你这么认真干吗？你以为你能拿奥斯卡啊？"我充耳不闻，半个小时后，那面墙变成了那个年代里的墙，我这才转过身和导演说了句："OK了，可以开拍了。"后来，我果真被那位副导演的气话戳中，拿了奥斯卡"最佳艺术指导"奖。后来我们再次碰面时，之间也没有不爽和尴尬，那位副导演冲我直呼："你是我的偶像。"

在拍摄现场，每个人物都有性格，每个人都很特别，每个人都很好玩，同时，每个人又都很努力，共同完成了这部影片。

每次跟李安接触，我都会发觉他正在或准备去完成一个内在需要完成的悬念。他总是被某种自我的力量反射回来，使他必须通过行动来找寻平衡，流露出自然的孤寂状态。他找寻一种心性的道，为了实现心念而活。

李安的电影永远有一个含蓄、高雅的感觉，如一支银针般刺痛了观众的神经，令人过目不忘。他深刻地认识自我，勇于尝试不同的题材，克服地域文化的差异，而那种隐藏的士大夫情怀，却从不缺席。

他的电影就像是一个"潘多拉魔盒",隐藏着很多伏笔,不断出现古灵精怪又不落俗套的情节。悬念总是直到电影的终结,才会隐隐然留下某种烙印。套路与反讽,产生一种充满魔力的戏剧效果,趣味盎然,又不失幽默,既吸引人,又充满细节。有时候,悬念似乎永远看不清底蕴,因为一落实就凡俗了。

那里隐藏的某种精密的营造法则,是他的独门哲学。他关注每一个出现在电影画面中的细节是否符合那个推进的力度,而且每一个细节必须符合文化的内涵,就是那种真实的交流,在细碎的事件中慢慢地组织成有机的整体,那整体又不断以各种速度和浓度推动着悬念的进行。

当这种基础稳固了,就可以在上面增加细节与色彩,但整体仍然充满生命力地前行着。内在形式建立了,再发展出外在形式的变化。这样一来,《卧虎藏龙》发现了一种重新诠释古典世界内在的法规。

三

奥斯卡的颁奖典礼是一个马拉松般的长期拉锯,从一连串的美国各种奖项的颁发开始。这次我们又到了伦敦,参加了英国电影学院的颁奖礼。当天我没有提前准备礼服,我的礼服是哥伦比亚集团的总裁跟我一起在酒店附近一个非常华丽的洋服店购买的。在英国电影学院奖颁给我最佳服装设计的那一刻开始,就预示着一切即将改变。一直到在洛杉矶中国剧院的那一天,我的心情仍浮在空中,事实与梦想都虚幻地存在着,我的身上似乎带着一种特别的磁场,去了哪里都可以为人所熟知,包括在街上,甚至坐飞机、过海关时。我在意大利买皮衣时,还享受了特别的优惠。《卧虎藏龙》的确影响了非常多的他者文化的喜爱与支持。

那天晚上,我跟着庞大的队伍在中国剧院外面大排长龙,走红地毯。我们一行人风风光光,为人熟知。一直到达剧场里面,我们可以看到大会分布的重要位置。我们与《角斗士》剧组相对而立,是观众席中间最重要的位置,我的位置被安排在最边上,三四台摄影机准确地对着我的位置,心中顿时涌起一股凉意,再看看所有的工作人员,都排到我后面的位置,又有一种自得的快乐。我享受着这种优先感的同时,他人开始到位。我的心态有点儿像《憨豆先生》喜剧短片的超然自觉,不觉已经接近开幕。第一个要颁布的就是美术指导的奖项,自信满满的时候,忽然我身边的机器一下子净空,心头一闪就悬在洛杉矶的高空,下面一片黑暗,灯火遥远,我被惊吓得有点儿慌乱。颁奖典礼正式展开,当凯瑟琳(Catherine)读出得奖者的名字时,我从满场喝彩声的缝隙中惊醒,看到摄影机又偷偷地闪到我的周围。我只听到女子的惊叫声,如骤雨一般从星空降下来,我有如浮在空中,看到李安与章子怡的脸向我迎来,本以为那时候会想起关于这部电影过程中的种种,结果,一刻间闪个净尽。可能这就是做电影梦的最高体现?无可置疑的是,我的人生已经迈向广阔的高台,只有一种超越世界的欲望。

236

张艺谋

> 他为人谦虚直接，每一句话、每一个行动都交代得干净利落，因此可以不断与不同的媒介合作，担任重要的任务。

我与张艺谋的碰面有一种很熟悉的感觉。我们曾经多次接触，希望能创造合作机会，但囿于种种原因而未成，我们最后真正一起完成的就是雅典奥运会闭幕式的会旗交接仪式。他给我一种特别真实的感觉。他为人谦虚直接，每一句话、每一个行动都交代得干净利落，因此可以不断与不同的媒介合作，担任重要的任务。

北京奥运会拉开了一个酝酿已久的序幕，那一年风起云涌，使我开始进入一个想象的未来世界之中。中国在腾飞变幻中，我也满心期待着这是一个聚集能量的世界。我因而踏足雅典，成为奥运大军的美术总监。

2004 年，雅典奥运会没有广告，我们在车厢里看不到外面争奇斗艳的广告色彩，真的非常特别。我们一行人走在封闭的马路上，畅通无阻。我以前曾经背着背包，到达雅典，但是从来没有看过这种空置的马路,这次到来,真是繁花依旧,景物却全新。马路上只有我们一辆车在行走。抵达会场后,我们在一个巨大的厂房中整理衣服,二十八个踩高跷的伙伴在穿着他们的大衣服来回走动练习。巨大的厂房一个一个相连,我感觉到历史正处于重大的时刻。那晚我们坐在雅典奥运会的现场,稻米惊人地出现,布满整个场地,犹如一幅自然界的画作,在你眼前展开。会场中站满了各种穿农民衣服的工作人员,他们从大老远带来了一些稻草,分发到整个会场所有人手里。这些稻米用塑胶制作,曾经在你眼前做成的自然奇观,现在从地上拔出,直接把这种惊喜送到你手上,使我印象深刻。我们十分紧张地期待着交接仪式的开始。当每一个步骤顺利完成,二十八个巨大的人形在整个雅典奥运会会场上游走,我才发现这种事情真的可以实现。这时候我的心中响起不断的人声,一种超过庞大数目的人声,为未来中国的奥运会迎来了一个光辉的开始。

那些年中国电影起飞,《卧虎藏龙》之后,《英雄》《十面埋伏》《无极》《夜宴》《赤壁》,商业大片开始涌现。从电影每年只有少数能在广大的观众面前出现,到全面冲向国际,全世界掀起了武侠热潮,新作品不断出现,最后电影业全面起飞。

那些年中国不断对外输出了强大的文化力量。2008年奥运会开幕式震惊世界,张艺谋成为"国师",代表了中国向外宣发的力量,继承着奥运的火焰。

2020年东京奥运会(实际推迟至2021年举办),2022年杭州亚运会(实际推迟至2023年举办),我为中国的领奖龙服创作形象，以中国的精气神出发，以气御体，为不同体形的奥运精英创造他们最光辉的时刻。

世界的精彩需要不断地努力与创造，我希望自己能在这个道路上增添光彩。

弗兰克·莱西

> 所谓时代的不同,最主要的显现在心灵的层次上。

弗兰克·莱西(Franco Lacie)是罗伯特·威尔逊(Robert Wilson)的意大利经理人,我们一见如故,他非常欣赏我的才华。我们认识之后,他一直希望成为我的经纪人,我也欣然接受。2010年,世博会在中国上海开启筹备,他给了我一个非常重要的合作机会。那年,受意大利家具协会(Federlegno Arredo)和意大利对外贸易委员会(Italian Trade Commission I.C.E)的邀请,我担任意大利家具设计展——"无时序列"(Timeless Time)的艺术总监,这次活动成为意大利在上海世博会期间一次重要的艺术装置活动。以我的艺术语言去装置九十九件世界上最好的意大利家具,我也不负所望,运用了中国的意象去处理这些意大利家具,使它们成为一种形象切换的环境符号。我飞往米兰家具博览会现场,从意大利历年创造的著名家具中选出九十九件,以"九"为创作源泉,以中国山水画意布置,以色、声、香、味、触的"五感"共鸣,创造出一种带有中国意境与空间美学的现场体验。

景象分为九个不同的区块，产生了九种不对称又连接的风景。一层揭开全景的序幕，九件被特别挑选的家具作为全景的基干，产生意念，转折场景，布置意境，九种文化对流。从独立的影像投注到整体的布置之中，构成了循环不息的叙事结构。"九"在中国来说是一个未知数，内里有股无穷强大的力量，既无限又循环不息，恒久中衍变，神入神出。重点是山中一游的概念，但是那山并不存在于现实，也不存在于想象，它介乎在与不在之间的人为世界里。

"无时序列"把中国传统庭园、自然风景与现代家具设计融为一体，所提出的思考是一种重回自然的记忆状态，一种重生与人造空间的对话。我重新将它们拼贴在展览之中，以期产生现代心灵与宇宙本源的共有。所谓时代的不同，最主要的显现在心灵的层次上，不同时代会被其特定时间磁场所左右，并产生不一样的心理落点。

我们在外滩3号建立了这个梦境基地，从虚到实，我制造了一个非常柔软的白色隧道，有两三米深度，是横切了一道整体的墙壁，人们需要经过软软的、厚厚的布条，进入一个抽象的世界。当我们进入这个空间的时候，一幅巨大的书法映在我们左手边的墙上，我用书法写了"春夏秋冬"，它们连番投射，春夏秋冬形成的四种境界，不断从光影之中循环变换，映射着自然界的四道风景。

我又请来了罗伯特·威尔逊的御用灯光师AJ，帮我制造这种太虚幻境。意大利的艺术家把所有的银托盘建造在各个非常有名的古代意大利的广场上，银盘面产生了非常强烈的倒影效果，象征了水的波纹。然后我们可以嗅到浓郁的花香——各种中国的名花共聚一堂，产生不同的香味。从这里开始，我们进入了一个被设定的通道上，就好像中国田园世界的曲径通幽。一直往上急爬，慢慢地经过了很多不同的风景，里面摆放着不同的意大利家具，它们与中国山水画的意象、形式互相交错，替换着形状。我们穿过一条比较长的山路，到达高峰，里面有一个山洞，摆放了众多意大利式设计的灯饰，然后我们经过一个高山——菲利普·斯塔克（Philip Starck）的椅子所组成的远方的山景，那里弥漫着云雾。这时我们在山的最高处，慢慢地往山下走，经过一个低洼地，里面有非常多的植物与蔬菜，最后走到展览的尽头时，会发现很多新建的房屋——高层的大楼与里面每一户的精致摆设，预示着我们已经走向现代，并高速发展着。每个作品都包含了很多全世界最好的建筑师、家具设计师的创意，尤其是这种意大利精品家具与中国古代优美传统的融合，让两种不同文化背景的美好展现出终极的艺术。

山本耀司

他是我心中的流形高手，可以把不同的文化消融在一个剪影之中，在东方语言上是一个不可多得的天才。

我与山本耀司并不是那么熟悉，但是他的名字对我来说绝对不会陌生。他是我心中的流形高手，可以把不同的文化消融在一个剪影之中，在东方语言的表现上是一个不可多得的天才。文德斯曾经为他拍过一部非常独特的纪录片，我记得他们谈到死亡，那时让我十分惊讶的是他们的语调，十分轻描淡写地说到自己随时等待着死亡的降临。

山本耀司制作衣服的时候十分专注，与他合作了数十年的裁缝师十分了解他的心思。他们平静地工作数个小时，反复地推敲每一条动线，没有人知道他们在做什么样的尝试。他那么全神贯注，每一件衣服都花上数十个小时的时间，反复修正，就像一个雕塑家，把布料塑造成一种流动的雕塑。

记得皮娜·鲍什在我旁边看我的演出，也穿着他做的衣服，好像她从来不会改变，当她看到勾栏的舞台上，两个舞者在她面前不远处静静地演出古典乐舞的时候，她没有说出衣服有多美，但是她感觉到无限的伤感。这种对一切都抱着寂然伤感的态度，让我想起为什么她喜欢山本耀司设计的衣服——黑色藏着有很多说不出的话语，穿着黑色衣服可以把这种心思埋藏在剪影之中，可以暂且不要去面对。

相对于他作品的严肃，山本耀司本人却风趣幽默，他每次都穿着同一件外套，戴着大帽子，个子不高，但是充满了艺术家的魅力。我们聊天时，我一边听他说在海关遭遇的麻烦，他一边专注地观看我的作品。他对《楼兰女》十分有兴趣，其实我们早已在彼此的心里留下了印象。我参与服装设计的杨丽萍的《孔雀》在日本公演，我请他去现场观看，只可惜我不在现场。我听说他看完第四幕《冬》，到后台探班之后，回到自己的办公室就学习小彩旗的旋转舞蹈，这充分体现了他这种大师的可爱。后来他邀请我到法国巴黎看他当年的服装秀，看到他十分疲惫，我当时很担心他的身体。之后我们没办法更多地聚在一起，但他在我心里还是一个非常有力的东方大使。

冯小刚

他很清楚自己要什么，他要的东西很有中国当代文学的味道，他想展现人物陷入绝境之后的那种真实状况。

2005 年 5 月的一个深夜，我去找冯小刚，我过去的时候是晚上 11 点，他很严肃地跟我谈合作《夜宴》的事，讲了好多想法。冯小刚找我合作《夜宴》的时候，我本来准备答应做另外一部电影。

那个深夜，我们在冯小刚的办公室里看他展示着主场景的模型设计，这是他的德国美术指导做的，一个全部用木结构搭成圆形的造型，有种舞台的感觉，四周围绕着高大的灰墙。我特意问他："这个戏想呈现什么样的感觉？"他不想要太多颜色，柱子要高而粗，并强调了空间的大小比例。我说："衣服需要飘动吗？"那时候，我在思考"柱子"在中国建筑的空间中与演员动作的关系。如果大体积的建筑加上了粗重的柱子，演员的造型就可以选择与背景一样的沉重，或者是与柱子对比的轻盈。

他说:"你要不要连美术都做了?"我说:"你不是有那个德国人?"他说:"没有没有,你做吧,你做比较好。"我说:"可以试试看。"忽然他讲了一句:"那会不会变成叶锦添的电影?"然后他说:"好啊好啊,这样也不错。"他就笑起来,那一笑我就认得他是冯小刚,跟他不笑的样子不一样,他一笑那个招牌样子就出来了。所以我当时觉得很有意思,后来就答应做了《夜宴》。

冯小刚有自己独特的审美能力,他非常聪明,知道如何利用场景,看完我的景就会想出怎么拍,而且拍得很好。《夜宴》可以算是他的经典之作,他最喜欢《夜宴》的题材,他想表现自己诗人的一面。我后来又跟他合作了《一九四二》,那个时候我觉得他有点儿不太一样。

他很清楚自己要什么,他要的东西很有中国当代文学的味道,他想展现人物陷入绝境之后的那种真实状况。《夜宴》最后一个镜头,一把剑被丢到飘满青苔的水下,这个景特别有诗意,我觉得我负责的部分做到位了。《夜宴》的内核源自莎士比亚的经典悲剧《哈姆雷特》,我做服装设计的灵感最初是因戈雅(弗朗西斯科·何塞·德·戈雅-卢西恩特斯,西班牙浪漫主义画派画家)的画《农神吞噬其子》产生的,这幅画非常黑、非常血腥。我想做一个东方宫廷的电影,用新的视觉语言表现古典的厚重感觉。

周迅饰演的青女有一块红布,那块红布本来是她结婚时候用的,后来被婉后抢走了。当时那块红布上有一点儿褶皱,因为它是结婚场景要用的布,需要整个场景去配那个布,所以一定是宫廷里最珍贵的东西。结果我到现场看到那个布是皱的,便觉得好像不太对,如果那么皱的话,当它在电影中从一个精致的木架被慢慢地放出来,观众就会看得很清楚,完全没有美感,所以我觉得不熨不行,一定要熨。

他们的拍摄节奏很快,但冯小刚愿意停下来做这个修正。之后我又发觉章子怡跟周迅的衣服都很长,而且也是皱的,她们两个的衣服也要熨,于是那时候工作人员就都忙着熨衣服。冯小刚走到所有人的面前说:"看这几天你们怎么做事情,东西那么皱就给我拍。你们看叶锦添是怎么做事的。"我心里暗喜,觉得自己还做了一件好事。后来我看到那些饰演宫女的演员拿着东西,在很长的地板上走路,踮着脚。我说:"不行,你走路要慢。"我就教她们怎么走路,我花了很多时间教她们走路,教她们脚底板要贴在地上移动,慢慢地往前移,非常慢,要很注重礼仪。如果衣服做对了,走路姿势不对,就会干扰整体气氛的建立,衣服是要动起来看的,动起来好看才是真的好看。

吴彦祖饰演的无鸾在竹林里戴的白色面具,是特殊设计,还有《越人歌》展开之后,上面有很多符号,也是特殊设计,这些都是我试图表达无鸾找寻抽象世界的方法。因为他想逃避,他在王子这个位置很尴尬,什么也不能做,他跟章子怡饰演的婉后也是有问题的关系——是那种"你要放弃我,我要放弃你"的状态。婉后很想去做一些事情,但无鸾不太想,他有点儿出世的状态。两人之间的气氛很尴尬,我要做出那种尴尬的感觉,还要保证很美,这是很抽象的表达。为了做到这一点,我想到一个朋友。我有一个朋友在台湾开酒吧，他背景很复杂，静下来之后他就一直做纸雕，我觉得这个状态很像无鸾，就以此为灵感，加入剪纸的元素，用在无鸾身上。

在《夜宴》的制作中还有很多其他故事。比如，葛优一开始有点儿犹豫，怕抓不到皇帝的感觉，但大家觉得没关系，说到那个位置就好了。为了打消葛优的顾虑，我做了一个很漂亮的盔甲，把他打造成一个非常勇猛但又适合他的一种皇帝的样子，打破了葛优平常给观众的感觉。

另外一个就是周迅，她在这部戏里的造型特别含蓄。她的角色青女是婉后充满野心、欲望的反面，我找到了周迅静态的一面，和她以前在《大明宫词》里的感觉不一样，她也很好地诠释出来了。

拍摄《夜宴》的时候章子怡还很年轻，为了体现皇后的威仪，我就把她的头发设计得比较重，衣服做得比平常大，还设计了婉后的红色眉毛，眉梢上描红，犹如鹤顶红，符合五代女性的妆容。

电影完成之日，我竟有一点儿舍不得把这个场景拆掉。冯小刚与徐帆漫步在场景之中，空空荡荡。现场灯光设备已经彻底清空，只剩下一个空空的宫廷外壳。虽然十分舍不得，却感觉十分美，因为大家都对这个场景产生了感情，这可能就是电影值得投入的原因。

田壮壮

田壮壮对待拍摄很郑重，他要求电影兼具绝对的写实与品位。

我跟田壮壮是好朋友，经常一起喝茶，他总谈起去茶马古道拍摄的情况，后来拍《小城之春》是他临时找我的。田壮壮是极少数在短时间内能与人成为莫逆之交的人，在《小城之春》的合作中，我看到他谦和细腻的导演风格使现场所有的工作人员都能与演员融为一体，可能这就是原因。

田壮壮版的《小城之春》有点儿不像中国的电影，像欧洲的文艺片，它改编自民国时代费穆指导的电影。开拍前，我看了很多遍费穆原作，后来也看了《花样年华》，我认为王家卫是在向费穆致敬。

《小城之春》的故事发生在战后初期，所有人的生活都被打乱又重来，甚至很多人遭遇了重大变故，人生没有出路，路上很多破坏的建筑是战争遗留物。在这种背景下，男女主人公不可能再想象自由恋爱，这时候的相遇注定没有结果。对于男女主人公来说，限于家乡的礼节，他们的一切都只能埋在心里。于是这种短短的灰色的空间，就犹如染上了透明的空气，在远远的无尽头的断桥上伸向没有尽头的远处。

田壮壮对待拍摄很郑重，他要求电影兼具绝对的写实与品位，但所有的道具陈设在一个场景内，他发现了走位的困难——稠密的写实陈设，摆放机位都得要移动家具与布景。但他为了恢复电影的真貌，仍然保持这样子拍摄，于是所有人都没有位置站着。我来了之后，一看这情况，觉得这样很难拍。

他说写实就是这样，我说写实可以尝试不是这样，写实是一个剪影的写实，不是真的写实，剪影写实跟真的写实要分清楚，真的写实要去真实世界拍纪录片，但《小城之春》的故事要体现两个人之间的暧昧，要注重光影的表现。布景也不能做得太写实，要做气氛，布景的摆法不见得是真摆，但注重拍的时候光影调配，要像旧时的版画一样的感觉，有高度反差的老电影感觉。

后来我就建议了一个方法——剪影法。剪影法是一种摄影技巧，其核心在于通过特定的光线和构图来强调主体的轮廓和形状，创造出强烈的视觉效果，很像旧时的黑白片。所以你会看到很多阴影，演员的空间位置调度也更能舒展。

我建议把多余的东西拿走，给摄像机让出位置，然后，每个镜头我都设计了必需的东西丰富画面，不会是空的。后来他们拍得很流畅，慢慢地很相信我，而且省了好多道具钱。

电影《小城之春》中的旗袍看起来很朴素，采取了宽松的剪裁，符合 20 世纪 40 年代战争时期的情况，不似其他观众比较熟悉的 20 世纪 30 年代电影中旗袍的丰富与华丽。但是，电影中的旗袍经过演员多次试穿，袖口、领子、开衩等都是改了又改，主要是为了营造电影那种扑朔迷离又物质贫乏的暧昧气氛。那些旗袍颜色恬淡，甚至没有花纹，让你看不到特别耀眼的东西，但是它们很逼真，很适合这部电影，适合体现战争期间的人慢慢地走到绝望的边缘的感觉。

田壮壮曾经这样说过我："叶锦添是个太可爱的人了，他不停地思考和发现问题，还亲手解决问题。影片整体色调、人物服装造型，包括蚊帐的布帘等细节，他都要照顾到，尤其是他把影片需要的在生活和不生活之间的气氛营造得非常好。"

和田惠美与后冈瑛子

黑泽明电影里的很多服装都是和田惠美设计的,她并不全然依据传统。

在黑泽明的《乱》中,我第一次看到和田惠美的作品。对于黑泽明的电影,每部我都耳熟能详,我发现他的电影里的衣服并不是那么写实,就是有点儿混乱,比如《罗生门》里面的强盗。他充分利用心理学去处理自己的人物造型,在《用心棒》中互相争斗的两方人,他们的衣服全都有着当时的时装味道。到了《乱》的时代,服装更加充满了一种创新色彩,但是又非常传统——加入了歌舞伎的影响,强大的影像能力覆盖了一切。黑泽明电影里的很多服装都是和田惠美设计的,她并不全然依据传统。张艺谋找她设计《英雄》的服装,是她进入中国电影圈的开始,我就是在这期间跟她认识的。

她一头白发束于脑后,很威严,但我平常跟她接触,她就像一个小女孩似的蹦跳在我身边,有一种旧时代的女人的温暖。她的作品不仅在日本出彩,而且在欧洲也十分有名,她与彼得·格林纳威(Peter Greenway)合作了很多大型歌剧,是一位殿堂级的服装设计师。我们都戏称她为老太太，取其比较庄重的一面。当时我不断地办自己的服装展，跟她聊怎么处理她那么多的服装。她说自己有一个空房子把这些东西都堆在里面，但是已经没有人手去帮她整理。现如今，老太太已经过世，我仍然念记着她以前所做的一切精彩的作品，但已不可复制。

我跟石冈瑛子成为好朋友，是因为另外两个热心艺术的男人。他们年轻时就与石冈瑛子认识，十分欣赏石冈瑛子的才华，他们为她出了一本对她来讲十分重要的专书，使她在纽约美术界一炮而红。他们与石冈瑛子一直维持着非常友好的关系，乃至他们遇到我的时候，有同样的感觉。我们共同筹备了我的专书，因为时代不同，这本书的出版，在某种原因之下一直拖延下来，或许正因如此，我才认识了石冈瑛子。当时她已经年近七十，但依然充满了一种浪漫的情调，有着强烈的艺术家气质。她把红头巾包在头上，每天面对着繁忙的工作，还有时间谈着不同的恋爱，真是一个神人。

北京奥运会的时候，她来到中国，第一个就是找我帮忙在中国落地。之后我也一直与她保持在地之仪，不断跟她交流。她很欣赏我的工作，经常在很多人面前夸奖我的能力，我也邀请她去看《赤壁》，她喜欢欣赏其中的男装，因为设计非常庄严又性感。我们交流十分轻松，互相欣赏，我们都是真性情的人，一直在等待合作的到来。但是不久后我就听到她逝去的消息，我们一直要约在纽约的见面，终成泡影。她原来是日本西武百货的美术总监，影响了整个东南亚的美术品位，最重要的经历是她帮科波拉做《惊情四百年》里的吸血鬼，成功地取下一个奥斯卡奖。她与印度籍的导演塔西姆·辛（Tarsem Dhandwar Singh），合作了《入侵脑细胞》，这部电影也跟我们同年进入奥斯卡，此外与朱丽·泰莫合作了音乐剧《蜘蛛侠》。她长期居住在纽约，在她制作最后的作品《白雪公主》的时候，她把自己困在一个白色的房间里，静静地等待灵感的到来。业内的人士称她为"公主"，认为她是一个不顾一切也要创造自己想要的效果的艺术家，她脾气古怪，但是也得到很多人的喜欢。

杨丽萍

在不间断地找寻传统与未来的旅途中，杨丽萍踏出了奇特的一步。

晨光从薄雾中苏醒，灰蒙蒙的，仍带着睡意，湿气弥漫了整个广阔的丛林，当花儿还没苏醒的时候，灿烂的春光随着梦幻划破了黑暗，如梦如诗。好一个明媚的早晨！孔雀拥有最艳丽的羽色，脆弱的身体带着灵动之气，看着它，杨丽萍有很多想象，想要在身体里面去发现孔雀，以动作去表现它，重新以味觉、嗅觉、触觉去传达它的特质与感情。杨丽萍用毕生的努力，去揣摩它的一举一动、一神一韵，以身体带动着观众的情绪，去营造那个虚幻美丽的所在，共同演绎一个诗意的世界。里面包含了天国与地狱，互相对望，互相渗透；神在无间的世界中，感受到诗意般的苦涩，爱欲无常，孔雀无忧，与神共游。有人活在光明之中，却坠毁于黑暗；有人活在黑暗之中，却渴望光明的眷顾，不惜粉身碎骨。乌鸦沉淀着爱欲，恋我恋他，自生与自毁，执着于自我迷惑的自性，无觅自性之沉寂，以至不可自拔。

第一次看到杨丽萍的时候，她带着大队人马到工作室，令我眼前一亮。除了她手中的菜篮，她身上逐渐散开到每个成员的民族色彩和她大胆的衣着，都令我印象深刻。当然，我们已经拥有强烈的合作意愿，可谓一拍即合。当中还有一个小彩旗，齐腰的长发，穿着浓烈民族色彩的服装，那一夜她在我们面前表演了旋转舞蹈。之后的合作十分顺利，进入了她的孔雀世界，也引发了我的一种想象。最后我们没有停留在一种中国模式，而产生了一个独特的时空，那个地方存在两个世界，一个是彩蝶翩翩的花间世界，另一个是烈火吐艳的黑暗世界。前者住孔雀，后者住乌鸦，乌鸦向往孔雀的美丽，经常到花间偷看，他希望有一天与她们一样美丽。悲剧产生于一对孔雀的恋人被乌鸦所掳，雄孔雀被折磨致死，剩下雌孔雀超度成仙。其中有两个特别的角色，一个是神，一个是时间，两者都无法因道德参与现实，只可旁观现实的一切。最后神降临雌孔雀身前替她超度永生。这是一个带着暗黑色彩的童话故事，美丽而悲凉。在整个孔雀的世界观营造上，我参考了古代神话的氛围，艳丽与残酷的众神世界，众神是否指涉主宰地球的外星智能存在物，那里并没有一个永远为维护着宇宙间微少而所指涉的人类神明，却有众多在权力斗争中离散的灵体，安抚着人类无助的存在。

《孔雀》尝试去创造一个诗意的梦幻世界，产生一种新的表达语言，在第四幕《冬》的时候，我采取国画与雪景净化了整个时空。在日本演出的时候，山本耀司得知我的作品演出，前来观看并对第四幕的寂灭有所评价。我们虽然没有强调东方的符号，但全剧的灵魂栖息于东方美的意境里，带着浓浓的情愫，美丽与哀愁共冶一炉。演出结束后，山本耀司与同伴们学习小彩旗旋转身体，真的太可爱了。

形如影，影如镜，幽幽之道，梦魅如林。血溅百步，沙场离魂，古哀何止《十面埋伏》。

经过长期的了解与认识，我与杨丽萍有了更深刻的共识，我们都想把目光投向中国传统的再创作，传统的形式有待开发，这个观感一刻不息。然而追赶着时间的脉络，我们凑在一起又一次尝试中国京剧程序化的再现艺术。当今的舞台世界受到西方自由、理性的戏剧冲击，渐渐与现代的方式联系，却与古代衔接不上，但是我总在发现一种可能性，可贯穿其间，无间地连接。

我与杨丽萍再度合作，是在上海的戏剧节。我们演出了二十分钟的《十面埋伏》片断，赢得了英国伦敦沙德勒之井（Sadler's Wells）艺术总监的青睐，我们开始计划欧洲演出的创作，重要的是突破国际界限，使中国的表演艺术与国际对话，各种尝试冲向那唯一的机会。

重回传统的脚步，聆听那种节奏与声音在空间中流荡，熟悉又陌生，却步步为营，虽行至一片广阔的天地，却埋藏在幽暗的丛林间，忽然豁然开朗。但在那景象到达之前，还有一条暗黑的走道。他们要求我们的身体全神贯注，聆听那些潜流的声音，重新在自己的身体里找其形状，流淌疏密聚散的节奏。回归传统的路上已不再传统，它们已流进生命延续的血脉里。

回到昆明，我们就马不停蹄地跑到剧场密集地讨论，一一检视所有素材，渐而浮现出此剧的形状。《十面埋伏》的琵琶古韵带着前卫的视觉，尝试重新摸索传统的可能。杨丽萍在《十面埋伏》的世界，从现代舞基础前进，不变的是锣鼓点，京剧程序化入其间自然有机地变化，就如追寻这实在的答案。我们带着冲劲儿向前探索，参考了非常多的类似元素，从精气神的本原进入其中的抽象世界。底子是现代舞的底子，却在引发京剧传统艺术的介入，我建议用节子戏的方式完成这项创作。节子戏中经常会闪现不同的神采，却装置在不分离的结构中，这样更迎合后现代的模式，使我们更自由地进入灵彩的发现。

《十面埋伏》里全是赤裸裸的血腥和争斗，残酷而浪漫。万把剪刀悬挂半空，寒光闪烁，红羽毛代替血流成河；韩信因胯下之辱留名，黑白两个韩信总是从对方胯下钻出撕扯；虞姬反其道而行，选用男性反串，虞姬自尽一段，是从项羽处扯出一根红丝带，扯远，脖颈儿绕几圈，到底而亡。《十面埋伏》的故事很古老，但人性中的善恶、埋伏与恐惧，是人类的共通。

在不间断地找寻传统与未来的旅途中，杨丽萍踏出了奇特的一步，把《十面埋伏》演出到伦敦萨德勒之井剧院，在世界范围内展示。

我最后一次看到《十面埋伏》是 2019 年在纽约林肯中心，那时，我依然为新舞者出色的表现而感动不已。完成《十面埋伏》已有多年，它能继续在国际舞台上大放光彩，我因此获得了无限的安慰。

马克·霍本

认识他之后,等于我在生命里多了一个可以交流的对象。他是一个百科全书式的人物,无所不知。

我认识马克·霍本(Mark Horborn)源自当时让石冈瑛子享誉世界的一本书。当时的马克,与他的朋友卡勒里(Callery,是世界有名的高尔夫球的名牌家族的继承人)一起为石冈瑛子在纽约出了一本非常重要的书《瑛子看瑛子》(EIKO by EIKO)。苏丹娜惠与两个日本小孩所穿的歌舞剧的衣服,当时影响了全世界的美术界,成为十分前卫的先锋。当卡勒里遇到我的时候,他同样感到我的作品和创造力的与众不同,但相对于上一次,已经过了十多年的光景。他俩也开始筹划我的新书,希望可以帮我做同样的事情,但因为市场的变迁,书的出版时间一直拖延。那次没有把这个愿望达成,却让我跟马克成了非常要好的长期朋友。认识我的时候,他在英国著名的兰登书屋做总编,出版着世界一流艺术家的书籍,为我出书也是他一直的心愿。他在日本待了很长一段时间,熟悉日本庭院,并与三宅一生成为朋友。他是我书柜里的神人,曾经写过一本《在日本之上》(Beyond Japan),在多层次的文化层面表达他对日本的看法，对日本文化与战后日本人的心灵世界进行了非常深刻的描述。这本书我在不认识他之前已经拥有，并且非常深入地阅读过。认识他之后，等于我在生命里多了一个可以交流的对象。他是一个百科全书式的人物，无所不知。我跟他无所不谈，我们讨论历史典故、不同文化的异同，同样对东方庭院深入地喜爱与研究，可以说他帮我塑造并找寻了一个摄影的国际视野与探索方法。

他近年内合作的对象包括了非常多世界一流的摄影家，如威廉·埃格尔斯顿（William Eggleston）、安妮·莱博维茨（Annie Leibovitz）、森山大道、史蒂芬·克莱恩（Steven Klein）等。我们一见如故，他几乎包办了我所有的当代艺术展的策展人的工作。后来，我们通过一次又一次的策展，建立了深厚的理解与友谊。他十分喜欢中国文化，我们在东西方的交流上做了非常多有意义的沟通，又在未来的宇宙形式上产生了很多共鸣。他编辑与制作了众多具有特别趣味的图书，包括《太阳与月亮》（Sun and Moon）《在日本之上》……每一部都特别细致地切入一个深刻的主题，在科学与精神上都属上乘之作。从兰登书屋退休之后，他一直在继续创作。做书对他来讲是一个参道的过程，他深入每一个艺术家的灵魂与作品主题的实景内接触，把书看成如他的艺术一般重要。在上海闲逛的时候，他甚至说得出每一条街的历史。他是那么好奇于世界上的一切。他直接影响到我的时间与空间的认知，让我产生了"精神 DNA"的构想。在我们快二十年的交往和策展合作中，我获得了非常宝贵的进步。他是我一生的挚友，也是思想的同行者。

罗伯特·威尔逊

声音、影像、灯光、动作、表演、语言的统一性,成为他的独门美学,跨越了半个世纪,至今不变。

20世纪90年代末期,我有幸受邀参加欧洲各个重要艺术节,展示我不同类型的作品,我也由此有了认识这世界源流的观念。罗伯特·威尔逊、苏珊·伯居、弗兰克·德贡(Franco Dragon)、阿库·汉姆(Akram Khan),弗朗索瓦·吉拉德……我的各个时代的代表人物及众多合作经验,使我体验到影响了我同代或前辈们的痕迹,是承前启后的庞大基础。自小对欧洲文化入迷的我,从未想过能成为他们的一分子。

最早踏足欧洲的机缘来自与林怀民合作的奥地利歌剧《罗生门》,那是我第一次以设计师的身份踏足欧洲,从那之后,我开始了成为世界级设计师之路。我代表亚洲引入东方文化与戏剧,与当地艺术家交流,由于第一次的成功,我立刻受邀次年单独参与瓦格纳秋季大戏《特里斯坦与伊索尔德》的演出,正式以个体身份参与欧洲群体工作。就这样,我不断以台湾剧场的创作受邀参与亚维侬艺术节及其他重要的国际艺术节,如里昂双年舞蹈节、爱丁堡艺术节等,从中我不断认识国际友人,开始了解世界先进文化对各地文化展现的专重与全力参与的动力,如何助长了世界文化艺术的共融与发展。我与迪米特里斯·帕帕约安努一见如故,共同筹备了前卫舞剧《敦煌》,与理查·谢克纳曾合作大型舞剧《奥瑞斯提亚》。我在不断了解整个欧洲文化的脉络,不断在他们身上获得新的养分,直接交流与观照使我形成了用新东方主义对传统与西方当代文化互动的基础。

罗伯特·威尔逊在 20 世纪 60 年代已经成名于美国纽约,他以极简主义与极度风格化的呈现享誉世界,是西方世界几个成名很早又一直维持创造力至今的伟大舞台艺术家之一,在艺术界,无人不知,无人不晓。我有幸跟他认识,是在台湾排练中国传奇故事《郑和1433》时。当时他已经在台湾有过两次创作,台湾的朋友们都推举我去跟他合作,所以我是唯一一个可以担任他主创团队中关键角色的中国人。我们一见如故,我送给他一本作品集,他每天拿在手上,排练的时候我会被邀请坐在他旁边,看着他导演每一场戏。他的排练方法十分特别,演员要带着妆在舞台上站机位,灯光师打灯,他会亲自教每一个演员哪怕是配角的角色做每一个动作。他能用肉眼分辨出非常远的距离处颜色的细微差别。我与他两个人拿着一叠白纸、两支铅笔,用白纸书写来交流。他很喜欢在白纸上画出自己的想法,我也从此喜欢把所有的想法用简单的白纸绘画出来与人交流。之后我发展出"精神 DNA"的绘画,也起源于最简单的工具作业,他的工作方法对我日后的发展有着深远影响。

这次合作让我们得到非常大的满足感，在以后的创作里，他又用到我当时的化妆师，与我不断扩展合作计划。我与他理念相合，他是一个观世界的影子大师，可以融合一切原生文化于无形。声音、影象、灯光、动作、表演、语言的统一性，成为他的独门美学，跨越了半个世纪，至今不变。

阿库·汉姆

在表演艺术中，控制情绪是一门极深奥的学问，必须不多不少、恰到好处，在含蓄与爆发间做到高度自觉。

我收到阿库·汉姆的邀请时，他正在北京与法国女演员朱丽叶·比诺什（Juliette Binoche）合作演出舞蹈。我们一见如故。他的经理法鲁克·乔杜里（Farooq Chaudry）谈到四年前就曾经与我的作品相遇，并向阿库·汉姆提起如果有机会应该合作，因此这次见面，我们就顺理成章地合作了。

阿库·汉姆问我，他应该以什么作为舞蹈题材？我看着他：这位年过三十的舞者，在西方的主流舞蹈世界中，已经走过了十多年的创作生涯，但他的脸上仍时而出现孩子气的纯真。长时间浸淫在西方的舞蹈语境中，他的舞蹈风格十分强劲。所以我回答："何不尝试回到自我？从形式中回到精神层次，以此也可以考验自己的实力。"我的意思是，创造一个比较内化的作品。这得到了他的认同。也就是从这一刻开始，我对舞者身体里的文化性有了更深一层的关注。在舞台上，当聚光灯都打亮照在舞者身上，他交出来的不只是身体，更是完完全全的灵魂。所有记忆将化成演出的情绪,而舞台的魅力就在于对这种无法说谎的身体语言的呈现。不过长期在西方的文化基础上创作,作品容易被观念化,这跟东方表演的情态有着微妙的不同。东方人在形式基础以外,还擅长个人情绪把控的艺术,这一关把握得当,演出自然会精彩动人,如果把故事设定在真实经历的范围之内,情绪的表达就更不用怀疑。

在表演艺术中,控制情绪是一门极深奥的学问,必须不多不少、恰到好处,在含蓄与爆发间做到高度自觉。演出与观众之间就像有一层非常薄的膜,冲破这个界限就容易显得粗俗。在亚洲表演艺术里,这道情绪控制的功夫是演出精湛的关口,是可以把观众带往高处的默契。

阿库·汉姆是在伦敦出生、长大的孟加拉裔英国人,当他的创作进入一个成熟阶段时,他才意识到孟加拉国对他的意义,从此故土便在他的创作生涯中产生了无比的分量。在他的双重身份中,我可以看出他的内在矛盾。

这种矛盾也曾对我的创作造成摇摆。我一直在试探这种内在反应,发觉其在创作过程中越来越强而有力,进进退退之间我也只能找到阶段性的答案。在这个时代,不管你在什么国家,有什么样的生活背景,观念就是力量,必须找寻一种能够传达自身观念的语言,它在超越西方语境的同时又能够得到认同与定位。当然,观念并不是事物的全部,必须经过很多深入生活的体验提炼出来的观念,才是真正要追求的。

对阿库·汉姆来说，这是一次富有转折意味的重要演出。我们在银泰中心共进早餐，我对他的舞蹈十分感兴趣，因为他融合了古典印度的Titanium舞与现代舞的观念，既拥有传统舞蹈艰深训练下的突出技能，还融合了对当代世界的观察。我们虽然来自东方的两个不同世界，却都生活在西方主导的国际媒体下难以被了解的世界中。我们都在寻求一种文化情绪的交集。

阿库·汉姆的故乡孟加拉国是一个怎样的地方？由于英国的殖民政策，伊斯兰教和印度教的矛盾，印度大陆形成了印度、孟加拉国与巴基斯坦"三足鼎立"的局面。在深入了解孟加拉国历史背景后，我发现西孟加拉邦曾诞生过伟大的诗人、思想家泰戈尔。他的诗歌、散文、小说，都不是一般的文学作品，对孟加拉国的民族精神产生了重要影响，尤其在印度独立运动期间，他成为反战斗士，大力声讨帝国主义的殖民政策。然而，他的外表温文尔雅、风流、浪漫，这样的反差让全世界印象深刻。另一位杰出印度人物圣雄甘地，赴英留学，学习西方知识、西方体制。回到印度后，他脱去了在英国当律师时穿的西装，改穿不代表任何宗教团体的民族服装纱丽。即便国家贫穷，他仍顽强地带领不同信念的人群，提出非暴力不合作运动，最终使英国让步，退出印度。甘地的成就使我对此地更加好奇。虽然动乱并未因独立而停息，但以不流血和平解决纷争，在今天看来意义格外重大。

我从北京飞往昆明，转机印度到达孟加拉国。窗外，视野一片朦胧，在快要到达孟加拉国时天气开始转热。对我而言，这是一个陌生的世界。从天空中看下来，整个空洞的城市，隐现在你面前，好像无人居住。从机场赴饭店的途中，我看见三个人逆向走在高速行驶的火车顶上，他们就这样自然地走着，毫不在意危险。当我们的车子堵在马路上，一个又一个漂亮的小女孩、小男孩，明亮的眼睛里满是笑意，围拢在我们的车窗外。可能他们是想讨一点儿钱，为了生存，他们不顾马路上潜伏的危险，穿梭于车流中。我不知道他们的家在哪里，只是这流动的场域，就是他们的希望所在。

一切仍在浮动着，不稳定的国度，继续找寻它历史的落脚点。英国文化带给他们的异彩，在某种意义上又影响了他们原有的文化生活。比如印度教与伊斯兰教和平相处良久，却在英国介入后成为仇敌。另外印度大陆一直以来是一个不断受到多种政治实体介入的地区，从古到今融汇了众多不同文化、不同背景的历史实体。不过奇妙的是，这些介入者最终都受到印度文化的熏陶，产生新的凝聚力而永久地留存下去。不管遭受到多少人为的与天然的灾难，印度一直坦然地活着。就像第二次世界大战后众多被西方定义为第三世界的国家一样，它们在传统基础上，被迫进入国际市场的商业体系里，廉价而丑陋的现代建筑群、恶俗的快餐文化，迫使古老的印度文化的存在游离。受经济活动的影响变成旅游项目的新景观，在曼加拉这座古老的城市，却被远远地抛离，成为一个现代发展与经济的孤岛。但人们争相进入那个有限的城市，求取生存空间。来自西方的广告娱乐模式，成为新一代年轻人的梦想。传统保守的女性形象被敷衍，她们突然间出现在大楼的外层并袒胸露背，加上即兴的商业性笑容，完成了西方审美的入侵。然而幸福是擦肩而过的虚幻，贫穷无解，了无希望。

孩子们争相在镜头前摆造型，他们的自我存在感在那瞬间彰显出来。孟加拉国就像是一个不断走向现代化过程中被遗留下来的问号。他们用手回收废铁，重新打造成能使用的轮船，不管是大人小孩，都穿梭于毫无防护的庞大工地之中，生活在这河流两边脏污的水沟之间。西方就好像是一个梦，永远不属于他们，因此只要一看到外国人，他们都会好奇，期待得到一点儿什么。那些孩子脸上充满着自然活泼的表情，迎向那些意识中的陌生人，然后失落而返，一切仍在原始状态，他们没有希望，宗教约束着他们，脏污的空气伤害着他们。遥望远方，在世界某些角落的繁华，无法与眼前的现实连成一体。

在贫穷窄缝中，孟加拉国无法控制的生育潮还在不断产生新生命，产生相同的无奈人生。孩子们不了解自己的处境，以廉价的生命在繁忙的交通要道上与汽车竞赛，影子若隐若现，像暗夜里的英雄，在黑暗中忙着争取胜利。他们成群结队，早已习以为常。

每次听到印度的民族歌曲，我都会有一种深刻的感受。他们讲求的是灵魂的参与，因此歌曲中有很多即兴的成分。借着沧桑歌声的诉说，歌者以内在的情感与周围聆听者交流，乐手也应对着歌者的变化而调整。像很多乐手本身也是一个擅唱者，唱歌是他们生活的一种抒发，对单纯美好的怀念和曾经沧海的共勉。他们的每次吟唱，都是大家围聚一堂，身体互相亲近，感受人性的温暖。信仰有时候可以安抚无奈的灵魂，毕竟那种成功的生活革命总是遥遥无期。在破碎不全的意识里，被糟蹋毁坏的自我，何时才会找到它的源头？那种没有痛的创伤，何时自觉愈合？

一个中型小区的广场上，堆满了垃圾，群聚着拾破烂的老人，天真的小孩习以为常地奔跑着、欢闹着。脏乱的河边堆满被淹没的垃圾、破船以及动物的尸体。码头上驶过一艘巨轮，黑色的人群带着奇异的目光注视着我们的一举一动，所有目光的焦点都聚集在我们身上。当我们移动的时候，大部分人都跟着我们走，尤其是孩子，他们还会跑到我们前面要求拍照。孩子们都长得十分漂亮，多种多样的穿着表明他们宗教信仰的不同。有些老人样子十分奇特，或许因某种疾病，使他们的面相发生改变；有些老得超乎想象，虚弱的身体，像垂死的动物，爬到我们面前，央求一点儿救济。

码头的终点是河流，虽然很窄，却看不到尽头。中型的轮船在这里显得尤为巨大。河面反光，看不出水有多深、多急，好像阿拉丁神灯里的飞毯，上面坐满虚弱密集的人。几乎贴近水面的船体，从各种方向而来，又向各种方向而去。偶尔有人注意到我们的船，但多半时候他们只是自顾自地摆弄着船只，出神地遥看远方，仿佛远古的修行者，远离城市的喧嚣，呈现出一种干净透明的感觉。在岁月之下他们显得健壮与坚强，成为城市中看不见的躯体，粗犷、愤怒、哀伤、无奈、进取、仇视、友好，他们脸上埋藏着复杂的情感，在时光的流逝里看不到尽头，宿命的螺旋该如何摆脱？

孟加拉国数天旅程，让我在平凡的情境中找到了新现实的影像，引发了种种联想：伊斯兰教、佛教、殖民地、泰戈尔、女性的可怜处境、孟加拉虎、沉睡的鳄鱼……包括印度教的整个生活风貌都已略有了解,我集中把焦点放在阿库·汉姆所要传述的印象中。

在孟加拉国参观孤儿院的行程中,我看到无数样貌可爱且十分令人动容的小孩,我一直不停地拍照。这些孩子出生在一个历史悠久的国度,虽然文化性如此统一,但人的模样南辕北辙,不同种族的痕迹都留存在他们身上。印度的宗教,集合了世界之大成,譬如祆教,但在印度教熏陶下产生了不一样的面貌;还有奢那教、锡克教、犹太教,以及代表印度的印度教。但跟其他宗教不同的是,印度教没有开山祖师。《吠陀》《奥义书》《薄伽梵歌》等书记录了当时的故事和哲思,其中的湿婆,唾弃形体崇拜,以冥想为宗教活动,在恒河上洗涤朝圣。

早上六点,天还没亮,却听到大街上有人在念诵经文。在这里,女人生来是有罪的,要把整张脸遮起来,到睡觉的时候只有亲人才能揭开;少女到十二岁,父母就要设法把她嫁出去,如果女子到了十八岁还未嫁出就会被视为不祥。这样父母生了女儿,等于多了个沉重的负担,必须要陪嫁大量财富,才能把女儿嫁出去。而且,男人可以在外勾搭其他女人,妻子却没有诉讼的权利,有的还会经常遭到丈夫斥骂、殴打,甚至杀害。女人没有任何地位,还得负担所有繁重工作,生儿育女,劳苦一生。每次看到一个全身裹黑的人形飘飘而来,走到很近处才看到那双眼睛,总有一种不可思议的感觉。尽管西化之后,一切有所改变,但在社会底层的生活里,女人依然没有自身的权利。这与大城市中看到的印度女郎——已成为西方广告中的性感女神,娇娆的照片挂在城市显眼之处——形成鲜明对比。这个古老的国度使人迷惘,充斥着模糊的价值观、平衡缺口和落差。

离开的那天,城市又在大闹罢工,数十万人涌到街上,谁开店谁就被砸,即便拍摄也会遭到被拆车的危险。愤怒的民众有什么计划,无人知晓。我们当时在英国领事馆的晚宴中得到消息,必须赶在隔天罢工发生之前离开这片多愁之地。不过在我的心里,仍然会记得那些孩子的脸,想到他们的前途与人生,仿佛上天对他们的出生开了一个玩笑。

阿库·汉姆推荐我去看了一场讲述一位孟加拉国英雄人物故事的演出,那故事来自小说。阿库·汉姆与法鲁克,一个孟加拉国人,一个巴基斯坦人,阿库·汉姆的叔叔曾经是一个自由的战士,与法鲁克的家乡巴基斯坦是敌对关系。

阿库·汉姆的舞蹈动作很快,能飞旋,在节奏强劲的空间里,他使出浑身解数,不断重复飞舞着。对于孟加拉国,他像一个从宫中走出的王子,我们一起从那贫穷的角度,激发创作的动因。作品名为 *DESH*,就是"国家"之意。创作以两条平衡的线作为起点,一条是我在孟加拉国的整个主观的经历感受与视觉印象,另外一条是我充分了解阿库·汉姆后的世界——一个现状、过去与未来都动乱频频无法测度的世界。

1870 年,一位孟加拉国少年,在游行中被枪杀,却成为整个自由运动的偶像。这个不自觉的个体跟整个国家的理想,构成一种偶然性的关系,成为永恒的标志。被杀的年轻人在这个过程中已不自觉地转化为一个斗士，幻化成争取自由的牺牲者。在孟加拉国作为一个为自由而战的战士，要做好随时死亡的心理准备。虽然知道这个理想无法达成，但已有成千上万的人为了自由而牺牲，成为一个象征，不管成败，它的意义已经完成。阿库·汉姆认为这个历史事件，可以介入虚拟的结构里，六个题目随即产生：一、土地；二、河流；三、记忆；四、布料；五、语言；六、生命。由阿库·汉姆一个人同时出演六个角色，并打造六个情境、六种与他对话的声音。旁白讲述故事，产生对12世纪诗歌的回忆。他不代表六个角色中的任何一个，他只是一个转化者，舞台上只有他一个人存在，对应的只有声音。

我考虑到需从政治慢慢地回到人性本身，那种转化，使阿库·汉姆成为孟加拉国的一个影子，印度的人种——那里的人层次很多，很难有一个统一的概念。他的原动力来自社会底层。阿库·汉姆设定为一个外来者，可以选择进入或隔离。在 *DESH* 中，一位历史人物，代替他进入这个世界，不过他不仅是一个出演者，在某些层面也是自己，既隐藏又露出，一个暧昧的验证。我们从零开始，从细节中建构主题，分发到所有角色中。我们还收集了非常多不同环境的声音，营造实际空间的幻觉，创造出空间与故事交融的场景。这是一种历史的投射面，而非历史本身。

我们不断提到"水"在孟加拉国的显著地位，那种流动，贯穿了整个意识世界，也是一种不断发展变迁的过程象征。孟加拉国的水很浊，因为英国人在水里种下了漫无边际的草藤，就好像在一个透明的容器里堆满了不断滋生的混乱。于是我们就想象一个巨大的身体,被桎梏在这样的环境中挣扎。印度恒河上,渔夫每天在河中收集死亡的尸体,不断通知死者家属,日复一日地处理埋葬的工作,渐渐变成了一项生意。水在孟加拉国是一切生命的来源,死后也应回到水中成为自然的一部分。

空中的舞台上只有阿库·汉姆,他扮演自己的父亲,腿根被割断,不能正常行走。舞台上弥漫着一股哀伤的曲调,天空中缓慢降下巨大的装置,像故乡湖边的幻影倒影在舞台上方,一直往下压,慢慢地充满整个舞台。阿库·汉姆在水中找寻出路,当空中丛林升起来的时候,他倒吊在舞台中央,成为倒影的一部分。就这样,我们看到他对故乡的整个感觉。在水的倒影中呈现出无限的哀伤;在现实世界里,却很难重回那条轴线。一切个人的历史与群体的记忆都静止于此,虚浮得无法着地。

在几天的工作过程中,我特别快乐,因为这里有一种令人安逸的氛围。每一个合作伙伴,都有丰富的创作经验、成熟的人格与对国际艺术品位的认知,很容易谈得来。孟加拉国孩子欢欣的笑脸,在音乐中获得了精神满足,超越了世间苦难。虽然与殖民相关的课题是沉重的,资源是短缺的,但在一位纪录片导演的家里,我看到一部当代电影,尽管这部电影真正用于拍摄的机器不到五台,可这就是整个国家的分量。不只是资金,人们对电影的认知仍未开发,等待他们的还有漫长之路。

有一股冲击的暗流,不断向我涌来。其实问题到哪里都一样。西方作为既得利益的国家,向亚洲伸出巨手,用优厚的条件收揽着全世界的优秀人才成为西方体系的一分子,激励各国在地的文化事业。他们一直全盘掌控着各国的命脉,不少发展中国家都得面对他们外来的强大势力与国家内部的分歧。在这样不能平衡的状态里,必定要做出牺牲。

解而后轻,轻而后灵,灵而后动,产生了自由的感觉。当我不断地认识国际间有文化影响力的伙伴,我总是感觉到一种更轻松地面对事情的态度,清晰而积极地进入具有世界高度的文化认同,进入一个更高层次的认识中。从新的视觉找回自我的各种属性和各种可能,忘我地进入未来。

与阿库·汉姆合作第二部作品时,感觉他愈趋成熟。由于《摩诃婆罗多》故事中全是复杂的神话与生命的奥义,印度史诗有很多种诠释方法,阿库·汉姆的方法让我想起了彼得·布鲁克(Peter Brook)。就有如他的前辈,彼得·布鲁克1968年执导的《摩诃婆罗多》演出时,必须找到属于他的语言系统与当代意义。当时他演了一个小角色,却仿佛摄取了剧场的生命,在他脑海内发光。所不同的是,注重文本的彼得·布鲁克总是以人文主义重新建构他者文化的史诗,而阿库·汉姆拥有的却是身体的记忆,他对古印度舞的熟悉,使他可以站在舞台上,直接地呈现自我,直接地表达。他对神话的理解,我所看到的,就是他这种不同于彼得·布鲁克的深厚传统舞蹈的血源基础,使他可以纯粹从个人内在出发。他这种非语言性的内涵使我相信,他在当今现代舞中正走着一条正确的路,单纯地面对着一切细微的变化,重新以身体的记忆建构古典的实在,利用他快如闪电的动作与节奏绵密的舞步,重新阐释了当代《摩诃婆罗多》舞蹈的意义。他重新阐释了舞台说故事的方法,他对那个母体世界展开了想象的网,对古文化有新的视野,追求平稳直接与单纯有力的切入。他开始相信文学,成为一个文本作者,文学在他的作品里浮现了象征意义。他不断深挖这些东西的具体形象,这一切构成了他动作的原型。由于他的舞蹈带有浓厚的古典意识,他把技法融汇在当代张力的节奏之中,因而成为强而有力的动态语言。古典的重现往往构成巨大的空间张力,他掌握节奏的能力让我们可以被他感染,被他带入空间的另外一个层次。

印度史诗《摩诃婆罗多》一直在我心中回荡,关于印度宗教文化的神秘感,以及其与生活息息相关的关系。阿库·汉姆用了一个奇异的入口,去坠入他的母体世界,那文化源流的核心,并由此开始了约一年的创作。他在每次的舞蹈创作中,都会找到身体与空间新的摩擦。这是一个能量的演出,在圆形舞台的中央有如神的武士,阿库·汉姆以坐者("坐"是在意念的彼岸,坐看神息变幻,创作在定景与虚景之间,自在观流)与守护者并存,全身心地投入舞蹈的演出中,每一片段可行与否,都在考验舞者天分与身体力量的持久性及其敏感细腻的掌握度。

在全球西化的时代里,第三世界国家的文化中任何一环都会被牵连到廉价的民族意识,而阿库·汉姆却以纯粹的观念,自由地选取东西合璧,古典与现代的音乐模式、电子乐与民族的吟唱,重新解读了印度文化的声音之美。他掌握了强劲的节奏,利用在传译方方面面的细节中所有接触点的对错,影响戏(气)的衔接,建造动力的方向。而力的控制,使声音可以一直密集向上,怪声应用于与神对话的紧张状态,还原了原始的声音,是那种神性的张力。不仅如此，甚至衣服的厚薄也会被他处理成柔软的各种技巧；在舞台上有机地完成技术的潜藏，有如衣服在舞者身上穿了一千年，它不代表任何背景与角色，残旧得几乎与舞者的汗雨相连，结为一体，凝结出能量的语言，形成舞台空洞的各种层次的回音，叫唤那庞大的黑色的底层。

在当今仍处于意识流、观念主义，或各种传统舞蹈正在流行的时代，阿库·汉姆的确开发了一条通往古典的路，而且引领着可以从自身身体的文化历史探索的未来，开发每个人与独特的民族性的再创造。我深信，在他身上可以看到东方的意蕴，以及与我共同创作未来的语言。

我与阿库·汉姆一起创作的作品大概有六个，可谓合作无间，做完《环》(Until The Lions)之后，我们合作了英国国家巴黎舞团的《吉赛尔》(Giselle)，之后一直在美国参与了《源》(Desh)的舞剧，回到伦敦合作了《怪物》(Creature)，最近又在筹备新的合作作品。通过与他的合作，我预习了所有东亚传统的文化，拥有了未来创造性的可能，他是我一生的合作伙伴。

黛安·佩尔内特

其作品风格细腻,有强烈的梦幻感。

我认识黛安·佩尔内特(Diane Pernet)的时候是在广州,当时方所在广州开幕,我看到一个全身漆黑的神秘女人,她犹如一个影子般存在,跟中国的世俗格格不入。经过毛继鸿的介绍,我得以认识了她。她邀请我去参加她的时装电影艺术节,我看这是一个新的路子,就欣然答应。之后我发出了一些实验的电影,在她的电影节里初试啼声。第二年我拿出了清朝的皇家《厨房》,在蓬皮杜获得了他们的最佳艺术指导大奖,由著名的法国服装设计鼻祖——让·保罗·高提耶(Jean Paul Gaultier)与帽子大师斯蒂芬·琼斯(Stephen jones)颁发。渐渐地,我又开始了一个短片拍摄之旅,在胡歌与周迅的短片《某种爱的记录》拍摄之中,她客串了一个角色。在她的介绍下,我认识了一个非常友好的合作伙伴——刘美惠,她于20世纪90年代到伦敦,去发展她的时装梦。她来自台湾,早年顺着日本的潮流进入伦敦时装界,开拓了古董衣服重新创作的风格,其作品风格细腻,有强烈的梦幻感。后来她协助我制作了在伦敦南岸探讨青少年的《云》(Cloud)，更重要的是她实现了《无尽的爱》(Love infinity) 的想法并开启了她长远的旅程。

黛安·佩尔内特来自美国，在纽约做服装设计，后来她扭头做在线博主，定居巴黎，成为巴黎的一位时尚博主，组织了第一个从时装的角度开始一个风格多样、无限延伸的 Asvoff 时装电影节（ASVOFF, A Shaded view on Fashion Film）。黛安·佩尔内特从中国人的角度来说，是有情有义的人，她协助年轻的艺术家与电影人开启他们的作品，联络法国甚至世界各国高层的时装设计师，把新的想法与创意投射到她的艺术展之中。她以个人的魅力，凝聚了一种黛安·佩尔内特的力量。

我们有一年在保加利亚一个大片场的现场看到她制作的开幕短片，她风趣幽默、形象突出，带着一种包罗万象又懒散自得的神态在编辑里面产生了非常奇特的效应。黛安·佩尔内特的确可爱动人，她邀请我一起在台上共舞，我也破天荒地加入了她的歌唱队的行列，成为乐队的一员。当然，她有一帮非常要好的朋友在支持他。她至今独身，全力投身在她的电影节上，不断发掘新的原动力，创造新的有创造力的声音。她在庞大商业化铺天盖地地覆盖整个行业的浪潮中，创造了一个空间，可以让美与创造在时间的前锋中继续迈步向前。虽然她的电影节跟商业电影的世界不同，却保留了无限支持与讨论的声音。她进入了巴黎 Comme des Garcin 基金会（川久保玲在巴黎创立的品牌基金会，没有中文名。——编者注）美丽高雅又颓废的场地，在一年又一年的艺术节上获得了他们的大力支持。《无尽的爱》以当代艺术视觉电影的角度集合了众多不同领域的艺术家、设计师、建筑家与时尚创造者，与黛安·佩尔内特志同道合，引起了各界广泛讨论。

她的图腾是黑蜘蛛，带着一种幽默，有着优雅的态度，她在欧洲艺术界的潮流中翻滚扑打出一片自我的天地。

弗兰克·德贡

> 他追求诗意，一切全在他脑海内自转，无故事性的创作法点状行进，不断改变。

弗兰克·德贡是意大利血统的比利时人，父亲是矿工，少年时出城，开始做儿童剧，后来遇到太阳马戏团的制作人，共同打造太阳马戏团，导演了多部名作，如拉斯维加斯的"Ó秀"。2000年，弗兰克自己创立了同名的弗兰克·德贡制作公司，走上生意人与艺术家兼顾的道路。他成功地自立门户，2009年，澳门《水舞间》(The House of Dancing Water)的演出成为他掌握水陆空舞台技术能力的标志，弗兰克·德贡制造了各种融入现代科技的神话，大型装置增强了创作的可塑性，开拓了舞台艺术的崭新可能。之后的一系列作品，每个作品都包括一种新的剧院的建立，为了这个单独的戏，他们重新设置了这个剧院的规模。整个舞剧的建筑是奥运会建筑师与舞台技术监督马克·费舍尔（Mark Fisher）的遗作。舞台拥有庞大的体积，三十四米的舞台开度，两千五百个观众席的座位，分成上下两层，中间舞台可以在表演中升起，下面的两台观众会左右移开，中间产生一个十几米的水中平台。那个水中装置技术高强，是世界之最，能够在数秒间把一个干涸的平台变成一个七米深的水池，可以进行大量的水上表演与空中飞人冲击。我也参与了大型的构想与各种级别的人物的表演空间，这个创作的细节充满着不断的、奇特的构想，各种难度极高的特级装置以及高空跳水、水上摩托车穿梭其间，都是各种惊艳的主题。

在与弗兰克·德贡的合作里，我们经常提到一些出乎意料的庞大意象，在他的理论里，剧本是不存在的，所有有形有意的剧本对他来说都很俗套。他相信影像的诗意，用不同的画面拼贴，强调出奇异的景观，用最好的科技与最大的预算建造一种不可能的经验。他追求诗意，一切全在他脑海内自转，无故事性的创作法点状行进，不断改变。

在《汉秀》创作过程中，弗兰克·德贡也曾困于平衡中国的意题。作为一个西方的创作团体，弗兰克·德贡一直在各种不同文化的国度中做交流，他强调以身体创作，但德贡对东方文化并不全然了解。作为整个庞大创作组合中唯一的中国主创，在负责《汉秀》的服装设计工作的同时，我亦担任了另一个重要的职务——中国的艺术顾问。我开始和他紧密地接触，交流对中国文化的理解，深入他创作的核心，我们慢慢地形成了默契。我成为他面对中国主题的战友与知己，得到了他充分的信任与尊重。那时候，我们都追寻着一个能把意大利文化与中国文化共同融合的奇观，他的注意力集中在童稚又抽象的荒诞中。

我们一起研究讨论创作的内容，开始了马拉松式的拉锯，在巴黎、那不勒斯和比利时这些地区和国家，做谜样的见面推进。

在负责《汉秀》的服装设计工作的同时，我发现空中条件的限制，钢丝的各种结构，再加上水的磨砺，这使可用材料大量减少，《汉秀》的服装设计充满多变的难度。

弗兰克·德贡认为在他脑海随时发生的灵感最为重要，永远追求即兴的创作，掌握着不断变化与不断丰富的信息，为这些景观赋予情感，使用了不少个人的象征物——果树、白马、水，各种不同的元素不断重复出现在他的舞作中。弗兰克·德贡以现代的科技去表达他唯美的语言，成为世界独一无二的大型综合性舞台剧的创作者。他把表演的地平线带到空中与水里，技术的奇观使观众的视线投入于空中的舞动与水中的探险，庞大的制作使他充满了计算的精神。

弗兰克·德贡的过世让我十分惊讶，他拥有一个庞大的舞台帝国，这在他的年代是富有开创性的。从太阳马戏团出发，到自己公司的发展，直到这种大型波动不断地转型，在他身上可以感受到时代的强烈起伏。

弗朗索瓦

> 歌剧在面对东方文化的时候,要找到一种新的平衡之道。中国文化很复杂,要把故事搬上舞台,你只能做大量的简化。

导演弗朗索瓦·吉拉德是有法国血统的加拿大魁北克人,他生活在蒙特利尔,是个成功的歌剧导演,注重音乐性与诗意,热爱莎士比亚的美学,用歌剧的雄厚意象建筑他的美学。弗朗索瓦亦有电影背景,拍摄过《红色小提琴》(Le Vidon Rouge)《绢》(Silk)等电影,但品位奇异。他用声音创作剧场,令我对西方人在戏剧音乐结构上的感知有了新的好奇,就如他所说"一切人物都能在其间形塑彼此,没有影像,只有声音"。我们曾经一起塑造空间中的张力,以莎士比亚层层叠叠的节奏感制造了一个梦幻般的想象世界,以影像诗意入手,营造各种色彩奇特的戏剧张力。由于他与太阳马戏团有多方合作,对于新型的大型舞台,它有一种深刻的经验,我们原来有机会在中国合作一个大型的剧场秀《汉秀》(规模像太阳马戏团),但后来制作团队换来了弗兰克·德贡——是这个主创的总导演,他们互相理解,也是多年的好朋友。弗朗索瓦钟情大画面,与我意气相投,与我有很多共通点,大家很想找个机会合作。

早在 2013 年，他就为大都会执导过非常成功的《帕西法尔》（Parsifal），他在剧中所描绘的末日世界既超乎现实，又耐人寻味。其中的编舞家蔡敏仪（Carolyn Choa）也因此得到年度最佳舞蹈家的奖项，她的舞蹈剧照登上了《纽约时报》的封面。当年的观众对舞台呈现以及由乔纳斯·考夫曼（Jonas Kaufman）领衔的主角阵容津津乐道，显然两者的吸引力不相伯仲，都令人着迷。2020 年，弗朗索瓦重返纽约大都会歌剧院执导了另一部瓦格纳经典《漂泊的荷兰人》，他已然成为瓦格纳的歌剧专家。所以多年后，当他开始筹备《罗恩格林》时，打来电话跟我说："终于有机会了……"

纽约大都会歌剧院接下来的重头戏《罗恩格林》是我们等待多年、终于可以跟弗朗索瓦导演合作的难得机会。难得的是它是破天荒的首次，莫斯科大剧院与纽约大都会歌剧院同台合作的巨型歌剧，分别在两地演出。首先是在莫斯科大剧院，因此我首要面对的是跟俄罗斯首次的合作。有机会在莫斯科大剧院工作，我觉得很荣幸。剧院位于市中心，周边都是餐厅，我感觉简直就像在俄罗斯的中心一样。大部分俄罗斯人并不是天天看歌剧。但是我周边的俄罗斯人有着很高的素质，他们会聚在一起探索新事物，所以这次体验很集中，又很不一样。他们的行为举止不一样，他们的艺术方针也不一样，但他们能成功地把全球最显赫的创作大师的作品搬上莫斯科大剧院的舞台。他们有着极高的国际水准，而且拥有一些在其他地方很难看见的独特性，但我们了解到即使如此，我们的构思肯定又不同于他们的常规制作。筹备与排演过程相当复杂，因此困难重重。我们通过高科技的设备不断沟通，慢慢地了解双方的要求。那也是我首次在俄罗斯工作。一开始筹备《罗恩格林》，基本上是我们的团队带头，大都会团队在场辅助并观察工序的每一步，只是在准备好之后在纽约搬演时所需的细节，但是主要的舞台设计与技术的解决都是由我们这边承担。

我们主要的准备工作全都要在俄罗斯做好，大都会的制作团队只是观察和跟进。因为从未合作过，我们也无法一直待在莫斯科，所以我们整理了一大本厚厚的、写满细节的本子，我们制造了一个巨细无遗的创作剧本，哪怕是一个细小的技术环节都会绘画在那本知识本里，就像一本《圣经》，让他们厘清每一个设计的细节。它又活像一本教科书，一时让人惊讶于我们的精细程度，所以我们花了很多时间探索如何在远距离顺畅地沟通。我们花了一年多的时间做这个项目的筹备。我最后在莫斯科待了一整个月，我的助理逗留了两个月。我有很多朋友曾经在那里工作过，他们跟我说，"莫斯科大剧院很好"，还有"啊，过程不太容易呀"。莫斯科大剧院有很多具有吸引力的东西：非常大的制作工厂，对传统芭蕾舞的经典剧目做出古典美学的置景，令我置身于 20 世纪初期的俄罗斯黄金时代的辉煌，他们的工作风格与我们截然不同，但他们对此作品充满期待，上至艺术总监，下到服装部的每一个美术工人，都不遗余力地为我解决技术问题。他们很专业，同时性格比较严肃；他们必须按照部门安排工作，但细节上又绝不苟且；他们不太盘算利弊，凡事处之泰然，但当我们表示某些细节需要花更多工夫时，他们又乐意提供帮助。

对于我个人而言，最具戏剧性的时刻发生在 2022 年的莫斯科大剧院，首演后，在庆祝莫斯科大剧院与大都会歌剧院历史性合作的宴会上，俄乌发生冲突的新闻突如其来，访俄的国际制作团队不得不在第一时间匆匆撤离。首演相当成功，但也令人伤悲。我们听说外面有事发生，但并不知道那么严重——起码我们希望不太严重。当时我们满脑子只有歌剧制作。当舞者们走进剧院，我开始感觉事态不妙。不同背景的人有着截然不同的反应。当我们终于有机会跟乌克兰编舞交谈，他真的很担心家人与在场准备演出的那些舞者，也尽其所能让演员不分心。可是，当更多人走进后台，每个人都听说外面发生了什么，当然会受到困扰。首演过后，我们举行了盛大的庆功宴，大家都在感谢我们所做的一切。突然间，我接到从伦敦打来的电话，告诉我们当晚就需要离开莫斯科。尽管事发突然，但我必须感谢莫斯科的每一个人。他们都很照顾我，他们都很棒。

这几年，我常住在伦敦。但在过去的一年里，为了准备纽约大都会歌剧院版的《罗恩格林》重新委约了舞美与服装的制作，大都会的《罗恩格林》跟莫斯科的有着非常大的调整，一切要重来，因此正式演出期间我又在纽约待了几个月。直到把整个构思移师至纽约大都会歌剧院，所有实质的布景与服装都要重新制作，一方面我们需要从后勤方面考虑，另一方面我们也明白两地观众的审美是不一样的。

跟弗朗索瓦的合作，我享受百分之百的创作自由，我俩的干劲儿也旗鼓相当。有时候我们从罗恩格林身上获取灵感，有时候是从女主人公埃尔莎身上，但我认为这都源自瓦格纳的原创思维。故事中的这两个人物在道德层面只要改变了方向，就会给埃尔莎带来悲剧。她不可以问丈夫的来历，不然就会遭到遗弃，罗恩格林也不会为她的种族出战，两人充满疑问的关系，却从不可以去找答案。人们每天的生活都问题重重，必须不停地调整才能保住自己，时时刻刻都不能停下来产生怀疑。永远都站在绝对信仰的另一边，彼岸的诱惑却要你转回头，毕生只要回头看。一切都会于顷刻间毁灭。所以弗朗索瓦与我一开始用的是一个大抽象、强大的写意设计手法，然后才把人性放进去。

按照早年的经验，银幕上流动般的戏服也可与舞蹈相比，带出节奏的魅力。那么，在歌剧的舞台上，西方歌剧是靠歌唱家的强大气场，使歌剧的音乐家的音乐淋漓尽致地表现出来。演出就是一种能量的交流：台下的观众接收舞台上发生的一切。他们不只靠理性理解，更多时候是通过感官感觉。当中的差异我觉得很重要，因为我的作品往往聚焦于内在的感受，而并非外在的解说。我想构造一个存在于潜意识的另类世界的体验，从很多方面来说，那个世界比我们周围的实体世界更真实、更富感情、更体贴。

当观众欣赏舞蹈演出时，他们不只是用眼睛来看，他们的整个身体都被唤醒了。而服装只是我们躯体的延续：看着舞者的动作，你可以看出故事情节的发展；服装让故事更加视觉化，让人物处境与心理状态更富诗意，让观众更好地了解内容并感受其中。我跟阿库·汉姆以及其他编舞家合作的作品中，你会发现我的构思很简单，因为人体其实很复杂。要想清楚地看到人体舞动，就不可能把大量衣服盖在演员身上。你要让身体把故事说出来。我花了七年时间去研究不同文化的身体语言，发掘不同种族特定的形体范本或动作模式。我曾经到处寻觅，我的首段电影生涯于1993年暂告一段落，然后我去了台湾，在那里探索人体律动，跟形体艺术家、艺术团队一起工作，比如云门舞集、当代传奇剧场、汉唐乐府、林丽珍、优人神鼓等——他们的文化背景、表演行当与风格都迥然不同。此时，我也有机会进行深入的全球性的戏剧研究，探索声音与动作如何影响戏剧的含义。这些议题很早就在我的脑海中，所以每当我发现新事物，我便尝试吸收新知识与新感觉。

歌剧在面对东方文化的时候，要找到一种新的平衡之道。中国文化很复杂，要把故事搬上舞台，你只能做大量的简化。我的工作是探讨深层意义，并让它能浮出水面。每当我成功地连接文化核心，我就想自己为世界福祉做出了一点儿贡献。德国文化与中国文化有点儿相似，尤其是蕴藏于文化中的能量，可以推动实体世界。但是德国人要比中国人的哲学思维更抽象：我经常遇上两种不同的动力碰撞在一起，让我的认知更上一层楼。《罗恩格林》不是中国题材，也不是我的首部瓦格纳歌剧制作。但我在尝试瓦格纳的系统里面找到了中国的脉络，就有如在莎士比亚的美学上所产生的系统转移，在深入探讨与研究的感悟里，渐渐感受那种无缝的连接。

瓦格纳的世界缔造了一个偌大的空间，让音乐、歌唱、戏剧与视觉元素可以融在一起。瓦格纳不单是一位作曲家，他还创造了表演艺术的新品种。他的音乐当然是抽象的，跟普通的叙事形式刚好反过来。通常在歌剧范畴里，焦点会侧重于情节上，可瓦格纳的歌剧更像一场舞剧音乐会——不是惯常的纯音乐会,而是歌唱的戏剧性、主导动机,呈现了歌剧体验的全新活力,影响后来无声、有声电影观赏性质的建立,集合了音乐、绘画、舞台、服装、灯光等综合艺术的呈现,讲述了帝国兴衰以及神仙与凡人的复杂故事,那些神仙更活在凡人的躯体里。整个"导演主导剧场"(regietheater)的诞生基本上是因为瓦格纳,所以音乐的动力不停地推进,奋勇向前。

在《罗恩格林》中,弗朗索瓦有强烈的视觉感。他是一位富有视觉要求的导演。我觉得他能感受到瓦格纳的力量,那种极大的超级力量。弗朗索瓦懂得如何建构能量,但他花了最多的时间在谈论音乐与故事情节上。在《罗恩格林》里,角色之间关系复杂,情节发展的维度也因不同状况而变化。当你认真研究瓦格纳并花大量时间学习这部歌剧之后,你就有把握处理整个制作。最重要的是控制瓦格纳音乐内藏的能量,因为他已经把那些能量分配给不同角色。我的第一部瓦格纳剧作《特里斯坦与伊索尔德》比较简单,主要是两个人:特里斯坦与伊索尔德。所以这一次参与《罗恩格林》,我知道先要把很多以前采用的历史细节去掉,把整体的氛围建立在未来末世的时空中。我们会在音乐的能量之中找到色彩。整个《罗恩格林》的视野,凝固在一个末世的氛围里,主要的人间已经不适合生存,活在地下的庞大建筑结构中,每个人生着病地互相纤结在一起。即便这样活在恐惧之中,也要迎来不能抗拒的战争,那个病弱的心灵还是要拿起战斧,为生存而战。也因为这样,罗恩格林变成十分重要的外来支持。在这个气氛的营造底下,我开始用颜色来与瓦格纳的主导动机的音乐做出交流,每个人都有他相关的颜色系统,衣服可以随着不同人的演唱而改变色系,有如在传统昆剧《长生殿》里，有全堂红、全堂黄、全堂白，我把其中的黄变成全场绿，在情绪的变幻之间增添色彩，强调音乐的意志力的展现，追求瓦格纳美学的可能性。在纽约大都会歌剧院演出的《罗恩格林》也在全世界特定的电影院之中同步演出，获得了巨大的成功。我跟导演弗朗索瓦早已成为多年的好朋友。弗朗索瓦的高文学性，对歌剧的精通，加上我们拥有共同要好的朋友，让我们建立了情同兄弟的友谊。

于军

科学与艺术能否结合，产生新的理解世界的模式？

在 2018 年的时候，我与中国科学院的院长于军先生合作完成了在今日美术馆举办的全观艺术展，使我有机会到达中国科学院，与每一个学科的科学家一起研究，去找寻一个久远的谜题：究竟科学与艺术能否结合，产生新的理解世界的模式？中国哲学中不为科学所分解的部分，是否在今天仍然有它存在的价值？一个真空的实验室里，单细胞从一个慢慢地孵化出无数个，他们重复着一个模型，最重要的是他们是从虚空而来，使我受到极大的震撼，那个看不见的动力来源，我们怎么去称呼它？可否通过丈量的方法去定下它的形状大小与属性？

有幸得到于军教授的支持，他对科学物理与中国哲学开放态度，使我们永不休止的讨论能够深入与丰富，双螺旋的结构开启了 DNA 的原理。我们分析到科学中的种种悬念，再遭遇到量子力学的介入的影响，今天的人工智能又燃烧到一个更大的谜题，种种感悟让我产生了"精神 DNA"的想法——每个地球上出现的可观可感的物质都来自里面的精神素质。如果时间延续是一种幻觉，我们的存在在于分子的聚合，但这种看不到内容的物理学，很难解释我们这个世界怎么完成与延伸，所谓人类文化的价值是否来自物理状态，还是一个更为古老的情绪文明？很多东西能留存几千年，可能不只是因为物理的变化，更是因为它触发了情感，一种穿透一切的人类间灵魂的连接，时代酝酿出一个伟大的动机，其实这个大整体才是一切发生的动源。如果我们仍然有这个可能，清晰地分析我们所处的处境，这个精神世界将会融会贯通一切，重生氧化这个世界，使其脉络畅通，气息平衡，全观展示。我可以从开放的角度去重新观察时间与空间，以及生物学的一切秘密；重新去感悟远古中国的智慧，以及玄虚的妙在。但是这一切都为时过早。

今天回想起全观的展览，是在探问物理世界的来源，如果科学是停留在物理的反应，而我开始去问这些反应的来源，是否有一种看不见的动力在推动它们的成长？这种无形的动态才是真正的世界脉络。我们所能了解的真理，除了通过物理时间，我们有没有办法通过情感去理解？冷冰冰的科学，没有办法像精神素质一样从里面观察到外面。这是一个里里外外的全观状态，从精神到物质的整体过渡。最后展览所创造的，是开发一个"精神DNA"的启蒙，也开启了以后漫长的探索。

于军十分实在地讨论事情的各种可能，对科学的世界了如指掌，拥有丰富的经验，我们每每一谈就不会完毕。我经常笑他科学家真的不如艺术家自由，一切的言语都要通过非常严格的科学验证。艺术家提出的诗意想象的空间，很难在他们的领域中发生，毕竟连爱因斯坦也需要想象力来帮助。有时候单靠科学可能头脑也转不过来，浪漫又是大胆科学的催化剂，寻找这个原始的空间结构，貌似复杂又空洞的世界里面，同时存在着多种多样的事物。不同的时间流过整体的空间，我们活在一个单独的宇宙中，又以共同存在的幻象相连，多维度的世界使我们看到的非常小，感觉不到其他世界的同时存在，我们就要学会面对黑暗去聆听。我创作了"lili"，她可以穿透异世界的种种，她可以辩证出世界的方法，在那里我们是否映射到更广大的世界的结构？而我们不仅单独地存在，我们真的存在并非我们所想象中的情况。人用知识去框定现实，但是物理的世界讲着另外一个存在的道理。在我们的世界里面就是人间，自然的空间里面就是自然界，在虚空的宇宙就是空虚的物理空间。一切都是神秘地重叠着，全观没有给我们带来答案，只是开启了一个对未来的充分探索。

麦克法兰

他对中国文化艺术拥有深厚的认知与兴趣，当有人问他东西方的议题时，他打趣地说："东方和西方定义取决于你的位置。"

跨文化领域的专家艾伦·麦克法兰（Alan Macfarlane）教授，出生在印度南部，在英国读书、成长。他早年就读于英国知名私立学校牛津"龙校"和"赛德伯中学"，随后在牛津大学获得历史学本科与博士学位，又于伦敦大学亚非学院获得社会人类学博士学位，在剑桥大学执教逾四十年，是英国上流社会的一个百分点。他对中国文化艺术拥有深厚的认知与兴趣，当有人问他东西方的议题时，他打趣地说："东方和西方定义取决于你的位置。"于青年麦克法兰而言，东方是神秘的、遥远的，他从未想过要去东方，但至今他和妻子已来过中国近二十次。

由于被邀请去参与他所负责的"剑桥大师对话系列"项目，我认识了他，因为我们在非常多的领域聊出了共同话题，后来发展出以六天的对谈内容为基础，在三个月之内产生的对话集。我有幸在这个人生关口得到这份厚礼，毕竟很难找到一个能谈到一定程度的同行者。麦克法兰的人类学背景让我有深入他所触碰的学科的兴趣。作为人类学家，什么都与他有关，并且跟我的状态非常接近。虽然我们每次都点到即止，但是开拓的空间是无限的。最重要的是，我用一种对照的方法使自己更了解自我，了解东方世界精神的重要性；使自己更能清晰地找寻未来的路径，深入地探索未来。

一开始，我收到麦克法兰教授的邀请是很好奇的，我知道他对人类学非常有研究。之后在剑桥大学，我们聊历史、聊哲学、聊文化、聊时空……《奇妙与艺术》这本书就诞生在这样一个过程里。

我们进行了六次深度对话，我问他几个问题，他问我几个问题，从各自的童年生活、成长环境、艺术或学术经历、作品成果，谈到由此而形成的世界观和价值观，涵盖了对时间与空间、现实世界与精神世界、创造力与能动性、宗教与哲学、科学与艺术、人文与自然、科技与未来、古典与时尚、东西文化互通与融合等多领域、多层次的思考。在充裕的时间里，我们展开了无限的对谈。剑桥四十年给了他世界上最好的教育与接触全人类先锋智慧的肇端，他旁征博引众多诺贝尔文学奖得主、科学与经济学大师的见解，包括与影响世界至巨的图灵进行交流。他虽然已年迈，但对事物的好奇仍是一刻不停，有一颗博学又年轻的心。我们的交流从年轻的故事说到今天，包括他小时候在印度的生活、中间在日本度过的时光、不断出入中国的各种神奇经历，好像在总结一星期前的事。这是一个很吸引人的过程，各种奇思妙想横生，有趣且深刻，带给我很多启发。所以形成这本书的六天里的故事，也是我们非常重要的经历！

剑桥的接触让我重新感受到知识的重要，剑桥在多学科慢慢地建立起一个严谨的系统，已有一千多年的历史。让我印象最深刻的是剑桥那种反叛精神，那里非常欢迎大胆创新的想法，认为教学是无止境的，剑桥就是在不断的变化与冲击之中成为当代开发新思想的摇篮。因此这个教育体系是在优良、开放又严谨的预备下，随时接受不同的冲击力而产生新的思考模式，可以开放地大量讨论大胆的想法，并及时通过高规格的学术支持来讨论并落实。我在跟麦克法兰教授深入探讨每一件事情的时候，都可以畅通无阻，他所说的都是最高深的信息，能代表世界认知的高度。这本书也得益于一个翻译家的努力，让中国的玄学可以体现出一定的可辨识度，使我有可能相信这本书所述说的内容是可以沟通中西文化某种内在的对望。我与麦克法兰背景各异，可谓是相去甚远，但在冥冥中有一种交流的可能，我们都相信真实的世界里面有信仰存在，而且这种信仰受益于无上的理解，可以分解出重大的共同思维。

在此之后，由于这本书的出版，我们也开始有更多的交流，直到现在已经成为非常好的朋友。中国版将于 2024 年年底发行。

维维安·韦斯特伍德

> 她把我带到一个无方向的未来，让我感受到一种无所羁绊的创作暴力。

创作力丰沛的英国音乐家，富于人性的深刻思考，让英国在20世纪70年代的"性枪手"乐队之后，产生了朋克文化。当时在保守的英国，为何能产生截然不同的艺术形态？在他们优雅与彬彬有礼的外表下，埋藏着强烈的原始动力，青春活力一步步颠覆了传统。直到今天，维维安·韦斯特伍德（Vivenne Westwood）仍是时尚潮流的"教母"，她几乎涉猎了英国所有时代的服装样式，讽刺了皇家，讽刺了美国文化，强烈的批判性，使其产生了让人惊讶的诡艳。她的逝去证明了一个年代的转换，有赖于她所做出的努力，服装成为一个千变万化的文化记忆。她充满动力地支持环保理念，直到离开的那天，她还担心着世界发生的一切，在她的博文里面不断发出声音。她是少数以理念作为创作动力的人，对世界的观察成为她创作的内涵。

很久以前我跟她有一面之缘。那时我才刚出道，作为一个亚洲的服装设计师，被寄予过高期望。我设计的服装风格，一直在追求着各种想象。他们邀请我去给韦斯特伍德准备一套我设计的服装，我也傻傻地答应了。当我们在狭窄的更衣房间中，我拿着我的设计看到韦斯特伍德已近中年的肥胖身体时，有点儿紧张，她却在小口袋里拿出了一卷手帕般大小的布料，在我面前轻轻一放，那是一种缎子，在暗处会稍稍发亮，是淡粉红色的。我没有想过在她身上配置这种颜色。当她拿着那个皱皱的布料，我突然发觉，这衣服若穿在她的身上，会有种荡妇般的暧昧，带着歇斯底里的淫荡与玩世不恭，产生某种着迷的幻觉。

在那之后，我对所谓的国际之路的感觉更深刻了。我们所看到的、被教育的、被渲染的，都只是一种概念，一种理所当然的可能性，她却超越了我们蒙昧的环境，超越文化古老的隧道，对既有的世界彻底反叛。她把我带到一个无方向的未来，让我感受到一种无所羁绊的创作暴力。细嚼她对文化的深刻体验与热爱，才能知道其创作上所发出的狠劲儿非凭空飞来。

下一次的碰面，是十多年之后，是由于我的《无尽的爱》的当代艺术电影的创作，找到英国朋克文化的源头，我在她儿子的推荐下，有机会跟她相处了两个小时。我拿着相机在她的眼前不到半米的地方，不断地记录她的谈话，强烈的熟悉感使我不怕陌生，把她细枝末节的表情、情绪都拍摄在我的影像之中，成为永久的记忆。我的朋友圈也开始跟她的周围热络起来，以后也有多次接触，渐渐熟悉起一切发生的源头与经过。她欣然向我介绍了她对中国的情结，并说明她是一个道家人士，还创作了一些道诗："天地初开时，有一种气的流动，慢慢地成为人体，并为人类开拓了一种新的能量的创造力。"她十分虔诚地朗诵了自己写的诗,让我感到十分意外,而且她有创造性的话语,仍然充满力量。我把她说过的话,记录在电影的最重要部分。她数年前的逝去让我们损失了一个重要的服装艺术家与其所能带来的发展的可能性。

在英国,麦昆与韦斯特伍德相继去世也代表了一个英国时尚界的辉煌的时代已在急速转型,再度在公众面前出现的约翰·加利亚诺(John Galliano)有一种新的态度,在英国时尚世界不断的转化中,拥有一种不纯的力量,不断地发生新的创造力与观念,使我产生密切的期待。

乌尔善

他是一个计划周详、实事求是的人，每一分钟都想着同一个计划步骤，又极度克制，不到每个细节符合他原创的构想而完成，他不会罢休。

与乌尔善一起度过的《封神第一部：朝歌风云》经历，的确是充满了起伏不定的变数，直到最后，电影深受观众喜爱，证实了他本身的艺术贡献。已经历了多年的考验，平易近人的乌尔善拥有非常大的智慧，他希望能为中国电影建立一个新的工业制度，让中国电影慢慢地可以与国际抗衡。他身体力行地走访了很多不同的国家，最重要的是，去《魔戒》神话的缔造者——澳大利亚传奇导演彼得·杰克逊的故乡。彼得·杰克逊用了七年多时间创造了《魔戒》，在一个没有电影工业的新西兰小镇，组织团队，收集所有的新生工作人员，经过长时间的学习磨炼，不畏艰难地解决所有技术问题，成功地达到与好莱坞不同风格的制作水平，各个部门高水准的工作能力，使人真心受到鼓舞。我们在国际上遇到的工作人员当中，新西兰团队是一个绝对忠诚、勤于工作、没有工会约束的团体。他们跟好莱坞的主力团员有点儿不一样，可以对电影很投入、很集中，但是工作范围外的内容也可以聊下去。

乌尔善经常说："我要做得更好以证明我自己。"他有很强的忍耐力，严格按照自己的计划工作，做好计划后会跟工作人员说不可轻易更改现场的任何一个东西。他是一个计划周详、实事求是的人，算是每一分钟都想着同一个计划步骤，又极度克制，不到每一个细节符合他原创的构想而完成，他不会罢休。

我刚开始和他合作的时候会有点儿不习惯，因为他太理智，开拍后，我们之间讨论的机会不太多，但这可能恰恰是他成功的原因。这次合作的《封神第一部：朝歌风云》，我觉得比想象中拍得好。

我们拍《封神第一部：朝歌风云》，希望能触发人民对传统神话的重新观看，在整体的文化回溯之中得到更多的归属。同时，我们还提出了审美与智慧的迸发，这是我们拍这部电影的初心。而且，我们在一起观看所有仅存的文物痕迹，从真实的文化痕迹去找寻一个坚定的未来影像，重新概括所有，甚至不止电影本身，还有对这个主题的关照。在这个大关照中，重新抽取出适合叙述这个故事的部分，希望可以提出新的角度，引发我们有更多的想象。新的文化是充满开放与想象力的迸发，是一个大整体的想象。

与乌尔善的这次合作充满默契，他要创造一个雅俗共赏的电影，照顾广大观众的认同感，考虑周详到深入每一个结构与细节。乌尔善在《封神第一部：朝歌风云》里选的演员，体现了他选人的眼光，也体现了每个演员的个人特色。

饰演西伯侯姬昌的李雪健完全在乌尔善想象的状态里，会很容易辨认他的演技跟他的存在价值。扮演姜王后的袁泉是很克制的，非常符合这个角色。我比较欣赏夏雨，他饰演申公豹，我没有想过他会这样演，我觉得申公豹这个角色很不容易出彩，只是一个丑角，但他抓住了一个很有趣的点——申公豹是一个法力高强的野道士，所以他有很多个性，他制造了一种语调，掌握角色的丰富性使其不落俗套，但又不会超越观众的视野。他塑造的申公豹荒谬又有趣，那个著名的飞头术让人印象深刻。

开始的时候，费翔有点儿不可捉摸，他没有担当过电影的主角，要承担一部电影的分量，不是简单的事情。他是一个资深的舞台剧演员，而且以安德鲁·劳埃德·韦伯（Andrew Lloyd Webber）的音乐剧为主，要从舞台语言转化成电影语言，是两个不太一样的行当的艰巨挑战。结果，费翔的表演十分单纯。为了演好一个角色，他可以全身心投入，接受了相当于年轻演员的训练——每天早上进行运动与骑马训练，把自己的形体与体能操练到最好的状态，意志力十分惊人。最终，他以舞台经验与对角色的重新想象，研究出适合自己的表演风格，令人惊艳。

怎么能帮助他演好纣王这个暴君？只有费翔的角色确定下来，我才可以开启其他的推展。经过讨论之后，我们把第一阶段的重点落在父子对立的情感纠葛上，我就把整个美术的氛围聚焦在建造纣王角色的细节上，与于适饰演的姬发形成强烈对比。后来我就开始慢慢地找他的特点，帮他做造型，他的眼睛很漂

302

亮，胡子也为他的个人形象增色不少，而我主要帮他改了眉毛，加强了他阴柔与刚强的矛盾性格。每次当我做造型的时候，他就已经投入角色中了。他的表演虽然带有舞台剧的感觉，但很可靠，这种夸张的表演刚好与这部电影的氛围相契合，包括他所有的衣服造型与龙德殿、鹿台的设计，都是为他塑造一个亦真亦幻、作恶多端又孤芳自赏的奇异性格而做的。

而妲己就是另外一个挑战性很大的角色。实际上，娜然并非首选，当时有好几个备选演员，但是乌尔善可能看到了娜然身上有他想要表达的东西，所以最终选择了她。我觉得乌尔善正是利用了她不熟悉表演的特性，给了她一个恰当的题目：扮演狐狸。

娜然性格执着，她很认真地去对待，结果大家发现她塑造的狐狸形象很到位。这离不开乌尔善的帮助，他能引导她进入角色，然后塑造成他认为正确的形象。乌尔善导演有自己坚持的东西，他发掘了费翔、于适等人身上的很多特色，而且还帮他们把各自的角色建立起来。

在《封神第一部：朝歌风云》中，我们希望可以通过对传统历史、民间演义的深入研究，达到历史与艺术的重新思考，真正把历史的真实融会到戏剧的张力与文化的源头中。《封神第一部：朝歌风云》是经过很多风浪而建立起来的，我们对第二部、第三部充满期待，这也是建立封神三部曲的真正意义所在。

第五部分
PART FIVE

创造同行者

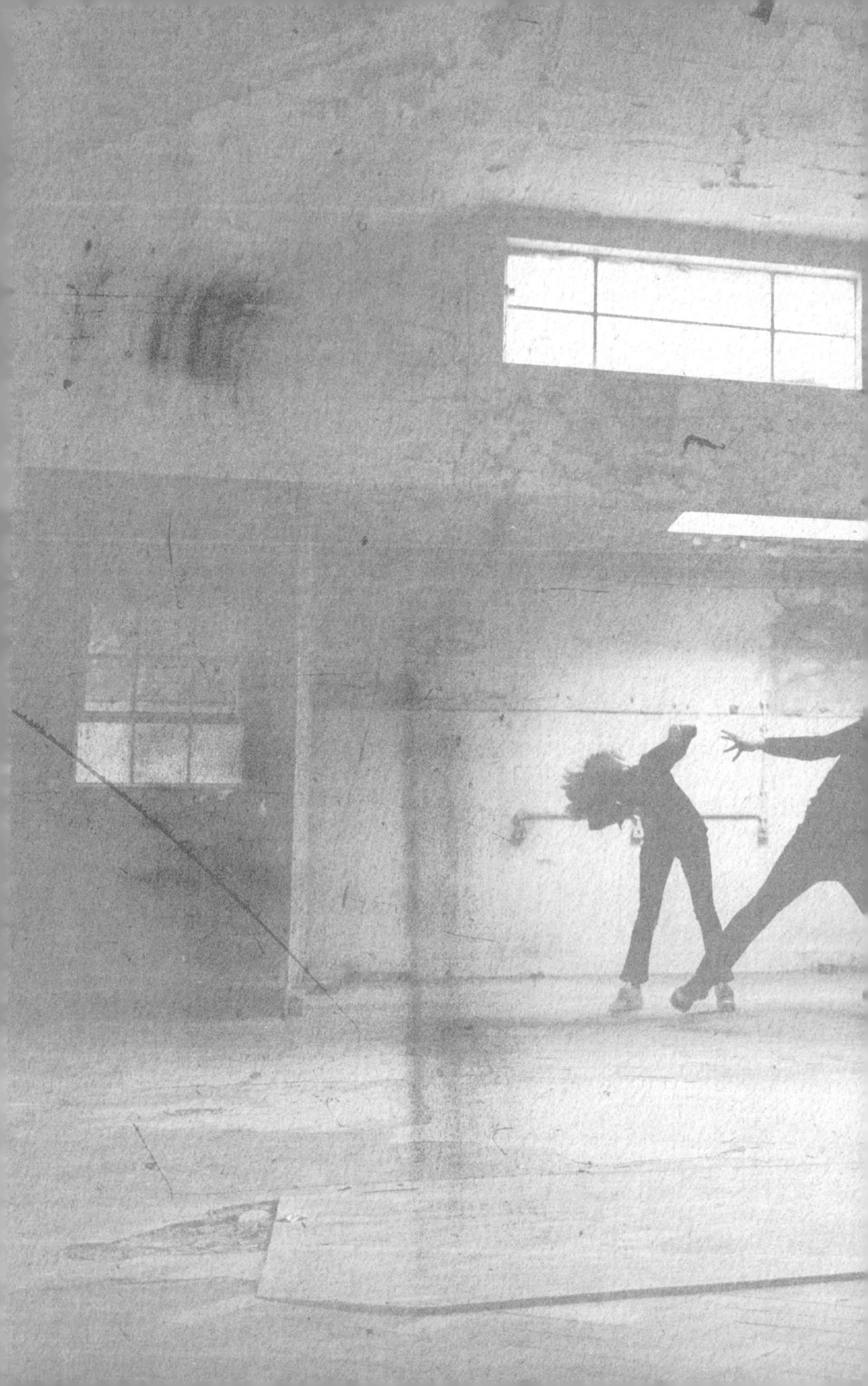

我的作品一直在制造一种高度前卫的前瞻性,这是我的宿命,是我生命中找寻根源的道。

从小到大,我好像都生活在一个不怎么变化的世界里,每天都有干不完的事情,有一股无形的力量,一直追赶着我,它给我很大的能量往前冲,甚至让我停不下来,去观察我所得到的东西。很多家人、朋友都会像窗外的风景一样,不断消失。我总是独自离开故地,不断往远方行走,身上空无一物,可以随时接受不断产生的新的可能性,追逐着那无限的光芒——那个让人目眩神迷之处。

无我自在的未来世界

> 所谓无形的道，不能理解，而需要参透，因为它无所依存，所以无法以常态的知识执行。

我研究中国的古法，是因为它里面十分单纯，却包罗万象，是形而上的智慧，也是形而下的道德。它包含学习虚实并置的共同营造法则，它互相反照，互相作为原动力，生生不息。所谓未来世界，在于千变万化之间，但是它的大前提是未知的，因此无法触摸，无法预期，我们的时代正在经历一个大转变，一切的既有意识都经过大量冲击，社会信仰受到极大动摇，环保议题不断，充斥于地球表面，世界经济在重组。

而我们的故事仍然在不断延续，在这短短一百年内人为世界的影响下，世界经历了大变革，20世纪仍然在吹捧乐观的未来，现在却面对着生存存续的问题。各种科技世界的力量丛生，扬言要发展太空计划去避开灾难，因为卑微的人类放弃了存在智慧的巨大力量，即将活在人工智能取代命运的恐惧中。我们开始下意识地想到更多属于我们自身的问题，因此主题又降落在我们个人身上，人类处于一个不断被赋予信息的时代，一时间失去了存在的必然性。一切发生得如此急速，量子力学推动着时间的进程。人工智能与机械化的新领域不断开发，人怎么在越变越真实的虚幻瞬间达到自我的确切性？在我的整体艺术研究里，非常着重于个人处于空间里面的一切。我们怎么样从无知到慢慢地认识到自己与空间的关系？物与灵在整个世界的认知上有着什么样的联系？原我世界与现有的世界，有着某一种互相映射的镜子互动。我们毕生追求着时间的平衡，产生了伟大的艺术，而艺术就是可以看到那些常在事实背后推动的原动力。去探索我们究竟是谁？如何来到这里？进行着什么样的行动与进化？数千年的历史文明，可否告诉我，我们来的原因？

精神与物质世界失去了应有的平衡，我想人类的原始能量世界的属性是来自数据，而原始的存在体却是情绪、感情，又是理性与科学所无法控制的。人因为恐惧而产生了对世界征服的欲望，在一个不熟悉的世界里，找寻一种安全感，他们以自己的形象制造了神祇，慢慢地为自己制造出各种盒子中的世界。那是人类原始的精神模式，总是有一种几何的概念在它的周围，不管它是在混乱的自然界，还是在空无一物的沙滩，都有图案形式的出现。自然是时间与空间的实体，这是他们不断转化的道场，人类在自然界留下的痕迹，就是这两种不同系统的交错与共融。物质迹象的作用，使他们以征服的姿态来进行，控制了自然，城市与自然不断开发去建造一个人间乐园，却缺乏一种精神与情感的投射以及共同的建设。每一个人类文明经历了长时间的发展与传续，除了硬体的科学不断发展，也需要长久的情感来维持。把它巩固在人的精神层面里不断发展，真正地学习自然而创发出真正的精神文明。物质是根据物象知识让它更茁壮的基础，真正的存在是现实的倒影，那个存在的真实，正导引着一个不受空间限制的真实能量世界，它的动机影响着物质的变化。

从"精神DNA"的发现说起，如果所有物质都来自精神世界，我们必定是某种真实生命的模型，仿照的某种真实发生事情的映射。这时又回到一个老问题，我是谁？我们有多少可以挥霍的空间？

时间在人生来讲是一个深刻的理念，每个人同时活在无限时间与有限时间之中，要回答"我是谁"这个问题，需要超越时间。如果灵魂是一个共同体的话，就不会受到时间与物质的干扰。中国传统的观念注重祖先，不同时代生存的灵魂有着一个共同的空间，根本没有区分他们的距离，不同时间的灵魂都可以共聚在一起分享智慧，这是潜时间的作用。因为我们要面对一个问题，时间是不是固定的？不同的时间有不同的价值观浮现在人间，它的出现是协助完成这个阶段人类的命运的过程，这个价值观会形成意念去推动这个时代成为它要走向的结果，这可能就是命运深奥之处。不同的时代，我可能会看不清楚别的时代的一切，因为它本身有一个无形的区隔，去使它产生改变的动力。潜时间就是融汇很多不同时代所产生的分别，再融汇成一个整体的潜在意念，从原型的模式去理解世界。

如果要深究我们是谁，我们就可以在这个原理上找寻它的脉络。每个特定的时代，总有一些人在记录当时的真实面貌，有时候是诗人，有时候是艺术家，他们真正伟大的作品在于记录了时间潜意识里的精神世界。但他们总是有一个持续的时间观牵引着，连接着永恒的存有世界。我们要知道我们是谁，只需要看清楚我们每个时代被驱动的方向，那个内在精神世界的脉动。如果人的所有行为都有他的原型，那么所谓的人间所建设的一切都是那个人心底下的原型模拟，然后努力去处理自然出现的逻辑，去搭建想象中的回忆之轮。但这个存有的世界在现实的层面里面存活，并不为我们所知，是一个带着荒谬的同时存在，一个作为人类永不可知的世界，我叫它"陌路"。它连接到广阔无边的宇宙，冥冥中一瞬间的共鸣，就可以在每分每秒中超越时空。

你有自我怀疑的时候吗？"语不惊人死不休"，我的作品一直在制造一种高度前卫的前瞻性，这是我的宿命，是我生命中找寻根源的道。我必须要不断找到有无限的大能，使自己在正确的道上成长。所谓无形的道，不能理解，而需要参透，因为它无所依存，所以无法以常态的知识执行。

今天的世界信息爆棚，世界变得没有那么遥远，只要写一个消息大家就能联结在一起。朋友是如此重要，使我感觉到自己的存在，恐惧与不安经常埋在心底，孤独与快乐，妒忌与放任，陪伴着原来苍白的岁月。每一次在黑暗中醒来，我都有可能发现自己活在不同的地方、不同的时间——在欧洲火车的走道上，或是家中泛蓝的天花板；不同的无眠的夜，只有寒冷的北极光，或是日本古参道上的小精致；小时候行雷打到整个房子都在震动，在意大利那个老飞行员的陪同下，却没有完成的空中飞行；远看前面的一个一望无际的古树林，却没有踏出的一步……时间就像永恒停止在我的前面，却诡异地向我招手。夜路上同行的人，在城市喧闹的背后有这么一条小径，没有装修也没有灯，却只有自己黑暗的影子，用着诡异的调子，说着漫无目的的话。我就这样轻轻地踏出去，清清楚楚地走在每一段不相关的时间之中。我在生命中的哪一段时间？恐怕不容易记起来，却在潜时间里，一切都毫无顾忌地保存下来。

人生为什么会迷茫？因为它不是一个概念，更多是一连串的偶然。为了捕捉它，我们才产生了逻辑。我们希望所有的事情都有一个一贯性，我们可以顺着这个逻辑去推理。大部分的人生都没有像电影中的戏剧性，就算是非常伟大的人物，他在大部分时间都生活在平凡之中。平凡的意义就是相信一切的确定性，相信一切现状。生命中最好的时光，都是因为偶然发生了超乎想象的事情，非我们所能预料。世界十分奇妙，非我们能定义。每个定义都产生自逻辑，以我们相信为依归。

茫茫的天照亮了一片原野，走路的人群，根本看不见天的高度；一群乌鸦在天空中盘旋，密谋着下一个行动，路是怎么样走出来的？掌握着一种无形的力量——你必须坚持在一个纯正的荒野，不会有同行的动物，只是会间断地出现一些不同的猎食者。掌握着时间的动向——"天下乌鸦一般黑"。黑暗来临，智慧无光，人生大部分时间都在暗夜里赶路。荒野间鬼魅横行，世间遍布黑暗自然的<u>丛林法则</u>，只有有光的人才能指点明路。

不断寻找世界的明灯，可以为自己开路，也可以照亮别人，在这种情况下产生了无数的火花，激励自己去发展。走在富有趣味的人生道路上，世界总是在一种相对的力量中存在。我们必须找到那个力量的脉络，以及人格中的平衡。在不断击破的平衡点上，我们总会看到终极的烈日的灿烂，人生的灵魂总是带着某种生命，迈步前进。

附录
APPENDIX

问答 & 作品年表

在生命中『向前迈进』的过程，也是不断应对着自己给自己提出的挑战来实现提升，这成为我人生的重要功课。

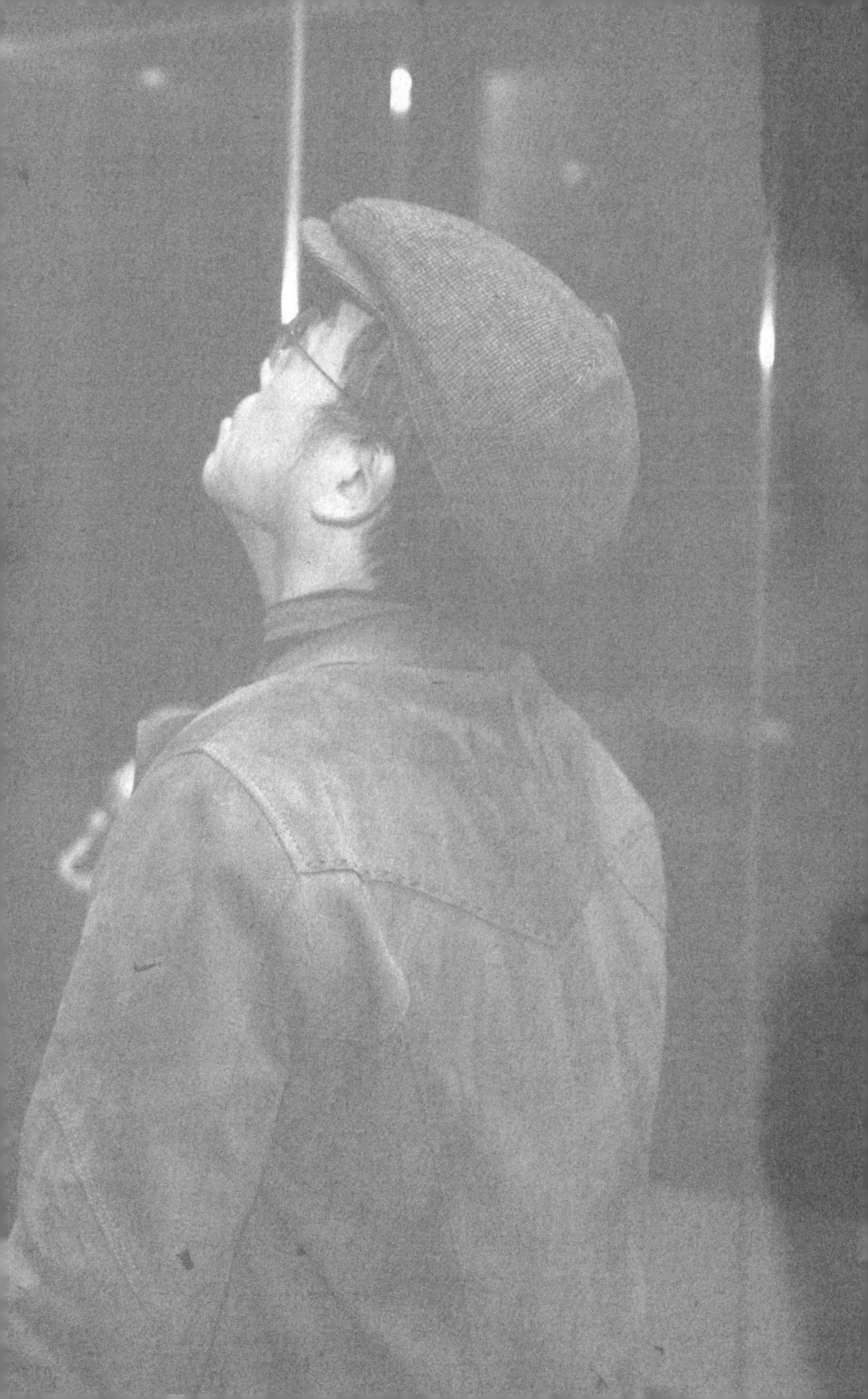

什么是一个作品的终极目的?这是一个充满了情感和焦虑的互动过程,在不断地追问我们所走过的道路,那些似乎自明但事实上尚待深究的理据,我从贾科梅蒂的经验中认识到那种精致警觉的反思,也探触到语言的极限。从某种意义上说,我也是这样的人,一个耽于苦思的提问者。

共同走过

刘道一 问　叶锦添 答

问：在您的这本新书《叶锦添自传：向前迈进的日子》中，您带领读者展开了一场时间之旅，在对年代故事的频频回望中，甚至追溯到您早年在香港生活的点滴日常、您的阅读与思考、您最初的工作与雄心，在这样的自述结构下，您是如何建立整体的叙事思路的呢？

叶锦添：我一直对维姆·文德斯经典电影《柏林苍穹下》的开头很有感触，站在高处的天使俯视着人间，听到人们的心声，之后他的视线开始在人间穿梭，那个视域中出现了一个孩子的脸，那个小孩抬起头，似乎是看到他，又像是什么都没有看到，只是好奇地抬起头。再对应到此前出现的文字与画外音，"当孩子还是孩子的时候，他不知道这是童真"的那种时间感，我的书就是来自这样的一种思考架构，我是那个俯瞰者、倾听者，但我也是被看到、被关注的那个孩子——他的家人是怎样的，他自己躲在一旁想着什么，他为什么会不开心，他会去读什么

319

书等。写作一本书如同开启一个旅程，与自己的记忆和生活对话，仿佛是打开无形的宇宙。我的生命故事就这样嵌入整本书的各个角落，真实中带着虚幻，微尘般弥漫。

问：从内容本身的结构而言，这本"自传"并非简单的平铺直叙，讲述您的生命流向，而是有一种"复调"的意义，既可以看作是回首往事的"追忆逝水年华"，又像是以点染的笔触轻微触碰一些繁花的碎屑，再让读者自己体味其中的深意。如果对应到您自己的阅读经验，有哪些艺术家的个人自述让您印象深刻？是否从中发展和呼应出您的某种个人经验？

叶锦添：在写作上，我往往会追求某种复杂性，这一点从21世纪之初在三联书店出版的简体版文集《繁花》中就有体现。到了此后的更大篇幅的"神思""神行"系列书写，以及暂时还没有简体版出版的小说集《漫游》《大火》《无间》等，我都在实践一种表达的深层激荡，仿佛是无数个时代重叠演绎，地球接收着来自外在的不同的故事剧本，每传来一则，地球上就有新的故事发生了——就这样人类的历史不断向前，这些文本的内容也就不断成为现实，严苛地规范着未来的历史。我不希望用一个简单的"说故事"方式把阅读者框定住，他们还可以有自己找寻的方式，生命本就不应被困在既定的牢笼，而更应该去体会什么是无限的可能。这一点与我阅读艺术家贾科梅蒂（Giacometti Alberto）的自述内容形成了呼应，我们都知道贾科梅蒂的画是从来都画不完的，他总是不断在修改，而没有终结，要不断地否定、抹去、重来，有点儿像现在看王家卫拍电影的状况。而这就启发到我对于作品"多义性"的思考，

320

在开始创作的时候，面对那些问题而要做出的选择，是否能迎接新的挑战，能否回应新的问题，还是只能被限制停留在初始的位置？一个 Original Position，就是一个"人像"，或者一幅中规中矩的"风景"。绘画以及所有门类的创作的本质意义是什么？什么是一个作品的终极目的？这是一个充满了情感和焦虑的互动过程，在不断地追问我们所走过的道路，那些似乎自明但事实上尚待深究的理据，我从贾科梅蒂的经验中认识到那种精致警觉的反思，也探触到语言的极限。从某种意义上说，我也是这样的人，一个耽于苦思的提问者。

问：刚好从您对自己的创作过程的反思中，您找到与贾科梅蒂传记内容的对应，或者说这正是对于一部"自传"之"理想读者"的完美描述——在可以对话的维度中拥有共同的"创造者视域"，并因此而能开启更为深入的思想境遇，一种跨越时空限制的"自我完成"。

叶锦添：我不想说因为读了贾科梅蒂的传记我才有这样的想法，但确实他以他"完成"的方式呼应了我的经验，但"我的经验"本身依旧无可替代。这就像读这本书的读者，他们仍旧要过自己的人生，面对自己的困境。如果是一个舞美设计师、电影导演、街头摄影师，他们可以从书中找到一些创作中幽微的心绪流动、意念掠影；而如果是股票交易师、出租车司机、画廊经纪人，他们也可以在经验的同感对照中发现自己的"答案"。这就像假如我们在制作一出歌剧《罗生门》，我们无法预设谁会来看演出，而且本身这些演出就是面向所有人、所有个体经验的。当我们保持开放的心态，所有的信息才能够交流沟通，也才能够在黑暗中达成共识，在破碎不全的意识中找到它的源头。这也是我在筹备《封神》的时候开始深入研究《山海经》而得到的启发，在《山海经》的世界里，时间并非单纯地呈现，那种"绵延"是多维度的，有显明的、直接的、钟表刻度里的时间，也有"潜时间"，在人的感知之外，却有着重要的意义。对我来说，"自传"也好，"传记"也好，"散文随笔"也好，"美学理论"也好，都不是照着那个定义来做的，而是多维的、活生生的、当下的真实记录。

问：这样一种"多维度"的思考，对应到您本身的创作实践中，就是要在众多的领域中都取得相当令人称道的成果，并且让创作延绵不绝，而这似乎也跟您自己所秉持的对于打破既定的"定义方式"的信念有着密不可分的联系。那么，这是不是某种程度上推动您"向前迈进"的关键动力？

叶锦添：要做"打破定义"这件事，就还是太挂碍在"定义"这一端了。我的书写、我的创作，有非常私密的一面，那不是公开讨论的课题，却可能是一切发展的核心。举例来说，假如我对一辆火车感兴趣，我可能是关注着火车头，或者是火车尾，是发动机的构造或者内饰所采用的风格，这个时候我不会管整个火车是什么，也不会需要它的设计图或各种技术参数，我只关注自己关注的部分，而不是那个因"定义"而成立了的"规范性"。这就是为什么我做出的东西很复杂，但都是围绕着我自己来完成，是出自 First Person Perspective，所谓的"第一人称视角"，都是我本己的表达，也是这样开启了我不断探索的步伐，一次又一次进入新奇的领域，在未知中找寻真实的撞击。在生命中"向前迈进"的过程，也是不断应对着自己给自己提出的挑战来实现提升，这成为我人生的重要功课。

问：当然从这样的所谓"第一人称视角"出发，一定会走到一种与他人、与世界进行"对话"的阶段，也就是会有一个相应的"第二人称视角"，类似犹太哲人马丁·布伯（Martin Buber）所刻画的"我与你"的关联性之中，特别是当您在一部大制作的电影或舞台剧中，也就不可能像您在画画或者制作雕塑那样能够单枪匹马地沉浸与思索，更不能像贾科梅蒂一样"无法完成"。不知道这样的境遇下，您是如何通过沟通来完善自己的"本己性创作"（Authentic Creation）？

叶锦添：在这个时候我会强调"内观"的重要性。我们在一个大的主创团队中进行创作，首要面对的是导演的想法，而他也必须与所有人都能够合作，才能让一个作品成功。而所有这些导演，无论是蔡明亮、李安、吴宇森，还是李少红、田壮壮、陈凯歌、冯小刚，他们都是很有想法、很有个性的人，充满能量。比如蔡明亮，我跟他第一次见面，在他的办公室就感觉到非常不一样的"磁场"，忽然间他拍过的《爱情万岁》《河流》《洞》的那些画面就都在我的脑海里活起来，变得栩栩如生，一瞬间就通达了。这个时候的沟通当然非常重要，未来的作品要怎么发展，每一步如何实现，都是细微而精准的，要能够做得出来，而不能仅仅停留在想法上。我所讲的"内观"，是某种意义上对"Impartial Spectator"这种"公正的旁观者"观念的推进，变成从能够共同分享和确证的基础出发，最终的"偏移"定位是在我的创作理念上，这个要在讨论中逐步达到，就完善为偏袒的旁观者（Partially Impartial Spectator），向着一个确定方向共同的构化与创造，找到烙印灵魂之所，自虚无的原型中建造出一座极致精美的神秘花园。

问：您这样的回答，恰好就可以把我们带入您的这本书的另外一个（较为明显的）维度上，所谓的"向前迈进的日子"其实也是您和这些重要的创作者——在华人艺术家之外，也包括大量国际知名的创作者——"共同走过"的日子，在这些重要的时刻，你们相携而行，"共同"创造了璀璨亮丽的艺术作品，其中很多的作品已经成为那个年代不可抹去的经典。

叶锦添：每一次的创作，真正能够走到深处去，都需要花费很多的工夫，"共同"就意味着"互动"，充分地交流，加上内在的好奇驱动。有的时候要先沉下心来理解，然后再尝试在沟通中做出改变，才能更接近作品的内核。比如当时我进到《小城之春》的剧组，编剧阿城已经帮田壮壮找了大量的古董家具，布置出整个拍摄的场景，非常考究，人与物之间的距离很贴近，还原了旧社会的生活场景，导致那个状态是在室内每拍完一个镜头，都要重新摆置前后左右的家具，不然没办法取景。我看到这个情形，进入"内观"的状态就非常重要，要沟通，为什么一定要这样摆设。在那个战争年代，很多事物是没办法按照和平时期的秩序来做好的，也就是说，某些错位的设计，刚好可以表达出大时代下的错置景状。那个床可以是斜的，这张桌子本来应该在这里，却去到了那里——位置的变换带来了新的意义，而整部电影最终要表达出的，那种人物之间的"暧昧"特质，也就慢慢地有了可表达的"空间"，一切来得若有似无,如冷冷白光下的一道暗影。

问:您在这里提到田壮壮导演的《小城之春》的电影美术,确实是和我们熟悉的《夜宴》《赤壁》《大明宫词》《红楼梦》等古装影视剧的美术制作相当地不同,包括您前面提到的蔡明亮导演拿到了戛纳电影节评审团大奖的《你那边几点》,刚好是您在现代题材上的代表作品。那么就像您前面所说的,现代题材的电影作品本身不可能像古装大片那样花大量的投资去置景,像后来《封神第一部:朝歌风云》里面的"龙德殿"已经是极尽细致的建筑了,在这种情况下,跟蔡明亮这种国际知名的艺术片导演合作的时候,您是如何去实现那种"共同性"的呢?

叶锦添:我刚才提到蔡明亮的办公室,那就是一般人无法想象的,绝不是"国际知名导演"的那种大班台、依山的海景景观,而是出人意料地奇怪。当然他的制作人长期在巴黎,所有相关的合作、电影市场的沟通都是由那边的制作人来对接,那边的状况可能会有点儿不一样。但他自己的办公室是漏水的,整个空间就让人想到《洞》里面的那种类似年久失修的"筒子楼",他是个边缘人,他的故事就真的是要在这种地方发生。像后来的《黑眼圈》,干脆就在一幢烂尾的危楼中拍摄。蔡明亮的这间位于永和老街的办公室(当然,在那里可以买到原汁原味的"永和豆浆"),隐身在一整片卖床具家私的老店面中间,要进入楼上的办公室,需要侧身走过那些式样斑斓的沙发床、折叠床、席梦思床垫的世界,还会不断被老板拦下来邀请你看他们最新的货品。但是当我们在那个时不时不知道从哪里滴水下来的地方安然对坐，终于可以开始进入电影内容的讨论时，又会发现他一方面非常会讲，内容引人入胜，从李康生在电影里的生计问题到陆奕静的颠倒幻想，另一方面又能感觉到他对世界、对人性黑暗面那种"不可说"的终极之维的极度体认。这个部分我还达不到他玄虚的程度，也是因此我有对他的好奇，这种好奇推动着理解，也让沟通多了很多的层次。到给李康生做造型的时候，我时时感觉到他是一个"不在那里"的人，有一个说法"我在我不在的地方"，这个状态我觉得最适合来说李康生。他的缓慢、他的出离，甚至超越了剧情中的荒谬感所带出的梦境气息，使我体味到死亡慢慢地逼近、生命渐渐地逝去，而这正是《你那边几点》这个电影标题所试图呈现的，生活的残酷与无常。

问：当我们回顾了一些您合作的电影项目之后，我们会发现，在完成了《英雄本色》《胭脂扣》的电影美术工作之后，您也大量参与和主导了舞台剧的制作，其中就包括林怀民的"云门舞集"、刘若瑀的"优人神鼓"、吴兴国的"当代传奇"、罗曼菲的"越界舞团"、林丽珍的"无垢剧场"等。然后，再到近年的金牌卖座话剧《如梦之梦》、芭蕾舞剧《了不起的盖茨比》、歌剧《罗恩格林》，特别是2021年您在国家大剧院制作了由万茜主演的舞台剧版《倾城之恋》，可以说很大程度上正是在大量的剧场作品的创作之中，您打开了由电影银幕和电视荧屏所限制的观看方式，又反过来影响或反哺了影视方面的创作，这可以说是您创作过程中的另一个"共同"面向。

叶锦添：在舞台剧的方面，"当代传奇"剧场的《楼兰女》是我最早做出的尝试，很快收到了很好的反响，对我后面的发展也很重要。《楼兰女》是吴兴国的作品，现在这个时间，吴兴国是大家都在期待的《封神》第二部中的"闻太师"，但在当时，电影《诱僧》是绕不开的话题，他与陈冲的对手戏张力十足，这部电影也获得了当年金马奖的"最佳美术设计"。从这部电影出来，我就跟吴兴国合作《楼兰女》，这部作品也集合了很多重量级的艺术家。我虽然是首次参与剧场的制作，但因为从《英雄本色》《胭脂扣》的时期就已经积累了大量的经验，自王祖贤主演的《阿婴》开始，我的创作方式就更加大胆，也更有方向性。所以虽然同时要完成在美术指导这个位置上的"功能性"，却也更能够带动整个团队往一个状态去调整。我的尝试从身体表达开始，在非常庞大的服装造型里挖掘京剧中服饰与动作共生的形式美，同时又随着剧情的展开而加入新鲜的元素，共同构成变化的肌理，通过奇特想象的造型与光影调度，在舞台上达成戏剧性的演绎，在其中的虚实、动静、疏密跨越语境，将京剧这一传统的表演艺术带入截然不同的文化哲学，既保留了东方文明的固有脉络，又让一种奇妙的视觉形式在具有深度的融合中重塑本源之初。

问：在不断展开的创作中，我们会发现您有特别紧急地参与一个项目的情况，比如著名的《大明宫词》的案例。此外，您进入《卧虎藏龙》剧组的时候也是在李安进行了一个阶段并发现自己陷入困境的状态之后，而恰恰这两部作品都在业内评价和观众认可度方面达到了"经典"的位置且至今无可取代，这是否在一种较为极端的情况下佐证了您所说的"内观"的重要性？那种在经验和艺术的定位中达到的"同心之见"，帮助您越走越远,包括为奥运会和亚运会设计中国体育代表团领奖服,其实以前很难把电影和舞台美术跟奥林匹克运动会联系起来,那这些不同领域的工作,是否都能归结到您所说的这种探源性的思维?

叶锦添:对我来说,一直都会问的是一件事的"怎么做""为什么"——"怎么做"就是 Knowing-how,"为什么"是 Knowing-why,这是做成任何事情都需要"知道"的,只是这种知识的取得并非那么容易。大家可能有点儿记不起来,2004 年雅典奥运会闭幕式的"北京 8 分钟"也是我跟张艺谋一起完成的,其实那个时候由于对接节奏的问题,其实留给做出服装的时间也非常紧,我们在极短的时间内不眠不休,但是效果让导演组非常服气,很认同。我后来在做《倾城之恋》的时候,既有特殊节点的不确定性,也有大家的档期等方面的调整,真正开始做的时候,时间已经非常紧张,演员几乎是边演出,边不断地融入剧本所展现的状态中。但是这些都不是真正的问题,只要我们有这个创作的心力,就像水流一样,总能找到向下面去发展、演化、进步的方法跟途径,也由此而形成了合力,共同走过,向前迈进。

问:以历史的言说方式,在现在的这个时空"聚合点"上,您会想对当年初入社会、还在打拼中的"小叶"讲些什么?会鼓励他去像贾科梅蒂那样去创作吗?

叶锦添:完全采用量子力学(Quantum Mechanics)看法的话,贾科梅蒂也可以不是贾科梅蒂,他在做着什么也可以不再重

328

要，重点在于掌握存有的脉络，通过内在的锤炼去追求艺术的境界。对我来说，外在的际遇可以有很大的变化，世界历史都可以改写，因为以"空"来对观"有"，眼前的一切只是无限的透明。而阅读就是这样的一种方式，超越外在的"自我设定"，心如明镜，直抵性灵：人最珍贵的就是内在自我的打通，他可以在时间之流中与任何的个体生命达成共鸣。

作品年表

影视 Film / TV

1986
吴宇森《英雄本色》执行美术
Executive Art Director for *A Better Tomorrow*, directed by John Woo

1987
关锦鹏《胭脂扣》执行美术
Executive Art Director for *Rouge*, directed by Stanley Kwan

1989
王颖《吃一碗茶》执行美术
Executive Art Director for *Eat a Bowl of Tea*, directed by Wayne Wang

1989
关锦鹏《人在纽约》(《三个女人的故事》) 执行美术
Executive Art Director for *Full Moon in New York*, directed by Stanley Kwan

1990
邱刚健《阿婴》美术指导及服装造型设计
Production and Costume Designer for *Ming Ghost*, directed by Kang Chien Chiu

1992
罗卓瑶《秋月》美术指导及服装造型设计
Production and Costume Designer for *Autumn Moon*, directed by Cheuk-yiu Law

1993
罗卓瑶《诱僧》美术指导及服装造型设计
Production and Costume Designer for *Temptation of a Monk*, directed by Cheuk-yiu Law

1995
陈国富《我的美丽与哀愁》电影"梦境花园"部分场景美术指导及服装造型设计
Costume Designer and "Dream Garden" Scene Production Designer for *The Peony Pavilion*, directed by Kuo-fu Chen

1997
何平《国道封闭》服装造型设计
Costume Designer for *Wolves Cry Under the Moon*, directed by Ping Ho

2000
李安《卧虎藏龙》美术指导及服装造型设计
Production and Costume Designer for *Crouching Tiger, Hidden Dragon*, directed by Ang Lee

李少红《大明宫词》服装造型设计
Production and Costume Designer *for Palace of Desire*, directed by Shaohong Li

2001
蔡明亮《你那边几点》美术指导及服装造型设计
Production and Costume Designer for *What Time is it There*, directed by Ming-Liang Tsai

2002
李少红《橘子红了》服装造型设计
Costume Designer for *Ripening Orange*, directed by Shaohong Li

陈国富《双瞳》美术指导及服装造型设计
Production and Costume Designer for *Double Vision*, directed by Kuo-fu Chen

田壮壮《小城之春》服装造型设计
Costume Designer for *Springtime in a Small Town*, directed by Zhuangzhuang Tian

2004
王小列《康定情歌》服装造型设计
Costume Designer for *Kang Ding Love Song*, directed by Wang Xiaolie

李少红《恋爱中的宝贝》美术指导及服装造型设计
Production and Costume Designer for *Baober in Love*, directed by Shaohong Li

2005
蔡明亮《天边一朵云》制作顾问
Production Design Consultant for *The Wayward Cloud*, directed by Ming-Liang Tsai

吴宇森/张家振《桑桑与小猫》美术指导及服装造型设计
Production and Costume Designer for *Song Song & Little Cat*, directed by John Woo & Terence Chang

陈凯歌《无极》美术指导及服装造型设计
Production and Costume Designer for *The Promise*, directed by Kaige Chen

2006
冯小刚《夜宴》美术指导及服装造型设计
Production and Costume Designer for *The Banquet*, directed by Xiaogang Feng

2007
陈奕利《天堂口》服装造型设计
Costume Designer for *Blood Brothers*, directed by Alexi Tan

2008
吴宇森《赤壁》（上）美术指导及服装造型设计
Production and Costume Designer for *Red Cliff*, directed by John Woo

2009
陈国富 / 高群书《风声》主要演员服装及造型设计指导
Key Costume Designer and Styling Director for *The Message*, directed by Kuofu Chen & Qunshu Gao

吴宇森《赤壁》（下）美术指导及服装造型设计
Production and Costume Designer for *Red Cliff*, directed by John Woo

2010
李少红《红楼梦》美术顾问、人物造型及服装设计
Production Design Advisor, Styling Director and Costumer Designer for *A Dream of Red Mansions*, directed by Shaohong Li

2012
冯德伦《太极1：从零开始》《太极2：英雄崛起》美术和服装造型指导
Production and Costume Designer for *Tai Chi 0 Tai Chi Hero*, directed by Stephen Fung

冯小刚《一九四二》服装造型指导
Costume Designer for *Back to 1942*, directed by Xiaogang Feng

2014
张之亮《白发魔女传之明月天国》服装造型指导
Costume Designer for The *White Haired Witch of the Lunar Kingdom*, directed by Jacob cheung

乔阿吉姆·罗恩尼 / 艾斯彭·山德伯格
美国 Netflix《马可·波罗》第一季服装造型设计
Costume Designer for *Marco Polo*, Season One, Netflix Series, created by Joachim Ronning & Espen Sandbery

2015
叶锦添艺术影片《厨房》导演，美术指导，服装造型设计
Director, Costume Designer and Art Director for *Kitchen*

张婉婷《三城记》美术指导及服装造型设计
Production and Costume Designer for *Tale of Three Cities*, directed by Mabel Cheung

2016
乔阿吉姆·罗恩尼 / 艾斯彭·山德伯格
美国 Netflix《马可·波罗》第二季服装造型设计
Costume Designer for *Marco Polo*, Season Two, Netflix Series, created by Joachim Ronning & Espen Sandbery

艺术影片《寻找可可·香奈儿》导演，编剧，摄影指导
Director, Writer and Director of Photography for *Looking for Coco Chanel*

2017
艺术影片《某种爱的纪录》导演，编剧，摄影指导
Director, Writer and Director of Photography for *L'Inoubliable*

丁黑《那年花开月正圆》服装造型设计
Costume Designer for *Nothing Gold Can Stay*, directed by Hei Ding

2021
李少红《大宋宫词》服装造型设计
Costume Designer for *Palace of Devotion*, directed by Shaohong Li

2023
乌尔善《封神第一部：朝歌风云》美术指导及服装造型设计
Production and Costume Designer for *creation of the Gods I : Kingdom of Storms*, directed by Wu Ershan

舞台 Performing Arts

1993
当代传奇剧场《楼兰女》服装及道具设计
Costume and Set Designer for *Medea*, Contemporary Legend Theatre

1994
太古踏舞团《生之曼陀罗》服装造型设计
Costume Designer for *The Life of Mandala*, Tai-Gu Tales Dance Theatre

1995
江之翠剧场《南管游赏》服装造型设计
Costume Designer for *Nan Quan Promenade*, Gang-a Tsui Theater

无垢舞蹈剧场《醮》服装造型设计
Costume Designer for *Miroirs de Vie (Jiao)*, Legend Lin Theatre

太古踏舞团《诗与花之独言》服装造型设计
Costume Designer for *Rendez-Vous Avec Les Fleurs et La Lune*, Tai-Gu Tales Dance Theatre

法国编舞家苏珊·伯居《月影台》服装造型设计
Costume Designer for *Moon Shadow Terrace*, choreographed by Susan Buirge

光环舞集《移植》服装设计
Costume Designer for *Variegate*, Taipei Dance Circle

当代传奇剧场《奥瑞斯提亚》服装造型设计，导演：理查·谢克纳
Costume designer for *Oresteia*, Contemporary Legend Theatre, directed by Richard Schechner

汉唐乐府《艳歌行》服装造型设计，导演陈美娥
Costume Designer for *Sumptuous Feasting Song*, The Han Tang Yue Fu Music and Dance Ensemble

1996
新古典舞团《曹丕与甄宓》服装造型设计
Costume Designer for *Tsao-Pi & Chen-Mi*, Neo-Classic Dance Company

奥地利格拉兹歌剧院《罗生门》服装及道具设计，导演：林怀民
Costume Designer for *Rashomon*, Buhnen Graz Opera House, Austria, directed by Hwai-Min Lin

新古典乐团《黑洞》服装设计
Costume Designer for *Black Hole*, Neo-Classic Dance Company

1997
台北越界舞团《天国出走》服装造型设计
Costume Designer for *Chronicle of a Floating City*, Taipei Crossover Dance Company

汉唐乐府《俪人行》服装造型及舞台设计
Set and Costume Designer for *Beauties at Stroll (Lirenxing)*, The Han Tang Yue Fu Music and Dance Ensemble

奥地利格拉兹歌剧院瓦格纳歌剧《特里斯坦与伊索尔德》服装造型及道具设计，导演：鲁茨·格拉夫
Costume Designer for *Tristan and Isolde*, Buhnen Graz Opera House, Austria, directed by Lutz Graf

1998

台北越界舞团《蚀》服装造型设计
Costume Designer for *The Dark side of the Moon*, Taipei Crossover Dance Company

台湾复兴国剧团（现名台湾京昆剧团）《罗生门》服装造型设计
Costume Designer for *Who is Lying*, Fu Hsing Chinese Opera Theatre

香港城市当代舞团《创世纪》服装设计及意念构成，编舞：黎海宁
Costume Designer & Concept Development for *In the Beginning*, City Contemporary Dance Company, choreographed by Helen Lai

江之翠剧场《一纸相思——南管移步游》服装造型设计
Costume Designer for *A Paper Acacia*, Gang-a Tsui Theater

新古典舞团《地狱不空，誓不成佛》服装造型设计
Costume Designer for *Not Until Hell is Empty, Will I Become a Buddha*, Neo-Classic Dance Company

优剧场（优人神鼓）《听海之心》服装造型设计
Costume Designer & Artistic Consultant for *The Sound of Ocean*, U-Theatre

汉唐乐府《荔镜情缘》，服装造型及舞台设计
Costume and Set Designer for *The Mirror of Love* by The Han Tang Yue Fu Music and Dance Ensemble

1999

台北越界舞团《骚动的灵魂——天堂鸟》服装造型设计
Costume Designer for *Bird of Paradise*, Taipei Crossover Dance Company

云门舞集《焚松》服装造型设计
Costume Designer for *Burning the Juniper Branches*, Cloud Gate Dance Theatre

汉唐乐府《梨园幽梦》服装造型设计，与法国甜蜜回忆古乐团合作
Costume Designer *Le Jardin des Délices*, La Péniche Opéra, Han Tang Yue Fu Music and Dance Ensemble

云门舞集《太阳悬止时》服装造型设计，编舞：黎海宁
Costume Design for *Sun Suspended*, Cloud Gate Dance Theatre, choreographed by Helen Lai

2000

无垢舞团《花神祭》服装造型及道具设计
Costume and Props Designer for *Anthem for the Fading Flowers*, Legend Lin Theatre

汉唐乐府《艳歌行》服装造型设计
Costume Designer for *Beauties at Stroll*, The Han Tang Yue Fu Music and Dance Ensemble

台北越界舞团《爱玲说》服装造型及舞台设计
Costume Designer for *Ai Ling Shuo*, Taipei Crossover Dance Company

2001

大型歌舞娱乐剧《天地七月情》服装造型及舞台设计
Costume and Stage Designer for the large-scale show *The Heaven and Earth July Love*

优剧场（优人神鼓）《金刚心》服装造型设计
Costume Designer for *Meeting with Manjusri Bodhisattva*, U-Theatre

当代传奇剧场《李尔在此》服装造型设计
Costume Designer for *King Lear*, Contemporary Legend Theatre

汉唐乐府《韩熙载夜宴图》服装造型及舞台设计
Costume and Set Designer for *The Feast of Han Xizai* by Han Tang Yue Fu Music and Dance Ensemble

2002

城市当代舞蹈团《九歌》服装造型及舞台设计，编舞：黎海宁，作曲：谭盾
Set and Costume Designer for *Nine Songs*, City Contemporary Dance Company, choreographed by Helen Lai

《八月雪》服装造型设计，导演：高行健
Costume Designer for *August Snow*, directed by Xingjian Gao

2003

优剧场（优人神鼓）《蒲公英之剑》服装造型设计
Costume Designer for *The Dandelion Sword*, U-Theatre

2004

江苏省苏州昆剧院《长生殿》服装造型及舞台设计
Costume and Set Designer for *Palace of Eternal Youth*, Suzhou Kunqu Opera Theatre of Jiangsu Province

雅典奥运会闭幕式"北京八分钟"演出，服装造型及舞台设计，导演：张艺谋
Costume Designer for the Athens Olympics 8 minutes in Beijing Handover Performance, directed by Zhang Yimou

当代传奇剧场《暴风雨》服装造型及舞台设计
Set and Costume Designer for *The Tempest*, Contemporary Legend Theatre

2005
城市当代舞蹈团《创世纪》服装造型设计，编舞：黎海宁
Costume Designer for *Genesis*, City Contemporary Dance Company, choreographed by Helen Lai

2006
百老汇音乐剧《国王与我》服装造型设计
Costume Designer for *The King & I*, Broadway Asia Entertainment

《电影之歌》服装造型及舞台设计，电影频道
Costume and Stage Designer for *Song of Light*, Television Program

2007
优剧场（优人神鼓）《入夜山岚》服装造型设计
Costume Designer for *Into the Night Mountain*, U-Theatre

2009
无垢舞蹈剧场《观》服装造型设计，导演：林丽珍
Costume Designer for *Song of Pensive Beholding (Guan)*, Legend Lin Theatre

2010
《情话紫钗》服装造型设计，导演：毛俊辉
Costume Designer for *The Liaisons*, directed by Fredric Mao

汉唐乐府《王后妇好》服装造型及舞台设计
Costume and Set Designer for *Empress Fuhao*, The Han Tang Yue Fu Music and Dance Ensemble

《道韵青城》服装造型设计，导演：陈蔚，舞蹈总监：金星
Costume Designer for *Taoism Charm from Qingcheng*, directed by Wei Chen, choreographed by Xing Jin

《郑和1433》服装造型设计，导演：罗伯特·威尔逊，合作剧团优剧场（优人神鼓）
Costume Designer for *1433 - The Grand Voyage*, directed by Robert Wilson with U-Theatre

2011
《康熙大帝与太阳王路易十四》服装造型设计，"台北故宫博物院"，导演：吴兴国
Costume Designer for *Emperor Kangxi and the Sun King Louis XIV*, Taiwan Palace Museum, directed by Wu Hsing-kuo

《源》视觉艺术总监，编舞：阿库·汉姆
Visual Artist (Set and Costume Designer) for *DESH*, Akram Khan Company

汉唐乐府《盘之古》服装造型及舞台设计，导演：陈美娥
Costume and Set Designer for *Panzhigu* by The Han Tang Yue Fu Music and Dance Ensemble

汉唐乐府《教坊记》服装造型及舞台设计，导演：陈美娥、Philippe Villepin，与法国小艇歌剧院合作
Costume and Set Designer for *Jiaofang Ji* by The Han Tang Yue Fu Music and Dance Ensemble

2012
《孔雀》舞美总监和服装造型设计，导演、艺术总监、领衔主演：杨丽萍
Costume and Set Designer for *The Peacock*, directed, choreographed by Liping Yang

2013
《如梦之梦》服装造型设计总监，导演：赖声川
Costume Designer for *A Dream Like A Dream*, directed by Stan Lai

2014
《汉秀》服装造型设计总监，导演：弗兰克·德贡
Costume Designer for *The Han Show*, directed by Franco Dragone

2015
舞剧《十面埋伏》美术指导、服装及舞美设计，导演：杨丽萍
Art Director and Costume Designer for *Under Siege*, Yang Liping Company, directed by Liping Yang

舞剧《昭君出塞》视觉总监，导演、主演：李玉刚
Art Director and Costume Designer for *Lady Zhaojun*, directed by Li Yugang

舞剧《环》艺术总监，服装造型及舞台场景设计总监，编舞：阿库·汉姆
Visual Artist (Set and Costume Designer) for *Until the Lions*, Akram Khan Company, directed, choreographed and performed by Akram Khan

2016
歌剧《红楼梦》服装造型及舞美设计，作曲：盛宗亮，导演：赖声川
Set and Costume Designer for *Dream of the Red Chamber*, San Francisco Opera, composed by Bright Sheng, directed by Stan Lai

芭蕾舞剧《吉赛尔》视觉艺术总监（服装造型及舞台设计），英国国家芭蕾舞团，编舞：阿库·汉姆
Visual Artist (Set and Costume Designer) for *Giselle*, English National Ballet, choreographed by Akram Khan

2017

《红楼别梦》服装造型，上海昆剧团，导演：徐春兰
Costume Designer for *Another Dream of The Red Chamber*, Shanghai Kunqu Opera Troupe, directed by Xu Chunlan

多媒体剧场《虚云逐日 暮鼓成都》创意、导演及视觉设计，香港亚洲协会
Concept, Director and Visual Designer for *Multimedia Theatre Translucent City*, Asia Society Hong Kong

多媒体剧场《空穴来风》，创意、编剧及导演
Concept, Director and Visual Designer for *Multimedia Theatre Storm in Emptiness*

2018

多媒体剧场《桃花源》，创意、导演及视觉设计，北京现代舞团
Concept, Director and Visual Designer for *Multimedia Theatre The Garden,* Beijing Modern Dance Company

舞剧《春之祭》美术总监，编舞：杨丽萍
Visual Designer (Set and Costume Designer) for The *Rite of Spring*, Directed by Liping Yang

2019

香港芭蕾舞团《大亨小传》布景及服装设计，编舞：卫承天
Set and Costume Designer for *The Great Gatsby*, Hong Kong Ballet, choreographed by Septime Webre

室内歌剧《美丽与哀愁》美术与服装造型设计，导演：蔡敏仪
Set and Costume Designer for *Beauty and Sadness*, directed by Carolyn Choa

舞台剧《霸王别姬》服装造型设计，韩国国家戏剧院，导演：吴兴国
Costume Designer for *Farewell My Concubine*, National Theatre of Korea, directed by Hsing-kuo Wu

舞台剧《龙泉凤舞》视觉设计创意，纽约棚屋艺术中心，导演：陈士争
Original Production Concept Designer for *Dragon Spring Phoenix Rise*, The Shed in New York, directed by Shi-Zheng Chen

2020

舞剧《怪物》、视觉艺术总监（服装造型及舞台设计），英国国家芭蕾舞团，编舞：阿库·汉姆
Visual Artist (Set and Costume Designer) for *Creature*, English National Ballet, choreographed by Akram Khan

2021
舞台剧《倾城之恋》总导演及视觉总监
Chief Director and Visual Designer for *Love in a Fallen City*

2021
舞剧《九歌》服装造型及舞台设计,城市当代舞蹈团,编舞:黎海宁
Set and Costume Designer for *Nine Songs*, City Contemporary Dance Company, choreographed by Helen Lai

2022
舞台剧《罗恩格林》美术与服装造型设计,2022 莫斯科大剧院、2023 纽约大都会歌剧院,导演:弗朗索瓦·吉拉德
Set and Costume Designer for *Lohengrin*, The Historic Stage of the Bolshoi Theatre of Russia in Moscow 2022, The Metropolitan Opera House in New York 2023, directed by Francois Girard

展览 Exhibition

1997
《惊艳印象——叶锦添服装造型创作展》,台北孙中山纪念馆
Enchanting Beauty, Costume Exhibition, Dr. Sun Yat-Sen Memorial Hall, Taiwan

1998
《罗生门——叶锦添服装造型创作展》,两厅院音乐厅
Rashomon, Costume Exhibition, Taiwan Concert Hall

2002
《时代的容颜》服装创作静态展,台北故宫博物院
Faces of Time, Costume Exhibition, Taiwan Palace Museum

《新古典主义——叶锦添的艺术》服装创作静态展,阿姆斯特丹音乐剧院
Neoclassicism – The Art of Tim Yip, Costume Exhibition, Het Muziektheater, Amsterdam

2003
《红——叶锦添的艺术》,法国布尔日文化之家
Rouge – The Art of Tim Yip, Maison de la Culture in Bourges, France

2004
《橘子红了》静态服装展,台北诚品书店敦南店
Ripening Orange, Taipei Eslite Book Store

2005

《叶锦添的摄影世界》，西班牙希洪霍韦亚诺斯古代文化中心
The World of Tim Yip: Visions and Creation Photography Exhibition, Centro Cultural Antiguo Instituto Jovellanos in Gijon, Spain

《纽约国际亚洲艺术博览会》，纽约公园大道军械库
Ancient Futurism, Costume Exhibition, The International Asian Art Fair, New York

《中国红》个人装置艺术展，美国肯尼迪艺术中心
China Red Exhibition, the Festival of China, John F. Kennedy Center, Washington DC

2006

《长生殿》服装展览，法国迪普国家现场
The Palace of Eternal Youth, Costume Exhibition, Dieppe Scène Nationale, France

2007

《寂静·幻象》叶锦添个人艺术展，北京今日美术馆
Illusions of Silence – Tim Yip Solo Art Exhibition, Beijing Today Art Museum

2008

《月下独步水竹园》迪奥与中国艺术家，迪奥六十周年庆展览，北京尤伦斯当代艺术中心
Floating Leaves Garden, Dior and Chinese Contemporary Artists, Christian Dior 60th Anniversary Exhibition, UCCA, Beijing

受邀参展"北京国际艺术博览会"，北京中国世贸中心
Beijing International Art Expo, China World Trade Center, Beijing

《叶锦添个展》，台湾清华大学艺术中心
Tim Yip Solo Exhibition, National Tsing Hua University

受邀参展"台北国际艺术博览会"，台北世贸中心
Art Taipei, Taipei World Trade Center

2009

《无忧》SUITCASE 公共艺术项目，北京今日美术馆及北京银泰中心
Positivity, SUITCASE Public Art Project, Beijing Today Art Museum and Yintai Center Beijing

2010

《仲夏·狂欢》叶锦添个展，台北当代艺术馆
Summer Holiday, Tim Yip Solo Exhibition, Taipei MOCA

341

"上海静安雕塑展"个人艺术作品《Lili》展出，上海久光商场
Lili‑Sculpture and Costume Exhibition, Shanghai Jiuguang Shopping Mall, Shanghai Jing'an Sculpture Exhibition

《无时序列》意大利高端设计展，意大利经济部和米兰家具协会，上海外滩三号
Timeless Time: Form and Spirit, Italian Design Exhibition, Three on The Bund, Shanghai

2013

《梦·渡·间》个人艺术展，北京三影堂摄影艺术中心
Silent Passenger, solo exhibition, Three Shadows Photographic Art Centre, Beijing, Curated by Mark Holborn

2014

《原创无间》，新加坡滨海艺术中心
Rotations: The Art of Tim Yip, Exhibition at Esplanade, Singapore

2016

《平行》叶锦添个人艺术展览，作为亚眠文化中心 50 周年纪念的一部分，法国亚眠文化中心
In Parallel, solo exhibition, Maison de la Culture D'Amiens, France

《叶锦添：流形》艺术大展，上海当代艺术博物馆（PSA）
Tim Yip: Reformation, solo exhibition, Shanghai Power Station of Art (PSA)

2017

《冷冷的月，异色童话》艺术展，诚品生活苏州
Cold Moon with a Fairytale, solo exhibition, Eslite Bookstore, Suzhou

《迷宫》叶锦添个人艺术展览，重庆原美术馆
Migong, solo exhibition, Yuan Museum, Chongqing

2018

《云》多媒体艺术展，艺术指导及联合制作人，伦敦南岸艺术中心
Artistic Director and Co-Producer for *Cloud*, A Multimedia Event and Exhibition, Southbank Centre, London

《匠心传奇国匠大展》，视觉设计，北京民生现代美术馆
Legend of Design, Visual Director of the Exhibition, Mingsheng Art Museum, Beijing

《叶锦添：蓝》个人艺术展，香港知专设计学院
Tim Yip: Blue, solo exhibition, HKDI Gallery, Hong Kong Design Institute, Hong Kong

2019
《叶锦添:全观》个人艺术展,北京今日美术馆
Tim Yip: Mirror, solo exhibition, Today Art Museum, Beijing

《凝望:深邃潜藏的影像诗》叶锦添电影美术展,厦门磐基名品中心艺术厦门美术馆
Gaze: invisible Visionaire, Tim Yip Film Solo Art Exhibition, Art Amoy Museum, Paragon Center Xiamen

2023
《永恒的祭献:中国古代青铜礼器》,展览设计,明尼阿波利斯艺术博物馆
Exhibition designer for Eternal Offerings: Chinese Ritual Bronzes, Minneapolis Institute of Art

书籍 Publication

2001
明窗出版社《叶锦添作品集——不确定时间》
Lost in Time – The Art of Tim Yip, Ming Pao Publications Ltd

2002
天下文化《繁花:美学·散文·作品集》
Flower of the Wind – The Art of Tim Yip, Commonwealth Publishing Co., Ltd

马可孛罗文化《叶锦添作品集 01——流白》
Floating – Photography Collection,Marco Polo Press

城邦文化《时代的容颜》
Faces of the Time – Fashion 100, Cite Publishing Ltd.

正中书局《叶锦添小说 1——漫游》
Roaming, Cheng Chung Bookstore

正中书局《叶锦添小说 2——小说》
Novel, Cheng Chung Bookstore

2003
正中书局《叶锦添小说 3——无间》
Space Unknown, Cheng Chung Bookstore

正中书局《叶锦添小说 4——大火》
Fire, Cheng Chung Bookstore

生活·读书·新知三联书店《繁花:美学·散文·作品集》简体字版
Flower of the Wind – The Art of Tim Yip (Simplified Chinese), SDX Joint Publishing Company

天下文化《中容：美学·散文·作品集Ⅱ》
Circulation – The Art of Tim Yip II , Commonwealth Publishing Co., Ltd

法国格朗沃版《红——叶锦添的艺术》
Rouge – L'Art de Tim Yip, Editions Grandvaux

2004
广西师范大学出版社《流白：叶锦添的旅行·映像·美学》
Floating – Photography By Tim Yip, Guangxi Normal University Press

2005
格林出版社《迷色》《蓝色》
Blue, Illusion, Grimm Press

2006
西班牙希洪市议厅出版社《希洪》
Gijón, Ayuntamiento de Gijon y Ediciones Trea, S.L.

2007
四川美术出版社《寂静·幻象——叶锦添个人作品集》
Illusions of Silence—The Art of Tim Yip, Sichuan Fine Arts Publishing House

2008
当代中国出版社《赤壁：叶锦添的电影美术笔记》
Red Cliff: Notes on Art (Simplified Chinese), Contemporary China Publishing House

天下文化出版公司《赤壁：叶锦添的电影美术笔记》
Red Cliff—Flim as Art, By Tim Yip, Commonwealth Publishing Co., Ltd

天下杂志股份有限公司《神思陌路：叶锦添的创意美学》
Passage: The Aesthetics of Tim Yip and Film (Traditional Chinese), Commonwealth Mag. Publishing

中国旅游出版社《神思陌路：叶锦添的创意美学》
Passage: The Aesthetics of Tim Yip and Film (Simplified Chinese), China Travel & Tourism Press

2010
台北当代艺术馆《叶锦添个展：仲夏狂欢》
Summer Holiday—A Solo Exhibition by Tim Yip, Museum of Contemporary Art, Taipei

2013
天下杂志股份有限公司《神行陌路：叶锦添的创意美学》（修订版）
Connections: The Aesthetics of Tim Yip (Traditional Chinese), Commonwealth Mag. Publishing

北京美术摄影出版社《神行陌路：叶锦添的创意美学》
Connections: The Aesthetics of Tim Yip (Simplified Chinese), Beijing Publishing Group

三影堂《梦渡间》
Tim Yip: Silent Passenger, Three Shadows

2014
新加坡滨海艺术中心《原创无间》
Rotations, The Art of Tim Yip, The Esplanade Co. Ltd

2016
新星出版社《叶锦添的创意美学：流形》
Reformation: The Aesthetics of Tim Yip (Simplified Chinese), New Star Press

上海当代艺术博物馆《流形：叶锦添的创意美学》
Reformation: The Aesthetics of Tim Yip, Power Station of Art, Shanghai

2017
三联书店（香港）有限公司《神形陌路：叶锦添的创意美学》
Reformation: The Aesthetics of Tim Yip (Traditional Chinese), Joint Publishing Hong Kong

2019
三联书店（香港）有限公司《神物我如》
Mirror (Traditional Chinese), Joint Publishing Hong Kong

2022
上海三联书店《无时序的世界》
Mirror (Simplified Chinese), Thinkingdom

2023
广西师范大学出版社《凝望：我的摄影与人生》
Gaze: Tim Yip's photography and life, Guangxi Normal University Press

2024
北京时代华文书局《叶锦添自传：向前迈进的日子》
Autobiography by Tim Yip, Beijing Time-Chinese Publishing House Co., Ltd.

北京时代华文书局《叶锦添的创意美学：奔向无限透明的蓝》
Aesthetics of Tim Yip, Beijing Time-Chinese Publishing House Co., Ltd.

跨界 Crossover

2004
雅典奥运会闭幕式北京奥运会交旗仪式 舞台及服装设计

2005

M.A.C 中国区发布会特效彩妆设计，上海多伦现代美术馆
Special Makeup Designer for the launch of M.A.C in China

2008

"周大福珠宝展"珠宝与现代婚纱设计，香港文化博物馆展览并收藏
Chow Tai Fook Jewellery Show Jewellery and Modern Wedding Design, Hong Kong Heritage Museum Exhibition and Collection

订制服装装置秀，芝华士 25 年经典传奇之夜，上海展览中心
Couture Show, Chivas Regal 25 Years Celebration, Shanghai Exhibition Center

2016

特别创作装置作品"凝态"，施华洛世奇
Designer of the installation-costume Shaping, commissioned by Swarovski

2017

"春花冬雪"Peekaboo 手袋，芬迪 Peekaboo Project 项目
Designer of Spring Flower Winter Snow Peekaboo Handbag, commissioned by FENDI for the Peekaboo Project

2019

北京王府井文华东方酒店标志折扇设计
Designer of The Signature Fan for Mandarin Oriental Wangfujing, Beijing.

2020

中国体育代表团领奖服设计，2020 年东京奥运会，安踏
Designer of Team China's Olympic Podium Uniform, 2020 Tokyo Olympics, Anta

2021

梅赛德斯 - 奔驰"舒适·造境"装置艺术设计，王府中环北京
Mercedes-Benz "Comfort Zone" Art Installation Design, WF Central Beijing

2022

中国体育代表团领奖服设计，2022 年北京冬季奥运会，安踏
Designer of Team China's Olympic Podium Uniform, 2022 Beijing Winter Olympics, Anta

2022

荣耀 80 系列"美学见证官"及新品发布特别创作多媒体艺术作品
HONOR 80 Series Aesthetic Ambassador and Digital Art Installation for Product Launch

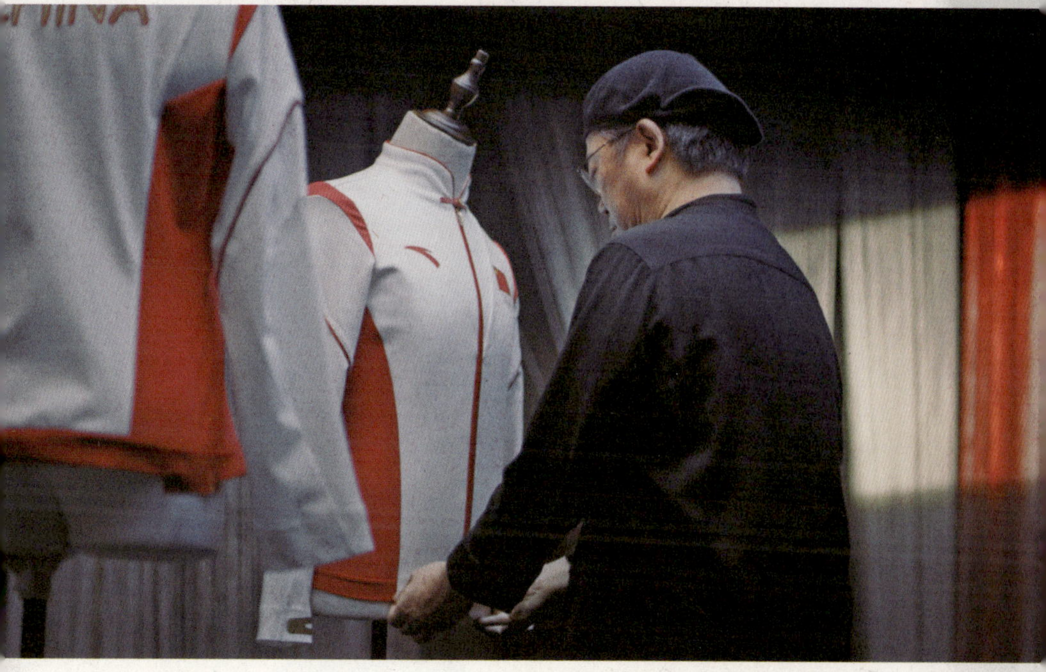

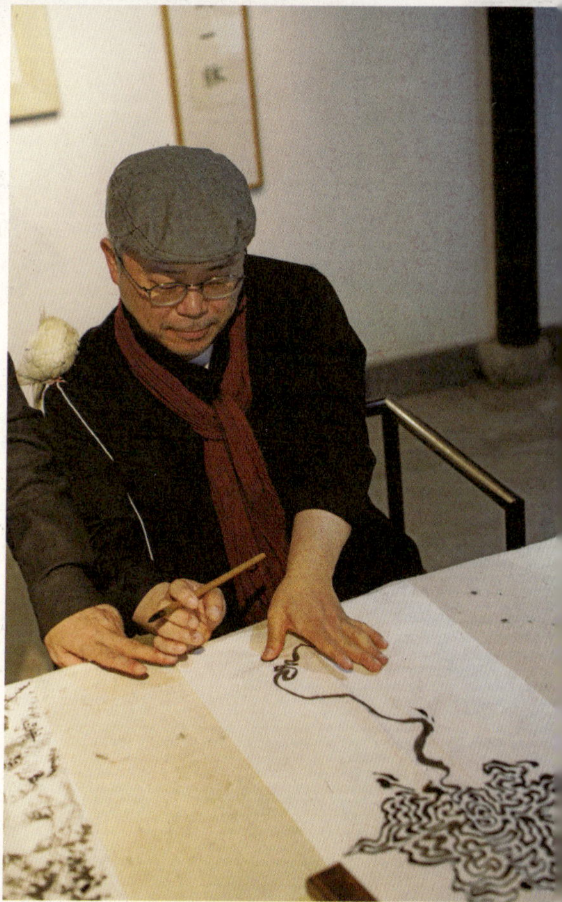

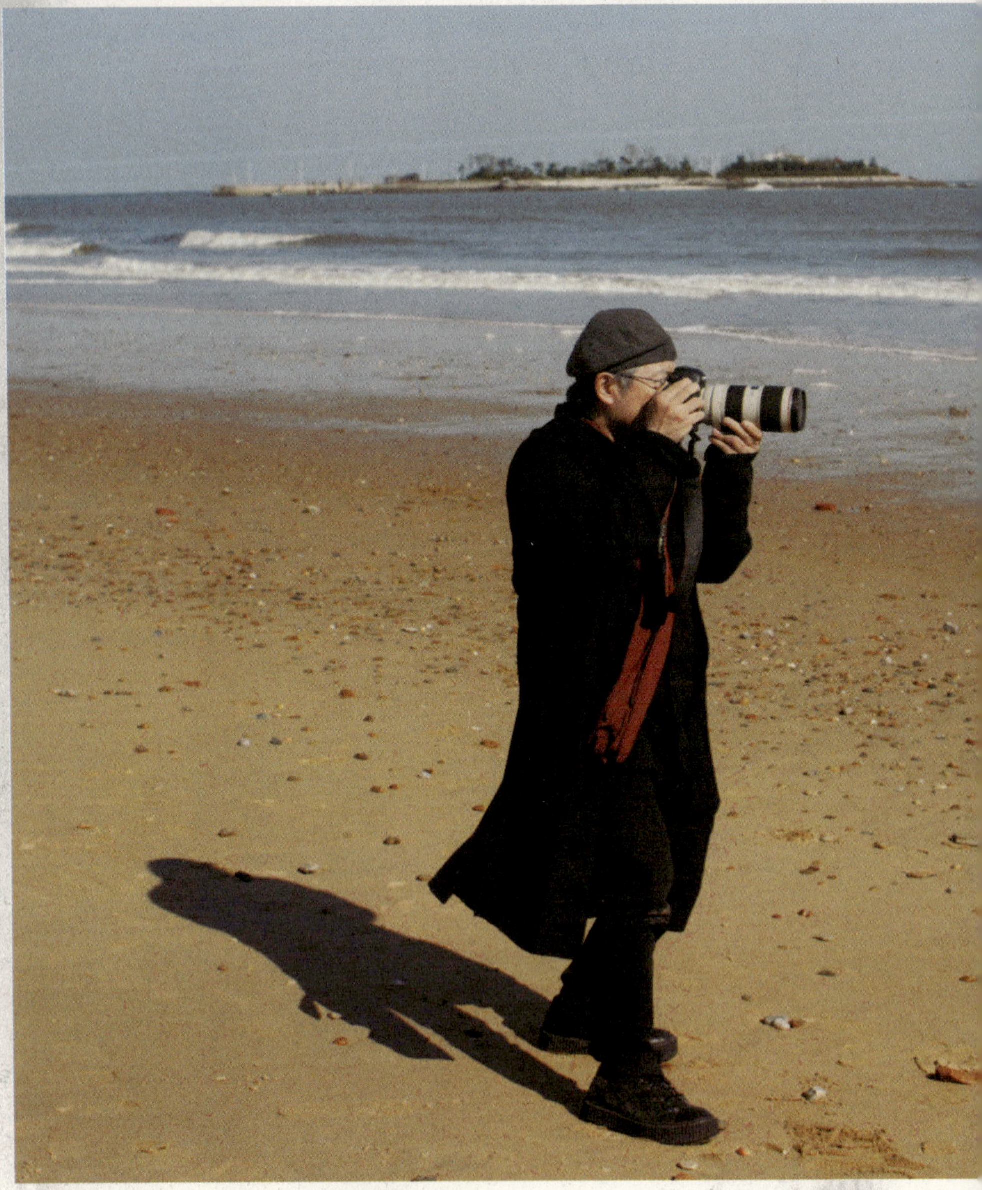

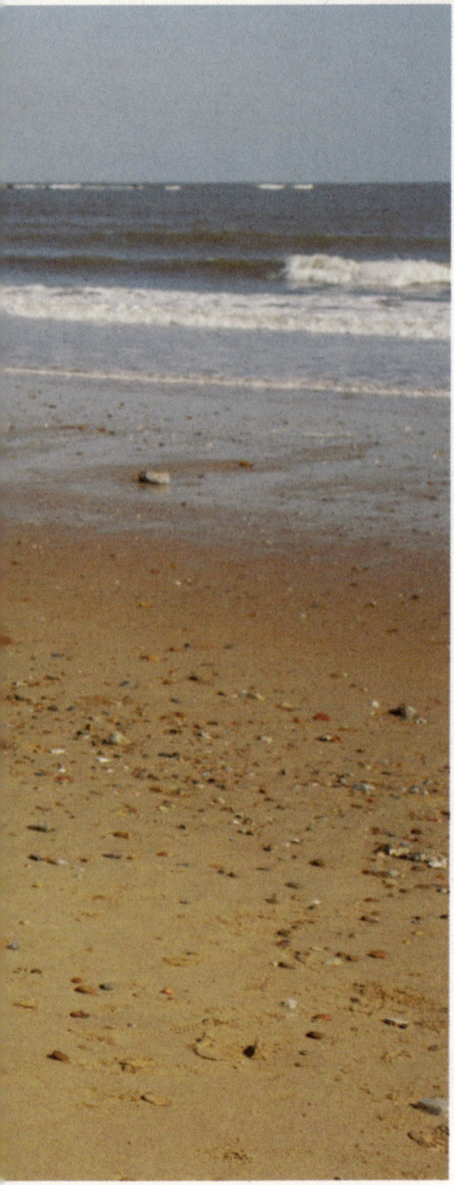

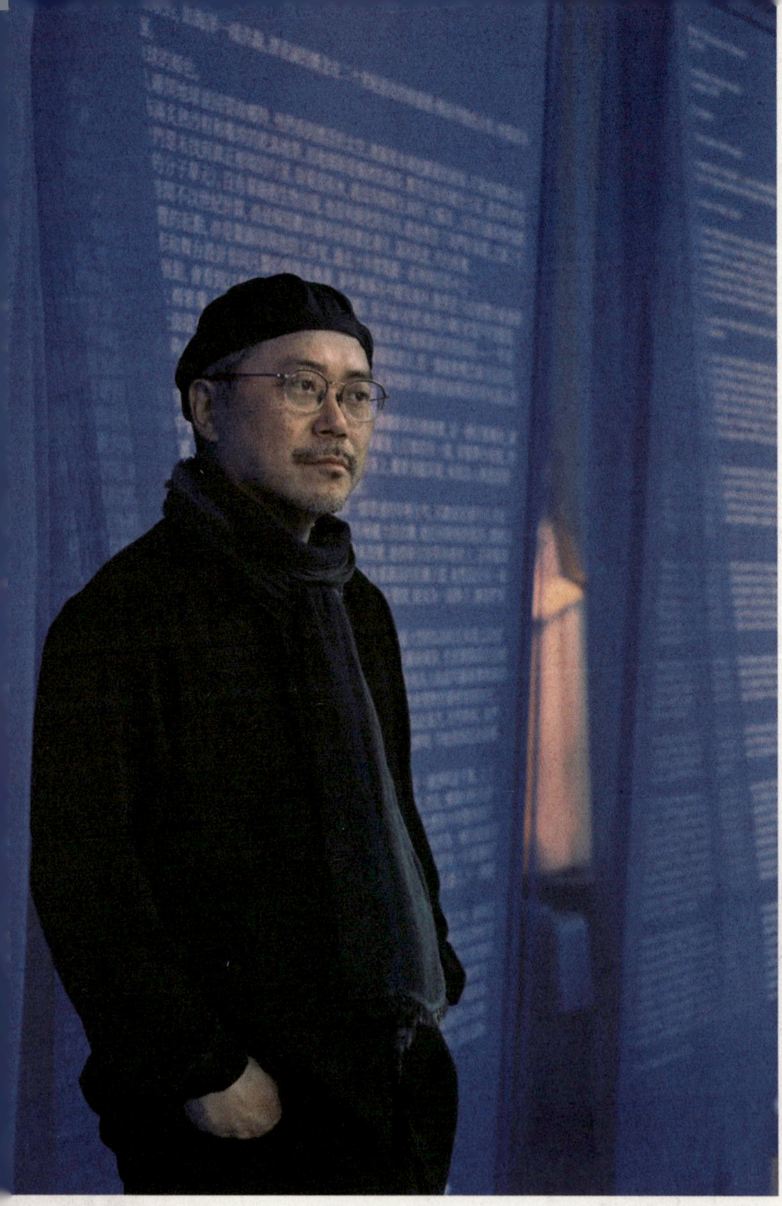

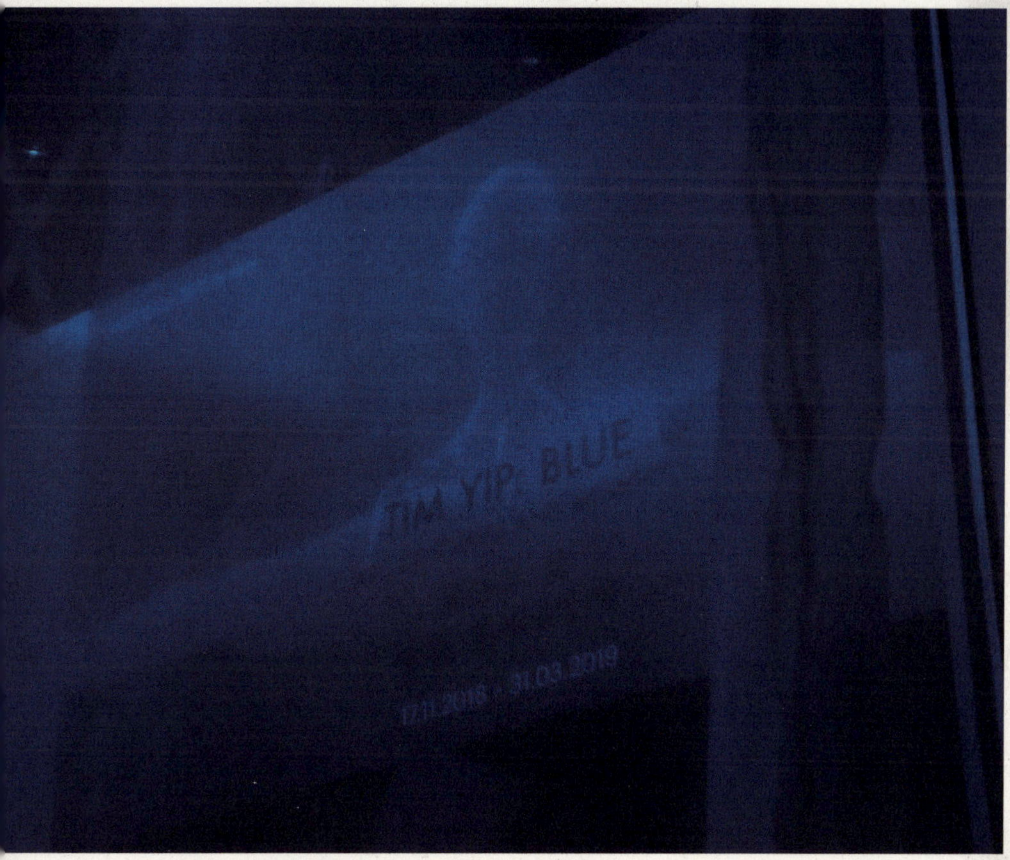
TIM YIP BLUE
17.11.2018 - 31.03.2019

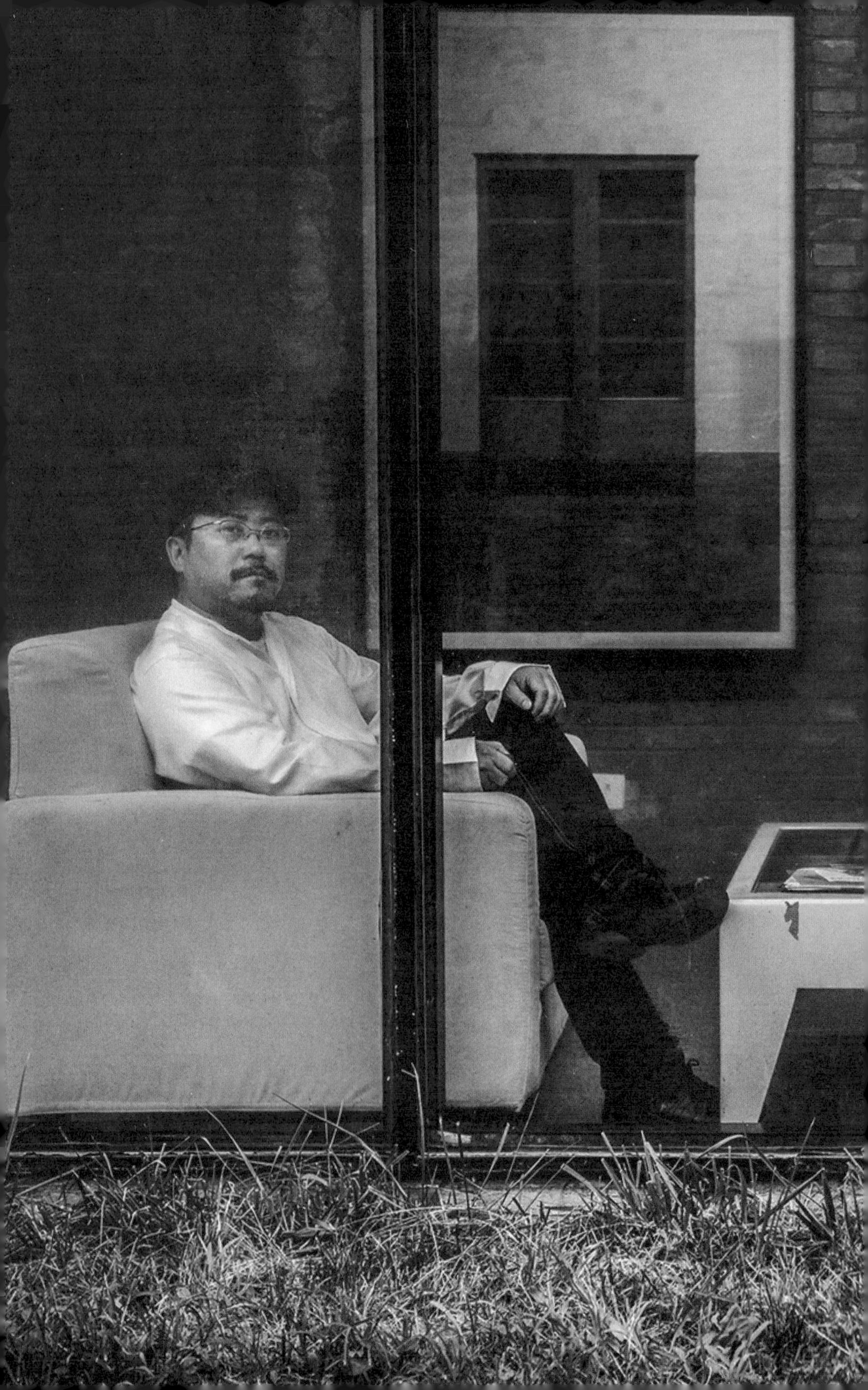

图书在版编目（CIP）数据

叶锦添自传：向前迈进的日子/叶锦添著.北京：北京时代华文书局,2024.7.
ISBN 978-7-5699-5556-9

Ⅰ.K825.72

中国国家版本馆 CIP 数据核字第 20241GW565 号

YEJINTIAN ZIZHUAN:XIANGQIAN MAIJIN DE RIZI

出 版 人：陈 涛
选题策划：陈丽杰　王立刚
责任编辑：陈丽杰
封面摄影：郭宇珊
执行编辑：王立刚
装帧设计：许天琪
内文排版：段文辉
责任印制：刘 银 訾 敬
特别感谢：刘道一　杨婷婷

出版发行：北京时代华文书局 http://www.bjsdsj.com.cn
　　　　　北京市东城区安定门外大街 138 号皇城国际大厦 A 座 8 层
　　　　　邮编：100011　电话：010-64263661　64261528

印　　刷：天津裕同印刷有限公司
开　　本：880 mm×1230 mm　1/16　　　成品尺寸：150 mm×220 mm
印　　张：24.5　　　　　　　　　　　　字　　数：292 千字
版　　次：2024 年 7 月第 1 版　　　　　印　　次：2024 年 7 月第 1 次印刷
定　　价：129.00 元

版权所有，侵权必究
本书如有印刷、装订等质量问题，本社负责调换，电话：010-64267955。
＊第 158 页一图未能与版权所有人取得联系，如您看到请及时与我们联系，我们将支付相应报酬。